CB011633

O Tempo Não-Reconciliado

Coleção Estudos
Dirigida por J. Guinsburg

Equipe de realização – Revisão: Ingrid Basilio; Sobrecapa: Adriana Garcia; Produção: Ricardo W. Neves, Lia Marques e Sergio Kon.

Peter Pál Pelbart

O TEMPO NÃO-RECONCILIADO

IMAGENS DE TEMPO EM DELEUZE

Dados Internacionais de Catalogação na Publicação (CIP)
(Câmara Brasileira do Livro, SP, Brasil)

Pelbart, Peter Pál
O tempo não-reconciliado / Peter Pál Pelbart. --
São Paulo : Perspectiva, 2015. -- (Coleção
estudos ; 160)

4. reimp. da 1. ed. de 1998
Bibliografia.
ISBN 978-85-273-0151-0

1. Deleuze, Gilles, 1925-1995 2. Tempo
I. Título. II. Série.

98-2101 CDD-115

Índices para catálogo sistemático:

1. Tempo : Metafísica : Filosofia 115

1ª edição – 4ª reimpressão

Av. Brigadeiro Luís Antônio, 3025
01401-000 São Paulo SP Brasil
Telefax: (011) 3885-8388
www.editoraperspectiva.com.br

2015

Este texto foi originalmente apresentado como tese de doutoramento junto ao Departamento de Filosofia da Universidade de São Paulo. As sugestões da banca, composta pelos professores Bento Prado Jr. (orientador), Franklin Leopoldo e Silva, Leon Kossovitch, Luiz B. L. Orlandi e Roberto Machado, foram largamente aproveitadas. Fica aqui o meu agradecimento.

Igualmente ao CNPq e à FAPESP, pelo apoio prestado.

Homenagem

Quando concluía a última parte deste estudo, fui surpreendido pela morte abrupta de Gilles Deleuze. Com toda comoção que seu gesto extremo suscitou, não pude deixar de pensar na fórmula mais trivial: que morria o pensador, não o pensamento. É certo que me vinham à lembrança inúmeros traços e gestos seus, sobretudo a voz rouca, envoltos na atmosfera inspirada de suas aulas, que com razão ele chamou de uma espécie de *Sprechgesang*, canto falado. Também cheguei a pensar, com ingênua maldade, que ele já não poderia contradizer o que doravante eu dissesse sobre o que ele pensava. Como se o pensamento não respondesse... Mas sobretudo tive a impressão, passados alguns dias, de que essa conversação diária que eu entretinha com ele há tantos anos não se interrompera, nem diminuiria, ao contrário. Era uma amizade que passava pela tradução de seus textos, pela frequentação de suas preferências, pela mastigação de seus conceitos e seu uso quase ilimitado. Se com sua morte algum tipo de homenagem parecia impor-se, a ocasião se oferece agora. Esse livro, dedicado a Deleuze, é como uma retribuição – filosófica, bem entendido, e por isso nada laudatória ou apologética – à generosidade que demonstrou em vida. Quanto a sua morte, é Blanchot quem tem mil vezes razão. "Morrer é, absolutamente falando, a iminência incessante pela qual no entanto a vida dura desejando."

Sumário

Abreviaturas das Obras Citadas de Deleuze

AE *L'Anti-Oedipe* (1972), com F. Guattari, Paris, Minuit.
O Anti-Édipo, trad. Georges Lamazière, Rio de Janeiro, Imago, 1976.

B *Le bergsonisme* (1966), Paris, PUF, 3ª. ed., 1989.

C *Pourparlers* (1990), Paris, Minuit.
Conversações, trad. Peter Pál Pelbart, Rio de Janeiro, Editora 34, 1992.

CC *Critique et clinique* (1993), Paris, Minuit.
Crítica e Clínica, trad. Peter Pál Pelbart, São Paulo, Editora 34, 1997.

D *Dialogues* (1977), com Claire Parnet, Paris, Flammarion.

DR *Différence et répétition* (1968), Paris, PUF, 3. ed., 1976.
Diferença e Repetição, trad. Luiz Orlandi e Roberto Machado, Rio de Janeiro, Graal, 1988.

ES *Empirisme et subjectivité* (1953), Paris, PUF, 4ª. ed., 1988.

F *Foucault* (1986), Paris, Minuit.
Foucault, trad. Cláudia Sant'Anna Martins, São Paulo, Brasiliense, 1988.

FB *Francis Bacon – Logique de la sensation* (1981), Paris, Ed. de la Différence

IM *Cinéma 1. L'image-mouvement* (1983), Paris, Minuit.
Cinema 1. A Imagem-Movimento, trad. Stella Senra, São Paulo, Brasiliense, 1985.

IT *Cinéma 2: L'image-temps* (1985), Paris, Minuit. Trad. Eloísa de Araújo Ribeiro, São Paulo, Brasiliense, 1990.
Cinema 2. A Imagem-Tempo, trad. Eloisa de Araújo Ribeiro, São Paulo, Brasiliense, 1990.

K *La philosophie critique de Kant* (1963), Paris, PUF, 1987.
Para Ler Kant, trad. Geminiano Franco, Lisboa, Edições 70, 1987.

KL *Kafka - Pour une littérature mineure* (1975), com F. Guattari, Paris, Minuit.
Kafka - Por uma Literatura Menor, trad. Julio Castanon Guimarães, Rio de Janeiro, Imago, 1977.

LS *Logique du sens* (1969), Paris, Minuit.
Lógica do Sentido, trad. Luiz Roberto Salinas Fortes, São Paulo, Perspectiva, 1982.

MP *Mille Plateaux* (1980), com F. Guattari, Paris, Minuit.
[I] *Mil Platôs*, vol. 1, trad. Aurélio Guerra Neto e Célia Pinto Costa, Rio de Janeiro, Editora 34, 1995.
[II] *Mil Platôs*, vol. 2, trad. Ana Lúcia de Oliveira e Lúcia Cláudia Leão, Rio de Janeiro, Editora 34, 1995.
[III] *Mil Platôs*, vol. 3, trad. Aurélio Guerra Neto, Ana Lúcia de Oliveira, Lúcia Cláudia Leão e Suely Rolnik, Rio de Janeiro, Editora 34, 1996.
[IV] *Mil Platôs*, vol. 4, trad. Suely Rolnik, São Paulo, Editora 34, 1997.
[V] *Mil Platôs*, vol. 5, trad. Peter Pál Pelbart, São Paulo, Editora 34, 1997.

N *Nietzsche* (1965), Paris, PUF, 6ª. ed., 1983.
Nietzsche, trad. Alberto Campos, Lisboa, Edições 70, 1981.

NF *Nietzsche et la philosophie* (1962), Paris, PUF, 4ª. ed., 1973.
Nietzsche e a Filosofia, trad. Edmundo Fernandes Dias e Ruth Joffily Dias, Rio de Janeiro, Editora Rio, 1976.

P *Le pli. Leibniz et le baroque* (1988), Paris, Minuit.
A Dobra. Leibniz e o Barroco, trad. Luiz B. L. Orlandi, Campinas, Papirus, 1991.

PS *Proust et les signes* (1964), Paris, PUF, 7ª. ed., 1986.
Proust e os Signos, trad. Antonio Piquet e Roberto Machado, Rio de Janeiro, Forense Universitária, 1987.

QF *Qu'est-ce que la philosophie?* (1991), com F. Guattari, Paris, Minuit.
O Que É a Filosofia?, trad. Bento Prado Jr. e Alberto Alonso Muñoz, Rio de Janeiro, Editora 34, 1992.

S *Spinoza et le problème de l'expression* (1968), Paris, PUF, 1985.

SM *Présentation de Sacher-Masoch* (1967), Paris, Minuit.
Sade/Masoch, trad. José Martins Garcia, Lisboa, Assírio Alvim, 1973.

SU *Superpositions* (1979), com Carmelo Bene, Paris, Minuit.

Prólogo

Seria preciso aplicar ao filósofo a descrição que faz A. Lightman do cientista.

São seis horas e dez minutos no relógio ainda invisível sobre a parede. Berna, 1903. À clara luz da aurora, o jovem funcionário das patentes está estendido sobre a cadeira, a cabeça encostada na borda de sua escrivaninha. Ele sonha com o tempo, sua natureza, seu mistério. Há vários meses que seus sonhos o perseguem. Eles se apossaram de sua pesquisa. Agora acabou. Entre as múltiplas naturezas do tempo que ele imaginou ao longo dessas noites, uma parece impor-se. Não que as demais sejam impossíveis: elas poderiam existir em outros mundos.

Este homem que sonha chama-se Albert Einstein. Em seus sonhos, ele imagina mundos novos nos quais o tempo pode girar em círculo ou fluir ao revés, lentificar conforme a altitude ou tomar a forma de um rouxinol, interromper-se de modo brusco etc. É assim que Lightman dá início a uma instigante variação onírica, literária e especulativa sobre o tempo[1].

Num dos mundos sonhados por Einstein há dois tempos: o mecânico, metálico e rígido como um pêndulo, e o corpóreo, que ondula como um peixe. O primeiro é inflexível, o segundo se decide à medida que se move. Para muita gente, o tempo mecânico não existe. Ignoram os relógios, comem quando têm fome, fazem amor a qualquer hora do dia, sabem que o tempo avança aos solavancos, que anda com dificul-

1 1. Alan Lightman, *Os Sonhos de Einstein*, São Paulo, Companhia das Letras, 1993.

dade, que carrega um grande fardo, mas que voa quando estão felizes. O desespero advém quando os dois tempos coincidem, ao invés de seguirem cada um seu curso.

Num outro mundo causa e efeito são erráticas. Ora o primeiro precede o segundo, ora o inverso. Ou passado e presente se encavalam. O crime não necessariamente precede o castigo, este poderia ser preventivo, é indecidível. Os cientistas se desesperam, não há previsibilidade, tudo é irracional, ou eles o são. Os artistas, por sua vez, são felizes. Inebriam-se com os acasos imprevistos, inexplicáveis, retroativos. A maioria vive o instante, já que é difícil prever o efeito de um ato presente no futuro. Cada ato é uma ilha no tempo, a ser julgado por si mesmo. Os empregados respondem a cada insulto dos patrões, cada beijo é sem passado nem futuro.

Num outro mundo não há futuro, o tempo é uma linha que se interrompe no presente, tanto na realidade como no espírito. Aí ninguém pode imaginar o futuro, os sentidos são incapazes de conceber o que poderia existir além da extremidade visível do espectro solar. Cada separação entre amigos é uma morte, cada solidão é definitiva, cada riso é o último. As pessoas se penduram sobre o presente como se estivessem suspensas sobre uma falésia acima do abismo, e enxergam cada estado que vivem como sendo o último.

Num outro mundo, enquanto um homem toca violino e pensa na esposa, um outro homem toca violino e olha a rua, um terceiro toca e... Um número infinito de homens encontram-se num mesmo quarto tocando um número infinito de melodias. Essa hora em que tocam não é uma hora única, mas uma multidão de horas. Pois o tempo é semelhante à luz que se enviam dois espelhos. O tempo ecoa a si mesmo, engendrando um número infinito de imagens, de melodias, de pensamentos. Enquanto pensa, o primeiro homem sente a presença dos outros e de suas músicas. Qual delas é sua, seu futuro?

Num outro mundo um homem hesita se vai a Freiburg encontrar uma certa mulher, charmosa porém rude. Decide ficar em Berna, onde conhece outra mulher com quem faz amor muito lentamente, durante meses. Casam-se, envelhecem, são felizes. Num segundo mundo ele decide sim rever a mulher de Freiburg, com quem faz amor fogosamente, com quem se casa e briga amiúde. Ela sempre se queixa, atiram-se objetos, ameaçam abandonar-se, e novamente fazem amor atormentadamente. Num terceiro mundo ele resolve rever a mulher de Freiburg, tomam chá, conversam, ele volta a Berna, sente um vazio. Mas tudo isso acontece ao mesmo tempo. Nesse mundo, o tempo tem três dimensões. Assim como um objeto pode mover-se em três direções perpendiculares, a horizontal, a vertical e a longitudinal, um objeto pode pertencer aos três futuros perpendiculares. Cada futuro se move numa direção diferente. A cada momento decisivo, o mundo se trifurca, e cada mundo contém as mesmas pessoas, mas com destinos diferentes. O tempo contém uma infinidade de mundos.

* * *

Foi preciso reportar vários desses sonhos, copiar quase literalmente essas páginas para dar uma noção daquilo que desenha aqui a pluma do cientista e do literato. O que ocorreria caso se acrescentasse a do filósofo? É o que eu gostaria de responder contando os vários "sonhos" de Deleuze. Alguns deles cruzam os de Einstein-Lightman, outros são tecidos com restos diurnos de Bergson, Plotino, Hölderlin, Borges... Mas o filósofo, contrariamente ao cientista (supondo-se que este não seja também um pouco filósofo, o que é improvável), não vê impor-se a ele uma única imagem do tempo. Não aceita a premissa de cunho leibniziano de que, das múltiplas naturezas possíveis do tempo, as demais além da nossa são igualmente possíveis: poderiam existir contudo em outros mundos.

Veja-se o sublime sonho de Teodoro ao final dos *Ensaios de Teodiceia* (cuja estrutura pode ter inspirado o relato de Lightman)[2].Uma imensa pirâmide, constituída por uma infinidade de apartamentos: é o Palácio dos Destinos. Cada apartamento é um mundo possível, e no topo da pirâmide situa-se o melhor dos mundos possíveis, aquele que Júpiter escolheu e que é o nosso. Em cada apartamento há um Sextus Tarquinius representando uma sequência de sua vida: um número infinito de Sextus habita o palácio, um feliz e educado, outro contente com seu estado medíocre etc. Ao sair do templo de Júpiter, onde foi aconselhar-se (ponto de bifurcação de todos eles, que Teodoro pode ver em seu sonho), e ao ouvir as previsões infelizes sobre seu destino, enquanto um Sextus vai a Corinto para tornar-se rico e amado, um outro Sextus dirige-se à Trácia, esposa a filha do rei e lhe sucede no trono, em vez de retornar a Roma cheio de cólera, espalhar a desordem e violar Lucrécia, como de fato sucede no primeiro apartamento (conforme registra a história). Todos esses Sextus são possíveis, mas fazem parte de mundos diferentes.

A regra de Leibniz é que os mundos possíveis não podem passar à existência se são incompossíveis com aquele que Deus escolhe e que é o melhor. Mas na ausência de Deus, e do Homem que pretendeu substituí-lo, cabe à criança que brinca fazer entrar os incompossíveis num mesmo mundo estilhaçado, em vez de escolher a melhor combinação. Ora, como seria isso factível sem uma "trama de tempo abraçando todas as possibilidades"?[3]

2 Leibniz, *Essais de Theodicée*, Paris, Aubier-Montaigne, 1962, pp. 374-378, § 413-415.

3 *P*, p. 83 [97]. Nesta e nas demais referências bibliográficas de obras Gilles Deleuze, o título figura abreviado conforme lista nas pp. XIII-XIV. A primeira remissão é à edição no original e a segunda, entre colchetes, à tradução em

A ideia de uma tal trama temporal é insana. Afirmar concomitantemente todos os tempos, afirmar num mesmo mundo todos os mundos possíveis, mesmo e sobretudo os incompossíveis que Deus repartiu em mundos diferentes... É onde o filósofo beira o delírio. Já não se trata de uma mera sucessão de sonhos, mas de uma bizarra arquitetura do tempo, labiríntica, turbulenta, caótica... Imagem de tempo que não corresponde apenas ao caos fantasioso de nosso sentido íntimo ou psicológico, mas também ao da natureza, da história, do clima... A policronia que o pensamento não cessa de perseguir é igualmente aquilo que não cessa de obsedar a própria vida do pensamento.

É a ameaça de uma tal trama temporal que aparece nos sonhos do cientista e que em sua vigília ele descarta, que se revela ao entendimento de Deus (País dos possíveis, como diz Leibniz), sendo assim submetida ao crivo de uma inevitável seleção. Mas quando esta trama toma de assalto o sono e a vigília do filósofo e tem ele forças para afirmá-la, sem temer suas implicações num universo doravante fibroso e divergente, entregue às mais paradoxais variações temporais, é porque já é outra a música que emite o mundo: "polifonia das polifonias", diz Deleuze, acompanhando Boulez.

português, quando existir. Para a tradução dos textos, sempre que possível utilizamos a versão disponível em português, com modificações eventuais.

Introdução

Esparsa e inaparente, a problematização do tempo obseda a construção deleuziana em toda sua extensão. Desde as austeras monografias iniciais até as publicações mais recentes e polifônicas, passando pelos escritos de alcance antropológico ou estético, a abordagem do tema em Deleuze, embora fragmentária, é recorrente. Entretanto, de livro a livro, o tema muda de contorno, conecta-se a um autor diferente e a questão parece sofrer, a cada ressurgência, uma nova metamorfose. A ponto de o leitor se perguntar, com todo direito, se há *uma* teoria do tempo em Deleuze, e até mesmo se há aí, rigorosamente falando, alguma *teoria* do tempo.

Bastaria mencionar algumas peças desse caleidoscópio conceitual para que a variação mencionada cintilasse: o Outro em Platão, a Cesura em Hölderlin, o Intempestivo em Nietzsche, o tempo puro ou perplicado de Proust, a Memória ontológica em Bergson, o tempo como Defasagem (Simondon), ou como Forma (Kant), ou como Espera (Masoch), o Acontecimento em Péguy e Blanchot... Como se vê, um filão considerável da história da filosofia, e não só da filosofia!

Serão todas essas peças compatíveis entre si num único jogo do tempo? É cedo para responder. De qualquer modo, sua coexistência parece indicar que uma forte inspiração borgesiana está presente em Deleuze, seja já pela maneira em que extraiu duplos de cada um desses autores, ou ainda pela malícia com que os fez esbarrarem uns nos outros, em variação perspectiva e multiplicação especular.

Diante disso, foi preciso dar-se um mínimo, um ponto de partida que a um só tempo viabilizasse um itinerário e não traísse o processo de elaboração bifurcante, para não dizer labiríntico, que assume o tema do tempo em seus textos. Nossa aposta inicial, por conseguinte, é das mais triviais: a filosofia de Deleuze pressupõe uma problemática temporal própria, singular na sua lógica e irredutível às fontes que ele menciona, utiliza e com as quais dialoga.

O que uma análise de seu trajeto revela, ademais, é que a questão do tempo se desdobra eminentemente sob o signo de seu conceito de diferença e acompanha todas suas aventuras e vertigens. As implicações disso deveriam, por si sós, justificar nosso empreendimento. Veremos progressivamente desenhar-se um pensamento pluralista, ontológico e afirmativo do tempo, em tudo alheio às concepções calcadas na Negatividade ou derivadas de uma problemática da Finitude – coordenadas largamente predominantes nas filosofias do tempo da modernidade, ou mesmo da dita pós-modernidade.

* * *

O tempo como diferença: eis uma ideia presente muito cedo em Deleuze, já no seu primeiro artigo sobre Bergson, onde a duração é definida como "o que difere de si"[1]. Dez anos mais tarde, outra formulação incisiva chama a atenção: "O Ser, ou o Tempo, é uma multiplicidade"[2]. Eis aí apenas os lances iniciais desse jogo cujas regras e variações pretendemos apresentar. Mas com eles já podemos ao menos justificar uma das questões que trabalham esse estudo de ponta a ponta, a saber: o que vem a ser o tempo quando ele passa a ser pensado como diferença, ou concebido enquanto multiplicidade pura, ou mesmo operando numa multiplicidade substantiva?

A lógica da multiplicidade foi exposta e trabalhada, entre outros textos, na descrição do rizoma em *Mil Platôs*. Num rizoma entra-se por qualquer lado, cada ponto se conecta com qualquer outro; ele é feito de direções móveis, sem início ou fim, mas apenas um meio, por onde ele cresce e transborda; um rizoma não remete a uma unidade nem dela deriva; não tem sujeito nem objeto.

Mas como o tempo sequer seria pensável segundo essa lógica insólita? Como poderia no tempo cada ponto conectar-se com qualquer outro, considerando-se a tripartição diacrônica em passado, presente e futuro? Como poderia o tempo comportar direções móveis e múltiplas sem ofender o bom senso no que ele mais preza, a flecha do tempo? Como poderia o tempo ser pensado a partir de um meio, situado ademais em qualquer parte, se é sempre no presente que se encontra o sujeito, referência fundante do tempo? E como poderia no tempo o fim e o começo não "rimarem", isto é, não se reconciliarem na revelação de um sentido pressuposto desde o início, ou mesmo de uma historicização

1 "La conception de la différence chez Bergson", *Les études bergsoniennes*, vol. IV, Paris, Albin Michel, 1956, p. 88.

2 *B*, p. 87.

retroativa, tão comum nas teorizações sobre a história ou mesmo sobre o inconsciente? Eis apenas algumas das muitas dificuldades iniciais suscitadas por essa perspectiva.

De fato, não é sem esforço que um tal rizoma temporal se oferece à imaginação. Sobretudo porque ele contraria frontalmente as figuras que comandam nossa representação habitual do tempo: a linha, a flecha (mesmo invertida), o círculo, a espiral, ou a fonte jorrando. Em termos mais conceituais: o tempo homogêneo e progressivo, ou o tempo arqueado, ou o tempo originário, ou mesmo um tempo dito autêntico. Ao final das duas primeiras partes de nosso percurso gostaríamos de mostrar como em Deleuze, ao invés de uma *linha* do tempo, temos um *emaranhado* do tempo; em vez de um *fluxo* do tempo, veremos surgir uma *massa* de tempo; em lugar de um *rio* do tempo, um *labirinto* do tempo. Ou ainda, não mais um *círculo* do tempo, porém um *turbilhão*, já não uma *ordem* do tempo, mas *variação* infinita, nem mesmo uma *forma* do tempo, mas um tempo *informal*, *plástico*. Com isto estaríamos mais próximos, sem dúvida, de um tempo da *alucinação* do que de uma *consciência* do tempo.

Não cabe antecipar todas as dificuldades e objeções que uma tal alteração na geografia mental suscita de imediato – elas virão a seu tempo. De qualquer modo, é a seguinte, em pouquíssimas pinceladas, a trama das duas partes desse estudo que pretendem tematizar tal reconfiguração: na primeira rastreamos um vetor bergsoniano presente em Deleuze, com as múltiplas imagens de tempo aí embutidas, e operando tanto no plano estético (cinematográfico) como subjetivo; na segunda, a partir da inspiração estoica presente no autor, abordamos o estatuto temporal do acontecimento, tanto na sua correlação com os devires e o intempestivo, como em contraposição ao privilégio tradicional atribuído à história e seu tempo.

Mas é apenas na terceira parte que a hipótese maior exposta acima, do tempo como diferença, ganha seu alcance especulativo pleno, na esteira de Nietzsche. É onde aparecerá o centro descentrado em torno do qual se movem as noções temporais de Deleuze, este Outro que Platão já proscrevia e que retorna, sempre outro. O pensamento de Deleuze a respeito parece atingir aí sua maior velocidade e secreta coerência: a de uma "liberação do tempo", relançada pela exclamação de Hamlet, *The time is out of joint!*, mas que só se completa no Eterno Retorno concebido como uma ontologia seletiva.

Apenas então algumas imagens de tempo recorrentes em Deleuze revelam sua inteira incisividade. A partir daí, também, o leitor se sentirá municiado diante da bateria de questões que talvez o assaltem ao acompanhar essa variação deleuziana. Perguntas do tipo: mas para Deleuze, afinal, por que o tempo não é pensado a partir da Finitude? Por que tamanha insistência na Coexistência dos tempos, na Memória plástica, na Multiplicidade Virtual? Mas ao mesmo tempo, por que toda essa suspeita em relação à centralidade do Passado, e mesmo do Presente? E se Deleuze privilegia tanto os devires e o acontecimento, por que seu pensamento é tão alheio a uma Filososofia da História? Em nome do que, afinal, o Intempestivo é tão insistentemente invocado para se pensar o nosso tempo?

E numa outra ordem de questões: por que o privilégio da cisão temporal, da "defasagem" e da cesura para pensar a subjetividade e sua gênese? Qual seria o tempo do desejo, ou do que Deleuze chama de inconsciente? Por que não há de sua parte uma desqualificação do tempo homogêneo ou vazio, tão frequente nas filosofias deste século? E será que um tempo à luz da diferença deveria privilegiar a tal ponto a noção de repetição? E, por fim, não serão essas questões "abstratas" demais? No que isso tudo pode ajudar a pensar a subjetividade, e a história, e a arte, e a vida, e mesmo a morte?

Não é uma rapsódia de questões fingidas, mas o rastro de algumas das inquietações que tomaram de assalto nosso trajeto, e que foram progressivamente sendo ampliadas ou desarmadas à medida que as diversas perspectivas iam revelando sua imanência recíproca, e o tempo era arrastado à sua fabulosa incondicionalidade, com os efeitos que se verá.

* * *

Deleuze foi muitas vezes acusado de não respeitar os tempos da filosofia, de extrair conceitos de seu contexto, de forçar na leitura de grandes filósofos, de "pilhar" a história da filosofia para construir a seu bel-prazer uma extravagante colcha de retalhos etc. Esses mal-entendidos só têm alguma chance de serem desfeitos caso sua obra seja remetida à concepção de tempo que a norteia e que nela opera, e por conseguinte à sua leitura do próprio *tempo da filosofia*. Não é à toa que retorna tantas vezes na sua pena, sobretudo nos comentários a Bergson, o paradoxo do tempo concebido não como sucessão mas como *coexistência virtual*[3]. É uma ideia-matriz (entre várias outras) no seu pensamento, e que recebeu formulações diversas ao longo de seus livros.

Para ficar num exemplo dos mais recentes, tome-se um texto em que Deleuze define o tempo filosófico como

> um grandioso tempo de coexistência, que não exclui o antes e o depois, mas os superpõe numa ordem estratigráfica [...] A vida dos filósofos, e o mais exterior de sua obra, obedece a leis de sucessão ordinária; mas seus nomes próprios coexistem e brilham, seja como pontos luminosos que nos fazem repassar pelos componentes de um conceito, seja como os pontos cardeais de uma camada ou de uma folha que não deixam de visitar-nos,

3 "La conception ...", pp. 105-106, e *B*, p. 56.

como estrelas mortas cuja luz é mais viva que nunca. A filosofia é devir, não história; ela é coexistência de planos, não sucessão de sistemas[4].

Ora, a obra de Deleuze ela mesma pode ser lida como essa coexistência de planos, esse folheado em que os pontos luminosos de um conceito atravessam os demais planos, e apenas graças às variações a que são expostos nesse trajeto variegado podem chegar a nós mais vivos do que nunca. Trabalhar transversalmente o folheado, sem esquecer da textura própria a cada plano, mas sobretudo estar atento para as emissões e transformações dos pontos luminosos, eis o principal desafio metodológico ao abordar um autor que cultivou ao máximo a movência e a circulação filosóficas, explorando essa porosidade entre filosofia e história da filosofia.

Daí nossa opção por um trajeto que não ocultasse os passos da própria pesquisa no rastreamento dessas emissões, incluindo a revelação de planos progressivamente ampliados, com eventuais saltos de um plano a outro, numa sequência nada cronológica e não necessariamente encaixada ou repartida segundo os conhecidos blocos de influência que parecem compor a bagagem deleuziana. Por outro lado, apesar de não pretender reconstituir exaustivamente por si mesmas as fontes convocadas por Deleuze, em sua variedade e riqueza, em momento algum cabia perder de vista o projeto filosófico que as pôs em relação, e que entre elas descobriu (ou inventou) tantas e tão insuspeitadas cumplicidades. As múltiplas entradas, perspectivas, autores e terminologias aqui utilizadas, com a inevitável variação de andamento e de estilo que implicam, não deveriam encobrir tal escopo maior.

O percurso proposto, descontadas as insuficiências próprias, não é falta de método travestido em procedimento, mas uma certa fidelidade ao autor, que chegou a declarar que "se o pensamento procura, é menos à maneira de um homem que disporia de um método, que à maneira de um cão que pula desordenadamente..."[5]

4 *QF*, pp. 58-59 [77-78].
5 *QF*, pp. 55 [74].

Parte I. O Tempo do Virtual

O meu objetivo é chegar a uma concepção fabulosa do tempo.

DELEUZE[1]

1 Aula proferida em 14.3.1978, em Vincennes, sobre a síntese e o tempo em Kant. Transcrição disponível na Internet: http://www.imaginet.fr/deleuze/.

1. Imagens

Por que começar pelo cinema? Por que tratar das imagens, quando o que se quer é falar do tempo? E se é para escolher algum domínio estético, por que justo este, tão distante da tradição e da frequentação dos filósofos, como é o caso da sétima arte? E, enfim, por que dar início a um estudo em Deleuze partindo de seu livro em torno do cinema, um dos últimos que ele escreveu, já no final de seu trajeto, quando o essencial de seu pensamento estava lançado e consolidado?

Poderíamos ensaiar várias respostas, desde a clássica definição de Platão, "o tempo, imagem móvel da eternidade", até a pretensão atribuída ao cinema de "esculpir no tempo", conforme a bela expressão de Tarkovsky. Teríamos razões de sobra, já com isto, de justificar esse primeiro momento que põe em relação o *tempo* e a *imagem móvel*, presumindo que um tal entrelaçamento é mais do que meramente episódico – o que o cinema teria se encarregado de demonstrar. Não é descabido, pois, conjeturar que, para abordar o tempo e explorar ao máximo seu caráter "fabuloso", Deleuze tenha sido tentado a passar pela imagem em movimento, isto é, pelo cinema. Mas é preciso lembrar que ele não esperou o cinema para falar do tempo, e, mais importante, quando falou do cinema foi precisamente para problematizar o atrelamento do tempo ao movimento na imagem – sendo esta, aliás, uma de suas teses mais surpreendentes a respeito do cinema moderno.

E, contudo, resta o fato inegável, quase prosaico – cujas razões mais profundas só poderão vir à tona no decorrer desse livro –, de que as teses maiores de Deleuze sobre o tempo reaparecem todas elas, de maneira dramatizada e numa narratividade surpreendentemente sistemática, nos dois tomos de *Cinema*. Aí encontraram, ao que parece, terreno privilegiado. Assim revisitadas, conquistaram uma operacionalidade estética com desdobramentos em tudo inesperados.

É o que gostaríamos de mostrar neste capítulo: que esses livros de cinema permitem apreender o modo pelo qual, esparsas ao longo da obra de Deleuze, como tantos lances de dados e totalidades fragmentárias, suas teses sobre o tempo aí se conectam, impulsionando-se e explicitando-se mutuamente[1]. Como diz ele num outro contexto:

> Os conceitos filosóficos são totalidades fragmentárias que não se ajustam umas às outras, já que suas bordas não coincidem. Elas nascem de lances de dados, não compõem um quebra-cabeças. E, todavia, eles ressoam, e a filosofia que os cria apresenta sempre um Todo poderoso, não fragmentado, mesmo se permanece aberto [...][2]

1.1. O MUNDO COMO CINEMA

Um conjunto infinito de imagens agindo e reagindo umas sobre as outras em todas as suas faces: variação universal, ondulação universal, marulho cósmico, sem eixo, nem centro, nem alto, nem baixo – o próprio mundo como cinema. É o ponto de partida bergsoniano para a teorização de Deleuze acerca do cinema. A imagem-movimento não é uma imagem à qual se acresce o movimento, mas identidade absoluta entre imagem e movimento, na contracorrente da psicologia clássica, que colocava a imagem na consciência e o movimento no espaço.

A imagem-movimento pode ser definida como matéria fluente ou como luz. Mas como falar de imagem, aparência, luz, se não se pressupõe um olho, muito menos um espectador? É que a luz está nas coisas, não no espírito que vê. Imanente à matéria, ao propagar-se indefinidamente a luz é revelada apenas quando reflete e rebate em imagens que lhe possam servir de écran negro (a nossa consciência, que é opacidade). Nesse sentido a consciência não é consciência *de* alguma coisa, conforme a consagrada fórmula da fenomenologia, mas a consciência é alguma coisa, ela confunde-se com a coisa, de direito

1 Para os teóricos do cinema, o interesse desses livros talvez resida alhures. Deleuze propõe do cinema uma teoria alternativa à leitura estrutural ou fenomenológica. As imagens não constituem uma língua ou uma linguagem, mas uma massa plástica, uma matéria sinalética com traços de modulação "sensoriais (visuais e sonoros), cinésicos, intensivos, afetivos, rítmicos, tonais, e até verbais (orais e escritos)" (*IT*, pp. 43-44 [42]). As críticas às leituras dominantes, embora disseminadas ao longo dos livros, estão explicitadas na conclusão do segundo tomo. Ao considerar seu trabalho não como um livro de filosofia "sobre" o cinema, mas sobre os conceitos que o cinema suscita (e que não são dados no cinema), Deleuze conclui: "nenhuma determinação técnica, nem aplicada (psicanálise, linguística), nem reflexiva, basta para constituir os próprios conceitos do cinema" (*IT*, p. 366 [332]).

2 *QF*, p. 38 [51].

está em toda parte, até que alguma região se torne opacidade. A esse respeito, a oposição entre Bergson e a fenomenologia é radical[3].

Entre todas as imagens que agem e reagem em todas suas faces, surgem por vezes intervalos, hiatos: determinadas imagens têm reações retardadas e, ao invés de prolongar a excitação recebida, selecionam-na ou a organizam num movimento novo. São as imagens vivas, o ser vivo, *centro de indeterminação* no seio de um universo acentrado, obstáculo à propagação indefinida da luz, écran negro em que esta se reflete e revela. A percepção pertencente a um ser vivo é então, por definição, subtrativa, no sentido em que retém daquilo que o rodeia o que lhe interessa para a ação. A subjetividade como seleção, subtração, preensão parcial, ação retardada, indeterminação, imprevisibilidade, curvamento do universo ao seu redor, contrariamente ao átomo, que "percebe infinitamente mais que nós mesmos, e, no limite, percebe o universo inteiro"[4]. O curioso é que o cinema, às vezes, parece tender a esse sistema acentrado, em que as imagens variam todas entre si (sem variarem também todas em função de uma, condição de uma subjetividade), e onde uma espécie de alucinação devolve o sujeito à vibração da matéria pura. "O que é mais subjetivo que um delírio, um sonho, uma alucinação? Mas o que há também de mais próximo de uma materialidade feita de onda luminosa e de interação molecular?"[5] A escola francesa, o expressionismo alemão, mas também já Vertov em certo sentido, teriam elevado o movimento das partes até o conjunto, até a variação universal, molecular, indo "do relativo ao absoluto, da sucessão ao simultaneísmo" (ainda voltaremos a essa fórmula intrigante). O ideal do cinema, por vezes, consistiria em esposar esse marulho universal para, através da velocidade infinita, atingir o Todo aberto, a Duração. Mas, na forma de imagem-movimento, o cinema só pode atingir esse ideal indiretamente.

1.1.1 O Tempo como Todo Aberto

O Tempo é o Todo. Porém, o Todo não é um conjunto fechado, mas o Aberto – é, por natureza, mudança incessante, criação.

Um conjunto pode reunir elementos muito diversos: nem por isso ele é menos fechado ou artificialmente fechado. Digo "artificialmente" porque sempre há um fio, por mais fino que seja, que une o conjunto a um conjunto mais vasto, ao infinito. Mas

3 *IM*, pp. 89-90 [82]. Para uma discussão mais detida a respeito, cf. o estudo de B. Prado Jr., em especial as páginas sobre a recusa de Bergson em remeter o campo da experiência transcendental a uma subjetividade constituinte (cap. "O Campo das Imagens", *Presença e Campo Transcendental*, São Paulo, Edusp, 1989). E para o conjunto explorado neste item, cf. *Matéria e Memória*, de Bergson, cap. I.

4 *IM*, p. 94 [85]

5 *IM*, p. 111 [102].

o todo é de uma outra natureza, é da ordem do tempo: ele atravessa todos os conjuntos, e é ele precisamente que os impede de realizarem até o fim sua própria tendência, isto é, de se fecharem completamente. Bergson não cessará de dizer: o Tempo é o Aberto, é o que muda e não para de mudar de natureza a cada instante. É o todo, que não é um conjunto, mas a passagem perpétua de um conjunto a outro, a transformação de um conjunto num outro.

No contexto cinematográfico em que Deleuze tece esse comentário, ele acrescenta: "Num grande filme, como em toda obra de arte, há sempre algo de aberto. E procurem em cada caso o que é, é o tempo, é o todo"[6]...

Ao definir o Todo, Deleuze faz uso de um conceito mais próximo a Hume do que a Bergson: o Todo é Relação. O Tempo, ou a Duração como o todo das relações, que não cessa de mudar, que não para de fazer-se. Se o Todo é concebido como o Aberto, não é apenas porque ele muda incessantemente, mas porque ele é aberto a si mesmo, aberto nas relações que entretêm em si os seus pontos, a imensidão do passado e futuro. Quando dizemos que uma tal abertura faz as imagens se comunicarem com um passado imemorial, ou com o futuro longínquo, é porque esse Todo põe em relação justamente esses pontos distantes no tempo cronológico mas coexistentes no Tempo concebido como uma Terra mais profunda que toda cronologia, substância não estratificada. Como diz Deleuze, "a terra, ou a verdadeira interioridade do tempo, isto é, o todo que muda e que, mudando de perspectiva, não para de atribuir aos seres reais esse lugar desmesurado pelo qual tocam tanto o mais longínquo passado quanto o futuro profundo, e pelo qual participam do movimento de sua própria revolução"[7].

Como foi dito acima, o Todo pode ser apreendido pelas imagens-movimento do cinema, mas apenas indiretamente. Cabe à montagem extrair das imagens-movimento esse Todo, essa ideia, essa imagem do Todo, essa imagem *do* tempo[8]. Como o diz *Cinema II*:

é a própria montagem que constitui o todo, e nos dá assim a imagem do tempo. Ela é, portanto, o ato principal do cinema. O tempo é necessariamente uma representação indireta, porque resulta da montagem que liga uma imagem-movimento a outra. Por isso a ligação não pode ser mera justaposição: o todo não é uma adição, tampouco o tempo uma sucessão de presentes[9].

E cada cineasta constrói à sua maneira esse todo, essa imagem do todo. Por exemplo, o tempo como composição orgânica (montagem paralela de Griffith), ou o tempo como composição dialética

6 *C*, pp. 80-81[74].
7 *IM*, pp. 58-59 [55].
8 *IM*, p. 46 [44].
9 *IT*, pp. 50-51 [48].

(montagem de oposições de Eisenstein, com gênese, crescimento, salto patético).

Quando o tempo é pensado à luz do Todo, mesmo que aberto, à perspectiva cronológica e sucessiva substitui-se um plano insólito, o da coexistência temporal: "Não é mais o tempo como sucessão de movimentos e de suas unidades, mas o tempo como simultaneísmo e simultaneidade (pois a simultaneidade pertence tanto ao tempo quanto à sucessão, ela é o tempo como todo)"[10]. O ideal do simultaneísmo que Deleuze detecta no cinema francês, mas também na pintura, na música, na literatura, ressoa com sua própria posição sobre o tempo, cuja *hybris* ele explicita através da noção kantiana de sublime. O pensamento deve compreender

> em um todo o conjunto dos movimentos da Natureza ou no Universo [...] deve atingir aquilo que ultrapassa toda imaginação, isto é, o conjunto dos movimentos como todo, máximo absoluto do movimento, movimento absoluto que se confunde em si mesmo com o incomensurável ou o desmedido, o gigantesco, o imenso, abóbada celeste ou mar sem limites[11].

O cinema, à luz do sublime kantiano, perseguiria, por seus meios próprios, não a abolição temporal, mas "o Simultâneo, o desmesurado, o imenso, que reduz a imaginação à impotência e a confronta com o seu próprio limite, fazendo nascer no espírito o puro pensamento de uma quantidade de movimento absoluto que exprime toda a sua história ou sua mudança, seu universo"[12]. O problema do pensamento, tanto nas artes quanto na filosofia, como o expressou Deleuze em outro contexto, é a "velocidade infinita"; é isso que ele reivindica, o que só se torna possível quando o próprio horizonte está em movimento[13], quando a Terra ela mesma é já movimento, desterritorialização. O Simultâneo significa, pois, todo o contrário de fixidez ou atemporalidade – é, ao invés disso, a velocidade infinita, o sobrevoo absoluto. O Todo, a Abertura, o Simultaneísmo, a Velocidade infinita perfazem uma constelação na qual o tempo pode ser concebido como uma transversal: "O tempo é exatamente a transversal de todos os espaços possíveis, inclusive dos espaços de tempo"[14].

1.1.2. Da Representação Indireta do Tempo à sua Apresentação Direta

Grande taxonomista, Deleuze faz um inventário minucioso dos tipos de imagem, que ele divide, inicialmente, em dois grandes

10 *IT*, p. 151 [141].
11 *IM*, p. 69 [64].
12 *IM*, p. 72 [67].
13 *QF*, pp. 38-42 [51-54].
14 *PS*, p. 157 [129].

grupos: imagem-movimento e imagem-tempo, as primeiras predominantes no cinema clássico, as segundas no cinema dito moderno. Trata-se, na verdade, de dois regimes da imagem, de dois tipos de narrativa, mas sobretudo de dois tipos de relação com o tempo: a representação indireta do tempo e a sua apresentação direta. O cinema teria passado, ao longo de sua história, de um regime a outro, de uma narrativa a outra, de imagens que representam indiretamente o tempo (cinema clássico) a imagens que o apresentam diretamente (cinema moderno).

Um dos indícios dessa mudança de regime é quando os personagens deixam de ser agentes para se tornarem espectadores de uma situação que os extravasa por todos os lados. Uma espécie de paralisia motora os obriga a ver e ouvir o que está além de qualquer resposta ou ação possível (imagens ópticas e sonoras puras). Toda a realidade continua sendo uma realidade; no entanto, uma vez investida por esse olhar, torna-se um tanto onírica, já que os órgãos dos sentidos dos personagens se libertaram do predomínio da ação e do movimento, e os objetos deixam de ser reflexos de uma ação virtual. A própria ação flutua no meio da situação e não tem com ela um encadeamento orgânico. O cinema de ação dá lugar a um cinema de vidente. É o caso do neorrealismo italiano, com De Sica, Rossellini etc. A vidência intervém quando já não podemos reagir com o corpo, nem mesmo com o espírito, quando um contínuo sensório-motor foi desfeito, quando já não prolongamos percepções em ações, quando uma certa lógica de encadeamento entre a ação e a reação desmorona, pois um certo mundo também desmoronou.

O que significa essa crise, mais radicalmente? Não só que a organicidade da ação no mundo desfez-se, mas que o mundo como *organicidade* ou *totalidade* foi abalado. Na esteira de um tal terremoto, surgem encadeamentos fracos entre as situações, elos frouxos entre os espaços, aumenta a função do acaso, emerge uma realidade dispersiva, uma certa indiferença do ator em relação ao seu próprio ato (*Taxi Driver*, de Scorsese), toda uma perambulação dos personagens, em espaços quaisquer. Desfaz-se a intriga, a história, a ação, com seus espaços-tempos qualificados. A situação dramática perde o privilégio, não há momentos fortes, qualquer instante pode ser de vidência, qualquer miragem pode ser de espanto, de excesso, de horror, de beleza.

É essa crise que marca a passagem de um cinema clássico para um cinema moderno. Surge consequentemente um outro tipo de imagem, que inaugura uma outra relação com o movimento e com o tempo. Se as imagens-movimento, nas suas relações, comparações, combinações, na montagem que sofrem, podem representar indiretamente o tempo, elas não nos dão uma imagem do tempo por si, uma apresentação direta do tempo, uma imagem-tempo[15]. Onde poderíamos encontrar, não uma imagem *do* tempo, mas uma *imagem-tempo*, isto é, não o curso do tempo sob sua forma empírica, ou metafísica (o sublime, o excesso), mas o tempo "apresentando-se" em seu estado puro?

1.1.3. O Tempo Envolvido

Segundo Deleuze, mesmo fazendo parte das imagens-movimento, a imagem-pulsão já libera uma "imagem originária do tempo"[16]. É uma expressão que faz pensar num tempo primordial, primevo, correlato a Kronos, e de grande importância no pensamento de Deleuze.

A imagem-pulsão caracteriza o naturalismo: ela dá a ver o que Deleuze chama de um mundo originário: puro fundo sem fundo, feito de matérias não-formadas, onde os homens são bichos e a pulsão se apodera com violência de pedaços de mundo. O tempo originário ao qual a imagem-pulsão dá acesso, esse fundo sem fundo, é concebido como um tempo enrolado, que cabe ao meio histórico e geográfico desenrolar. As coisas ou pessoas mais diversas se "complicam" numa única e mesma Terra, ao mesmo tempo que cada coisa, cada pessoa, "explica" o todo. É uma ideia que está presente em vários outros momentos da obra de Deleuze.

Ao traçar o perfil do medievalista Maurice de Gandillac e de seu trabalho, cujos resultados ele aproveitou largamente, Deleuze definiu a inspiração que atravessava aquele estudioso como sendo a de reencontrar, no seio das hierarquias neoplatônicas que subordinam os seres ao Uno transcendente, praias de imanência anárquicas que subvertem essas mesmas hierarquias, desdobrando diretamente o Ser unívoco a partir da mesma causa primeira:

> Não há mais causa remota: o rochedo, o lírio, a besta e o homem cantam igualmente a glória de Deus numa espécie de anarquia consagrada. As emanações-conversões dos níveis sucessivos são substituídos pela coexistência de dois movimentos na imanência, a *complicação* e a *explicação*, nas quais Deus "complica todas as coisas" ao mesmo

15 *IM*, pp. 100-101 [92]. Sublinhemos, nesse contraste entre uma representação indireta e a apresentação direta do tempo, um eco da distinção schopenhaueriana entre a música e as demais artes: "Pois a música, como foi dito, difere de todas as outras artes por não ser cópia do fenômeno ou, mais corretamente, da objetividade adequada da vontade, mas cópia imediata da própria vontade", e o uso que fez disso Nietzsche em *O Nascimento da Tragédia*, 16, da música como linguagem imediata da vontade. Ao comentar a música no cinema, Deleuze faz menção a Nietzsche: "Notaremos que a apresentação direta, como dizia Nietzsche..." (*IT*, p. 312 [285]). No entanto, está claro que, para o caso da imagem-tempo, o termo apresentação, em contraste com representação, significa transcendental oposto a empírico (ou metafísico): "a imagem-tempo surgiu por apresentação direta ou transcendental, como novo elemento do cinema do pós-guerra" (*IT*, p. 359 [326]).

16 *IM*, p. 174 [158].

tempo que "cada coisa explica Deus". O múltiplo está no uno que o complica, assim como o uno está no múltiplo que o explica[17].

O originário deve ser compreendido neste sentido preciso: o estado complicado. Assim, o tempo originário é o estado mais complicado do tempo, que não está ainda desdobrado e desenvolvido em suas séries e dimensões, e que remete sempre a um nascimento de mundo.

É o que, de maneira um tanto distinta, reaparece em *Proust e os Signos*. Como se sabe, Deleuze encontra ao longo da obra principal de Proust quatro linhas temporais, conforme o signo que corresponde a cada uma: o tempo perdido (signos do amor), o tempo que se perde (signos mundanos), o tempo que redescobrimos (signos sensíveis) e o tempo redescoberto (da arte). É este o mais complexo: ele é extratemporal no sentido em que apreende a essência. No entanto, para Deleuze a essência de cada coisa é, em última análise, a sua diferença[18]. Este é o objeto da arte: a diferença absoluta, a qualidade última, não empírica, que se individualiza e individualiza, encarnando-se nas matérias, nos signos, nos meios[19]. Assim, a essência remete ao nascimento do Tempo[20], ao nascimento do mundo, ao caráter original de um mundo. A obra de arte "constitui e reconstitui sempre o começo do mundo", não de um mundo, de um indivíduo, mas antes o princípio de individuação[21] que dá origem a um indivíduo, a um mundo específico. "A essência artista nos revela um tempo original, que ultrapassa suas séries e suas dimensões; um tempo 'complicado' em sua própria essência, idêntico à eternidade."[22] É ainda Deleuze quem recorda a tradição filosófica que está na origem dessa concepção:

> Certos neoplatônicos utilizavam uma palavra profunda para designar o estado originário que precede todo desenvolvimento, todo desdobramento, toda "explicação": a complicação, que envolve o múltiplo no Uno e afirma o Uno do múltiplo. A eternidade não lhes parecia a ausência de mudança, nem mesmo o prolongamento de uma existência sem limites, mas o estado complicado do próprio tempo[23].

Diante da essência que a arte apreende, estamos às voltas com um tempo que "não tem ainda as dimensões segundo as quais poderia

17 "Plages d'immanence", *L'Art des Confins – Mélanges Offerts à Maurice de Gandillac*, PUF. É em termos quase idênticos que Deleuze escreve, em *S*: "Todas as coisas estão presentes em Deus que as complica, Deus está presente em todas as coisas que o explicam e implicam", p. 159.

18 "É a diferença que é explicativa da coisa ela mesma, e não suas causas", "La conception...", p. 112.

19 *PS*, pp. 53-54 [41].

20 *PS*, pp. 59-60 [46].

21 *PS*, 133-134 [108-9].

22 *PS*, p. 77 [62].

23 *PS*, p. 58 [45].

se desenvolver, nem mesmo as séries separadas em que se distribui segundo ritmos diferentes". Trata-se de um "tempo original, enrolado, complicado na própria essência, abarcando de uma só vez todas as suas séries e suas dimensões"[24]. A arte revela a eternidade, não no sentido de uma ausência de tempo, mas como um tempo original absoluto, complicado, tempo das Essências, que não têm, diferentemente de Platão, a estabilidade e a identidade garantidas. É esse o "tempo redescoberto" através dos signos da arte, "tempo primordial, que se opõe ao tempo desdobrado e desenvolvido, isto é, ao tempo sucessivo que passa, ao tempo em geral que se perde"[25]. Fiquemos em um único exemplo da *Recherche*: Charlus, que mantém todas as almas que o compõem em estado complicado, e que assim "conserva sempre a frescura de um começo de mundo"[26].

1.1.4. O Tempo Puro

Como pode a própria imagem, um mesmo plano, independente da montagem, comportar a força do tempo? Foi Tarkovsky quem melhor formulou o problema: o tempo deve fluir na imagem, cabe mostrar "a pressão do tempo no plano", sua tensão ou rarefação[27]. Um exemplo privilegiado por Deleuze na passagem de uma representação indireta do tempo à sua apresentação direta, porém, é o tratamento dado ao cotidiano pelo cineasta Ozu, e as imagens ópticas e sonoras puras que daí extrai. Os planos fixos da bicicleta, do vaso ou da natureza-morta, eis aí imagens-tempo, o tempo em pessoa, diz Deleuze, "um pouco de tempo em estado puro", segundo a fórmula de Proust. A duração desses planos (dez segundos de um vaso, uma bicicleta encostada no muro) representa "aquilo que permanece, através da sucessão dos estados mutantes", o tempo como forma inalterável do que muda. "Tudo o que muda está no tempo, mas o próprio tempo não muda"[28]. Como se o cinema pudesse dar-nos a forma do que muda, às vezes por uma espécie de suspensão da própria mudança que de hábito vem preencher essa forma, outras vezes por uma lentificação, e ainda de modos muito diversos, como veremos adiante. De qualquer maneira, a condição mais geral para que tais imagens se ofereçam é que os sentidos se liberem de seu atrelamento ao movimento. Apenas então podem entrar em relação com o tempo, com o pensamento.

Mas por qual milagre é-nos dado apreender sensivelmente o tempo como forma pura, forma imutável daquilo que muda, sendo ele mesmo,

24 *PS*, pp. 58-59 [45-46].
25 *PS*, p. 78 [62].
26 *PS*, p. 59 [46].
27 *IT*, p.60 [56].
28 *IT*, pp. 27-28 [27-8].

o tempo, a condição de possibilidade do próprio aparecer, da própria apreensão sensível?

Apesar dos termos aproximativos, perguntamo-nos se, quando Deleuze refere-se à apreensão do tempo puro, nos termos referidos, não estaríamos diante de duas acepções do tempo distintas. Primeiramente, o tempo como forma pura, forma imutável daquilo que muda, como um transcendental (embora não remetido a um sujeito transcendental). Em segundo lugar, o tempo como forma da interioridade, mas no sentido singular dado por Deleuze à expressão kantiana e que também teremos ocasião de aprofundar: a forma pela qual somos interiores a um tempo ontológico, concebido como um emaranhado virtual. Caberá verificar de que modo essas duas acepções se conjugam.

1.2. O TEMPO EMANCIPADO DO MOVIMENTO

O cinema clássico dá uma imagem indireta do tempo ao ligar as imagens-movimento na montagem. Mas se o Todo do tempo é assim subordinado às partes, isto é, às imagens-movimento que o exprimem, essa subordinação recebe seu princípio de uma determinação mais profunda, cuja versão filosófica pode ser resumida pelo atrelamento do tempo ao movimento[29]. Considerar o tempo em relação ao movimento é o próprio da concepção aristotélica: o tempo como número do movimento segundo o anterior e o posterior. Deleuze o traduz cinematograficamente: o tempo resulta da montagem, entendida como uma relação de número do movimento, variável segundo a natureza intrínseca dos movimentos de cada plano[30]. Supomos nessa relação de número uma *ordenação* dos movimentos, bem como uma *normalidade* destes : seus centros de revolução, centros de equilíbrio das forças, centros de gravidade dos móveis, centros de observação para um espectador[31]. Se o cinema promove ao mesmo tempo, desde sua origem, movimentos aberrantes, que justamente descentram a percepção, mudando a escala, a proporção, a aceleração, a direção, ele também compensa essas aberrações através da montagem, conjurando-as, reabsorvendo-as, amortecendo-as.

Assim, a crise da imagem-movimento que descrevemos acima, na qual o encadeamento e a ordenação se veem revirados, corresponde ao fato de que o próprio movimento perdeu seu eixo, seu ponto de gravidade, sua motricidade. Concomitantemente, o tempo que dependia

29 *IM*, pp. 49-50 [47].
30 *IT*, pp. 51-52 [49].
31 *IT*, pp. 52-53 [50].

do movimento e do seu eixo "sai dos eixos". A fórmula de Hamlet, já utilizada em *Diferença e Repetição*, retomada no texto *Sur Quatre formules...*, e sobre a qual teremos ocasião de nos debruçar mais detidamente na última parte desse estudo, cabe aí perfeitamente: o tempo está fora dos gonzos, saiu dos eixos, deixou de subordinar-se ao movimento, mas precisamente porque o próprio movimento deixou de obedecer ao seu eixo, aos pontos cardinais pelos quais passava, aos centros que o ordenavam. O movimento aberrante promove a emancipação do tempo na medida em que este se libera do movimento ao qual ele antes se subordinava. Enquanto na filosofia essa emancipação se completa com Kant através da ideia do tempo como forma pura da intuição, forma imutável de tudo o que muda, no cinema ela se realiza pela emergência da imagem-tempo, que dá a ver a forma-tempo, a forma do tempo.

> Se o movimento normal vai subordinar o tempo, do qual nos dá uma representação indireta, o movimento aberrante atesta uma anterioridade do tempo, que ele nos apresenta diretamente, do fundo da desproporção das escalas, da dissipação dos centros, dos falsos *raccords* das próprias imagens[332].

É a revolução "kantiana" do cinema, mas que Deleuze será forçado a explicar bergsonianamente, como veremos.

1.2.1. Temporalizando a Imagem

O cinema, como foi dito acima, tende ao Todo do tempo, mas não poderia almejar a tanto se não fosse capaz de libertar-se da cadeia dos presentes. A própria imagem que aparece no cinema, necessariamente presente quando aparece, não se restringe ao presente em que aparece, que é apenas uma parte desse Todo e que permite representá-lo indiretamente. É preciso admitir então que coexiste com esse presente o passado que não é um antigo presente, e um futuro que não é um presente por vir. "Compete ao cinema apreender o passado e o futuro que coexistem com a imagem presente. Filmar o que está *antes* e o que está *depois*...", e que não se confunde com a imagem precedente ou subsequente. Trata-se de fazer o antes e o depois entrarem na própria imagem presente, da qual de qualquer modo eles são inseparáveis no interior de um Todo coexistente, e nos quais ela cai incessantemente.

Como fazer, por exemplo, o antes entrar na imagem, isto é, na imagem presente? Não se trata de voltar a uma imagem ou cena passada através de um *flashback*, o que equivaleria apenas a recuar para um antigo presente. A questão é: como temporalizar a imagem? Eis alguns

32 *IT*, p. 54 [51].

exemplos maiores: a profundidade de campo em Welles, *travellings* de Visconti, ou Resnais, planeza em Dreyer – imagens-tempo diretas, que

> sempre nos fazem aceder a essa dimensão proustiana, na qual as pessoas e coisas ocupam no tempo um lugar incomensurável ao que têm no espaço. Proust fala então em termos de cinema. O tempo montando sobre o corpo sua lanterna mágica e fazendo coexistir os planos em profundidade. É essa ascensão, essa emancipação do tempo que assegura o reino da ligação impossível e do movimento aberrante.

Ora, o que seria esse tempo emancipado do movimento senão uma Simultaneidade virtual mais profunda que qualquer sucessão real, emancipada por sua vez da tirania do presente, e com seus diversos planos coexistindo entre si (lençóis, jazidas de passado), permitindo travessias, ligações transversais, ainda que essas ligações soem impossíveis segundo uma lógica dos presentes atuais, sucessivos e encaixados?

Na medida em que o tempo ganha autonomia e deixa de curvar-se ao eixo do movimento, dos presentes e de seu encadeamento sensório-motor, ele passa não só a permitir em si incompossíveis, como também a promover por si movimentos aberrantes. Aberrações que obcecavam o cinema desde o início ganham novo impulso e uma renovada liberdade, e o próprio intervalo da montagem, que antes servia para conjurá-las, revela-se como um novo centro: é a "liberação do interstício" que Deleuze tanto valoriza, pois forja outro tipo de reencadeamento entre as imagens. Estaremos em condições de decifrar o enigma pelo qual, nessa reversão, não só o movimento aberrante é o mais cotidiano, como passa a tornar-se ele mesmo *a* cotidianidade?[33]

1.2.2. A Imagem-Tempo

O que é uma imagem-tempo? Digamos provisoriamente que é uma apresentação direta do tempo, isto é, o correlato estético e sensível do que Deleuze chamou de tempo puro, de tempo emancipado do movimento. Seu componente principal é a imagem óptica pura. No que difere ela de uma imagem sensório-motora? Enquanto esta prolonga uma percepção numa ação, obedecendo a uma seleção interessada, a imagem óptica, ao contrário, detém o movimento, detém-se numa coisa, retém a cada vez outro aspecto do mesmo objeto. Ao invés da vaca passando de um tufo de pasto a outro, porém permanecendo num mesmo nível (reconhecimento automático do capim em geral, abstrato), trata-se de um reconhecimento atento de um *mesmo* objeto (sua singularidade essencial), que o faz passar por *diversos* níveis, num aprofundamento inesgotável[34]. Mas não basta perturbar

33 *IT*, p. 57 [54].
34 *IT*, p. 64 [60].

as ligações sensório-motoras, ou apenas parar o movimento, ou redescobrir a relevância do plano fixo, é preciso ainda "*juntar*, à imagem ótico-sonora, forças imensas [...] de uma profunda intuição vital"[35]. A função vidente do olho faz com que o objeto percebido se amplie em circuitos cada vez mais vastos, entrando em relação com "imagens-lembrança" que ele suscita, correspondendo a planos cada vez mais profundos da realidade. Assim, o real entra em relação com o imaginário, o físico com o mental, o objetivo com o subjetivo, o *atual* com o *virtual*. Mas de tal maneira que esses pares tornam-se indiscerníveis, embora não sejam indistintos[36]. Ainda voltaremos de modo sistemático ao último par no próximo capítulo.

O que está em jogo nessa questão da imagem – e não seria abusivo estender tal observação a toda a obra de Deleuze – é a preservação e radicalização dos direitos do virtual. A estratégia ontológica e temporal consiste em evitar a redução do virtual ao atual. Por exemplo, para ficarmos no plano das imagens cinematográficas, quando se diz que o cinema é domínio exclusivo do presente, ou quando se faz da imagem-lembrança a essência da Memória, incorre-se nesse rebatimento do virtual sobre o atual, recusado por Deleuze. Daí toda a crítica à concepção do passado enquanto um antigo presente, já formulada em *Le bergsonisme* e retornando no caso do cinema, nas considerações sobre o uso injustificado do *flashback* e sua insuficiência em "afirmar uma força do tempo a exceder qualquer memória, um já-passado que excede qualquer lembrança"[37]. A imagem-lembrança não passa de uma atualização (presente) de uma virtualidade (lembrança pura) como passado, portanto ela *representa* um *presente* que foi, mas não o passado "em si", o em si do passado. Esse virtual, diz Deleuze, se insinua não nas imagens-lembrança, mas propriamente no seu fracasso, nos estados oníricos, alucinatórios, hipnóticos, amnésicos, delirantes, panorama flutuante que vem à tona em virtude de um afrouxamento sensório-motor, e que o cinema europeu explorou em abundância, em contraposição a um certo objetivismo americano. A função desses estados, segundo Deleuze, reside justamente em trazer o passado enquanto virtualidade (passado *em geral*), na sua anarquia, "como se o tempo conquistasse uma liberdade profunda"[38], liberdade em relação ao atual, ao presente, à cadeia dos presentes ao qual costuma ser referido, com seus encaixes e encadeamentos. Essa liberdade anuncia um outro regime de imagens.

Sublinhemos o que essa observação deixa entrever lateralmente: que uma certa desordem mental pode revelar o "em si" do tempo em

35 *IT*, pp. 33-34 [33]
36 *IT*, pp. 64-65 [61].
37 *IT*, p. 68 [64].
38 *IT*, p. 76 [72].

sua virtualidade. Seria o caso de perguntar se determinados fenômenos de perturbação psíquica (mas também estados mais prosaicos como o do sonho) não expõem, mais do que quaisquer outros, a virtualidade pura *enquanto virtualidade*, precisamente descolada de qualquer atualização, qualquer presente, qualquer encadeamento, e apta a revelar, portanto, incongruências temporais, ligações transversais, coexistência de incompossíveis etc. Se essa hipótese for plausível, não deveria surpreender que se encontre aí uma das fontes de inspiração privilegiadas do cinema, no seu esforço para pensar o Virtual nos seus inúmeros disparates temporais, que Deleuze não cessou, ele também, de explorar, quer seja a partir do campo cinematográfico, quer no campo filosófico.

1.2.3. O Tempo contra o Presente

Se em geral o *flashback* parece a Deleuze um procedimento menor é porque traz de volta um antigo presente, e não o passado em sua dimensão virtual. No entanto, há dele usos singulares que apontam numa outra direção. Em Mankiewicz, por exemplo, o atual não recobre o virtual, e estamos mais próximos de Borges, de um tempo bifurcante, numa trama temporal múltipla, que comporta os excludentes paralelos, ou simultâneos. O que aí se vê contestado é o encaixe seletivo dos presentes sucessivos, bem como a causalidade, a linearidade, a evolução, visto que se mesclam "todas as possibilidades, todos os mundos e os tempos"[39]. Não se trata de uma mistura arbitrária, que tornaria indiferentes os desvios. Nessa narrativa em forquilha, cada desvio forma um circuito, e ele só se torna perceptível depois, na pergunta "o que se passou?", vista a partir de um presente. No entanto, no plano virtual os desvios coexistem em circuitos distintos, e a imagem-sonho as pode reunir num único jogo de atualizações anamorfóticas, tornando indiscerníveis o real e o imaginário.

Contestar o presente nem sempre significa, pois, desfazer-se dele, às vezes basta multiplicá-lo. Deleuze salienta um procedimento que consiste em desvincular as pontas de presente de sua própria atualidade,

39 *IT*, p. 69 [65]. Certas experimentações em cinema interativo vão nessa mesma direção. Grahame Weinbren propôs uma versão de *O Homem dos Lobos* e outra da *Sonata de Kreutzer* de Tolstói com essa tecnologia, contrapondo o modelo narrativo freudiano ao aristotélico. O autor salienta seu objetivo: liberar-se do filme fixo e de seu *tempo encadeado*, para atingir uma narrativa multilinear, rizomática, mesclando várias correntes narrativas. Não há uma imagem central, as imagens ganham sentido ao se entrecruzarem. O espectador navega segundo a lógica de um fluxo aberto, numa massa de tempo indeterminada, variável, turbulenta, sem epílogo, "rio heraclitiano", "lago de incerteza heisenbergiano". Cf. "Vers un cinéma interactif", *in Trafic* n. 6, P.O.L., 1994.

subordinando esse presente a um acontecimento que o atravessa e o transborda, no qual justamente não há mais passado, presente, futuro, enrolados que estão no acontecimento "simultâneo, inexplicável"[40]. No acontecimento coexistem as pontas de presente desatualizadas. É algo que se aproxima do tempo agostiniano, presente do futuro, presente do presente, presente do passado. Reencontramos, até no extremo grau de contração numa ponta de presente, onde poderíamos presumir por fim a mera sucessão dos presentes atuais, o mesmo esforço de Deleuze em não deixar o próprio presente cair no atual ou ser recoberto por ele. É preciso que ele também se enrole "num único e mesmo acontecimento", e que, a partir dessa simultaneidade, todos os paradoxos do tempo recobrem uma vitalidade ainda mais perturbadora. Pois as relações entre as pontas de presente aparecem aí como intercambiáveis, deslizantes, permitem combinações incompatíveis porém não incompossíveis:

> É ao mesmo tempo que alguém não tem mais a chave (quer dizer que a tinha), ainda a tem (não a havia perdido) e a encontra (quer dizer, ele a terá e não a tinha). Duas pessoas se conhecem, mas já se conheciam e não se conhecem ainda[41].

Ora, estariam zombando de nosso bom senso, ou precisamente o bom senso como bom sentido da flecha do tempo se vê aí contestado, já que a flecha mesma desfez-se num mundo que "ficou reduzido a migalhas e caos?"[42] De modo que cada ponta do presente distinta, tomada como o presente, faz com que as demais, em relação a ela, se distribuam como futuro ou passado, com o que resultam coexistências insólitas, que se desmentem, se substituem, bifurcam, como em *O Ano Passado em Marienbad*, onde, além disso, as pontas de presente se distribuem entre personagens distintos, "mundos distintos", que no entanto coexistem, embora não necessariamente se encontrem.

Um mesmo acontecimento distribuindo-se em mundos distintos segundo tempos diferentes (para um é passado, para outro presente, para um terceiro futuro – mas é o mesmo acontecimento). Tempo sideral ou sistema da relatividade, diz Deleuze, porque inclui uma cosmologia pluralista, onde um mesmo acontecimento se distribui em versões incompatíveis em uma pluralidade de mundos. Eis não um deus que escolhe o melhor dos mundos possíveis, mas um "processo" que passa por todos eles, afirma-os "simultaneamente". É um sistema de variação: dado um acontecimento, não rebatê-lo sobre um presente que o atualiza num determinado mundo, mas fazê-lo variar em diversos presentes pertencentes a distintos mundos, embora num

40 *IT*, p. 132 [124].
41 *IT*, *ibidem*.
42 *PS*, p. 134 [109].

certo sentido, mais genérico, eles pertençam a um mesmo mundo estilhaçado. Ou, dado um presente, não esgotá-lo nele mesmo, encontrar nele o acontecimento pelo qual ele se comunica com outros presentes em outros mundos, mergulhar no acontecimento a montante, acontecimento no qual eles estão implicados, "universo inexplicável". Paira aí, como se vê, a imagem de um tempo complicado, o tempo enrolado, mas já não em contraposição ao seu desdobramento sucessivo e empírico, como uma Essência ou Diferença à espera de sua atualização, porém o próprio Emaranhado Virtual enfocado como um Acontecimento.

Quando o próprio presente, referência originária do tempo, é desatualizado, relançado num acontecimento que o extrapola por todos os lados, a liberação do tempo ganha um sentido preciso e extremo: liberar o tempo significa liberá-lo do presente atual, do movimento do presente segundo sua ordem sucessiva. Se *Cidadão Kane* foi o primeiro a tirar o tempo de seus eixos no cinema, é porque ali "a temporalidade se mostrava pela primeira vez, mas sob a forma de uma coexistência de grandes regiões por explorar". A profundidade de campo parece ter essa função de exploração, de conexão, de temporalização, de memoração. Liberação da profundidade, então, significaria também liberação dessa temporalidade como um contínuo de duração, mas precisamente com ligações não-localizáveis. Se ainda podemos usar para essa temporalidade o termo de memória, é no sentido de uma memória não psicológica, memória-Ser, memória-Mundo, com toda sua geologia (as jazidas, os lençóis), sua geografia (as zonas, os acidentes), as perturbações etc. Já não caberá à montagem extrair uma imagem indireta do tempo, mas "organizar a ordem de coexistência ou as relações não-cronológicas na imagem-tempo direta"[43].

Quando se penetra o tempo saído dos eixos através desses lençóis do passado, é-se arrastado por uma "onda", e uma perturbação fundamental lhe parece ser própria. Não há mais lembranças de um sujeito, mas, como o diz Deleuze, é como se o passado surgisse em si mesmo sob a forma de

> personalidades independentes, alienadas, desquilibradas, de certo modo larvárias, fósseis estranhamente ativos, radioativos, inexplicáveis no presente em que surgem, por isso ainda mais nocivos e autônomos. Não mais lembranças, mas alucinações. É a loucura, a personalidade cindida, que agora depõe pelo passado[44].

O tempo puro, saído dos eixos, liberado do movimento do mundo, não contém mais conteúdos presentes (lembranças), e sim, como na loucura e na alucinação, a virtualidade pura. Diríamos que esse tempo

43 *IT*, p. 146 [136].
44 *IT*, p. 148 [138].

vem à tona de maneira mais extrema quando até qualquer lembrança torna-se impossível (*Grilhões do Passado*), obedecendo ao princípio segundo o qual quanto mais virtual, quanto menos recoberto por atual, tanto mais próximo se está do estado fundamental do tempo – isto é, de um tempo sem fundamento. Nesse Todo virtual, os lençóis que se comunicam de modo inusitado, contíguos ou misturados, colocam em crise qualquer verdade e liberam apenas presenças alucinatórias. "Todos os estratos coexistentes se comunicam e se justapõem no meio vital lamacento."[45] É o tempo concebido como matéria-prima, como Terra.

1.2.4. O Tempo como Massa Modulável

Há aqui uma topologia que lembra a Deleuze o que os matemáticos chamam de "a transformação do padeiro". Dois pontos, por mais próximos que estejam num quadrado, resultarão distantes ao cabo de algumas transformações em que o quadrado é estirado em retângulo, dividido em duas metades, formando novamente um quadrado etc. É assim que um acontecimento é constantemente remanejado na "massa do tempo", como um ponto aí assinalado que se dividisse em dois, fragmentando-se, distendendo-se, conforme o lençol de passado em que é jogado, ou no qual nos colocamos, abrindo-se a uma variação infinita. Ou a distância entre dois acontecimentos é refeita sem cessar. Uma perpétua mistura vai tornar próximo o que estava afastado e longínquo o que era próximo, num tempo não-cronológico. Do ponto de vista dessa massa não há propriamente anterior ou posterior, pois é o que ela se encarrega de alterar constantemente: as relações. A imagem mais adequada é a mais prosaica, sugerida por Michel Serres: o lenço. A cada vez que assoamos o nariz, enfiamos o lenço no bolso de um modo novo, remanejando as distâncias entre os diversos pontos nele assinalados[46].

A arte, por sua vez, tem o privilégio de atravessar as idades na massa do tempo, esquivando o presente e impedindo, como diz Deleuze, o passado de se degradar em lembrança. Aí o passado se torna, ao contrário, alucinatório, paradoxal, hipnótico, sempre por vir[47]. Chegamos assim, talvez, ao extremo dessa ideia de tempo, em que o passado é catapultado em futuro. Pois não se trata de um passado *a descobrir*, mas *a inventar* segundo o dobramento a que estará submetido e que o

45 *IT*, p. 151 [141]

46 M. Serres mostra como o tempo clássico se reporta à geometria e só permite pensar o tecido liso e passado, ao passo que a topologia, com suas dobras, amarrotamentos, permite pensar o lenço e um tempo caótico. *Éclaircissements, Entretiens avec Bruno Latour*, Paris, Flammarion, 1992, pp. 92-93.

47 *IT*, pp. 157-162 [147-151].

irá situar num feixe de relações insuspeitado. Diríamos que o tempo, como matéria-prima aberta, é como uma massa a ser incessantemente moldada, ou modulada, estirada, amassada, comprimida, fluidificada, densificada, sobreposta, dividida, distendida etc. O tempo liberado do presente, do presente atualizado, do movimento, da sucessão, significa que essa massa torna-se disponível a uma pluralidade processual que não cessa de fazê-la variar.

Da linha do tempo ao emaranhado do tempo, do rio à terra, do fluxo à massa, do molde à modulação, da sucessão à coexistência, do tempo da consciência ao tempo da alucinação, da ordem à variação infinita – é nessa direção que é atraída a teorização deleuzeana do tempo, afastando-a irremediavelmente das figuras de tempo consagradas pela tradição. Mesmo se algumas das figuras tradicionais são retomadas por Deleuze – a linha ou o círculo –, é já num contexto tão alterado que elas deixam para trás sua própria "identidade". Por exemplo, quando Deleuze faz o "elogio" da linha reta como o novo e mais terrível labirinto, fica claro que estamos em presença de uma linha que se bifurca a cada ponto, constituindo então um novo emaranhado: "a linha reta como força do tempo, como labirinto do tempo, é também a linha que se bifurca e não para de se bifurcar, passando por *presentes incompossíveis*, retomando *passados não-necessariamente verdadeiros*"[48].

1.2.5. O Tempo contra a Verdade

Não surpreende, pois, que um pensamento à luz desse tempo crônico, e não-cronológico, à mercê de sua força, mais do que de sua forma, já não pode deixar intacta a noção de verdade. Como preservar a verdade se contra ela conspira a "força do tempo", no sentido em que torna compossíveis presentes incompossíveis, faz coexisitirem passados não necessariamente verdadeiros, e toda uma potência do falso se afirma como criadora? Uma nova narrativa é trazida pela imagem-tempo, onde real e imaginário se tornam indiscerníveis, bem como o verdadeiro e o falso. Não há mais uma forma do verdadeiro a disciplinar o tempo: doravante é afirmada a potência do falso.

Seria preciso ir mais lentamente, aqui, e supor que Deleuze se permite, através de uma tematização aparentemente circunstancial sobre a narrativa cinematográfica e seu novo regime, dar seguimento a uma meditação que de forma embrionária está presente em outros momentos de sua obra. Caberia evocar, em contraposição à forma da verdade, bem como ao sistema de julgamento de que ela é solidária, a série nietzschiana: a vontade de potência, a inocência da vida que não quer ser julgada, o devir como potência criadora do falso, força plástica

48 *IT*, p. 171 [160].

de metamorfose – em suma, o Ser proteiforme: "só há devir, e o devir é a potência do falso da vida, a vontade de potência"[49].

Convém notar como essa série presente nos livros em torno do cinema, e que já está inteiramente dada no estudo sobre Nietzsche, cruza-se com outra série inaugurada em *Diferença e Repetição* (e que mencionamos de maneira sucinta), concernente à relação entre tempo e movimento. Apenas no entrecruzamento dessas duas séries pode esclarecer-se o nó conceitual que nos ocupa. Pois enquanto o movimento conservar seus centros, seus invariantes, ele se deixa dizer em nome da verdade, subordinando a si o tempo. Uma vez descentrado, torna-se movimento em falso, abrindo para um tempo como potência do falso. Ora, a leitura de Nietzsche por Deleuze encaixa-se perfeitamente nesse horizonte do movimento descentrado e aberrante (ou a prepara), visto ser a força, por definição, relação com outra força, com o seu fora: subentende-se que ela não tem centro[50]. Por outro lado, ao distinguir a força ativa da reativa e atribuir à primeira uma dimensão plástica, "força de metamorfose"[51], Deleuze põe em evidência a variação de que é portadora, e sobretudo seu desatrelamento em relação à forma da verdade, já que a vontade de potência é criadora não só de valores, de sentidos[52], de ilusões, de máscaras, de falsidades, mas também da verdade. Não se trata de resumir a leitura deleuzeana de Nietzsche em poucas fórmulas esvaziadas, mas lembrar que a definição descentrada da força (e sua relação com o fora) ressoa com o tema do descentramento do movimento, e que ambos os descentramentos não poderiam deixar intacto o estatuto da verdade. Um movimento que deixa de girar em torno de seu centro, de seu número, produzindo aberrações, libera igualmente o tempo de sua subordinação à verdade, com o que ele se conquista como potência do falso.

Ao considerar Orson Welles o primeiro grande criador da imagem--tempo, brecha por onde o neorrealismo e a *nouvelle vague* teriam se introduzido, Deleuze ressalta a afinidade profunda do grande mestre do cinema com Nietzsche. "Elevando o falso à potência, a vida se libertava tanto das aparências quanto da verdade: nem verdadeiro nem falso, alternativa indecidível, mas potência do falso." O artista

49 *IT*, p. 185 [173].

50 "A força não tem mais centro precisamente porque é inseparável de sua relação com outras forças", e toda a descrição sobre os centros evanescentes dos planos-sequências em Orson Welles: "Os pesos perderam os centros de equilíbrio em torno dos quais se repartem, as massas perderam os centros de gravidade em torno dos quais se ordenam, as forças perderam os centros dinâmicos em torno dos quais organizam o espaço, os próprios movimentos perderam os centros da revolução em torno dos quais se desenvolvem" (*IT*, p. 186 [174]).

51 *NF*, pp. 45-48 [33-35].

52 *NF*, pp. 96-97 [70].

vem a ser criador se e quando for tomado por um devir que o desvia do ponto de vista histórico, cronológico, centrado no verídico, e o põe no ponto de vista de uma potência das metamorfoses: não há outra verdade "senão a criação do Novo"[53]. Tocamos aqui uma das direções do projeto filosófico de Deleuze, que consistiria em pensar um tempo consentâneo a essa criação do Novo.

1.3. O CRISTAL DO TEMPO

O pensamento do cinema de Deleuze poderia ser visto como um traçado em torno do núcleo que o autor chegou a chamar de operação fundamental do tempo: a cisão. Na imagem-cristal, um dos tipos de imagem-tempo, por exemplo, que um Herzog ou um Tarkovsky exploraram até o limite, Deleuze detecta o que ele chama de "o menor circuito", este que faz corresponder a uma imagem atual uma imagem virtual, "como um duplo ou reflexo", imagem bifacial, reversível, coalescente, numa captura-liberação recíprocas. O interesse da imagem-cristal é que ela dá a ver a operação fundamental do tempo: o tempo se desdobrando "a cada instante" em presente e passado[54].

Na imagem-cristal coexiste a duplicidade entre o presente (imagem atual) e seu passado contemporâneo (imagem virtual), onde o tempo se cinde em dois "jatos dissimétricos". Deleuze assim desenha esse esquema atribuído a Bergson (e pouco importa que esse desdobrar-se seja dito a partir do presente, nas direções heterogêneas do passado e

53 *IT*, pp. 190-191 [177-8].

54 *IT*, p. 110 [103]. É um tema recorrente em Deleuze o da cisão, do tempo como cisão, da dupla afecção do tempo. Já no estudo sobre Masoch, a estrutura da Espera, tão importante no masoquismo, era lida dessa perspectiva bifurcante. Ao desfazer o que considera a falsa unidade sadomasoquista, Deleuze expõe a diferença maior entre sadismo e masoquismo, no que concerne à associação que num e noutro a dor entretém com o prazer, ou a suspensão do prazer em favor do prolongamento da dor. Enquanto o masoquismo é regido pela forma da espera, o sadismo se define pela forma da projeção. "Pertence essencialmente ao masoquismo uma experiência da espera e da suspensão [...] Masoquista é quem vive a espera no estado puro. Faz parte da espera pura o desdobramento em dois fluxos simultâneos, um que representa *o que se espera*, e que tarda por essência, sempre atrasado e sempre reposto, o outro que representa algo *de que se espera*, o único a poder precipitar a vinda do esperado" (*SM*, p. 71 [77]). Há uma diferença *de* ritmo: enquanto a dor efetua aquilo de *que* se espera, o prazer efetua aquilo que se espera. O masoquista é o moroso, que efetua a suspensão estética e dramática, oposta à reiteração mecânica e acumuladora em Sade, tangenciando assim a estrutura fundamental do tempo (*SM*, pp. 32-33 [35]). Essa duplicidade temporal já estava presente em *Le bergsonisme*, como um dos quatro paradoxos sobre o tempo caros a Deleuze: o passado não é um antigo presente, o presente coexiste com o passado contemporâneo a ele.

do futuro, ou nas direções igualmente heterogêneas do presente e do passado):

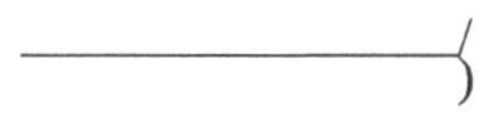

Diz Deleuze:

é preciso que o tempo se cinda ao mesmo tempo em que se afirma e se desenrola [...] O tempo consiste nesta cisão. A imagem-cristal não é o tempo, mas vemos o tempo no cristal. Vemos a perpétua fundação do tempo, o tempo não-cronológico dentro do cristal, Kronos e não Cronos. É a poderosa Vida não orgânica que encerra o mundo. O visionário, o vidente é quem vê no cristal, e o que ele vê é o jorrar do tempo como desdobramento, como cisão[55].

O que se vê, pois, no cristal, é "o tempo em pessoa, um pouco de tempo em estado puro". É uma fórmula que retorna diversas vezes na pena de Deleuze, igualmente no trabalho sobre Proust, a quem ela pertence originalmente[56], e que ainda teremos oportunidade de examinar de modo mais detido segundo seus múltiplos usos. O tempo como cisão e a cisão como operação fundamental do tempo constituem, como se verá, o cerne de uma problematização mais ampla, num vasto leque que vai do capital à subjetividade.

1.3.1. O Cristal e o Dinheiro

Ao comentar as imagens de *O Ano Passado em Marienbad*, ou de Wenders em *O Estado das Coisas*, Deleuze afirma que se tem a impressão de que se está sempre numa atmosfera de complô, às voltas com um complô. E o complô é o do dinheiro no cinema, ou a força do dinheiro, que equivale à força do tempo! O que parecia apenas uma associação circunstancial do autor, revela-se imediatamente como essencial:

o que define a arte industrial não é a reprodução mecânica, mas a relação, que se interiorizou com o dinheiro [...] É o que mina o cinema, a velha maldição: o dinheiro é tempo. Se é verdade que o movimento suporta como invariante um conjunto de trocas ou uma equivalência, uma simetria, o tempo é por natureza a conspiração da troca desigual ou a impossibilidade da equivalência. É nesse sentido que ele é dinheiro: das duas fórmulas de Marx, M-D-M é a da equivalência, mas D-M-D é a da equivalência impossível ou da troca fraudulenta, dissimétrica[57].

55 *IT*, p. 109 [102].
56 *Le temps retrouvé*, Bibl. de la Pléiade, p. 872 [125], cit. em *PS*, p. 76 [61].
57 *IT*, pp. 103-104 [98].

Eric Alliez explorou essa ideia presente em germe nos textos de Deleuze[58]. Se num certo regime de trocas (por exemplo, o do mundo grego) a moeda servia para intermediar a troca de bens, satisfazendo a necessidade presente de todos, de modo circular, em consonância com um tempo cosmológico também fechado sobre si mesmo, e evocando a eternidade (o tempo como imagem móvel da eternidade), Aristóteles descobre (e encobre) um outro tempo, que faz irrupção através do dinheiro que se acumula, e que, ao proliferar na forma de juros, perverte sua função original. Ora, essa capitalização traz um tempo diferente do cosmológico, um tempo desmedido, que não mais repete o passado ou reatualiza o presente, mas lança a ameaça desordenada de um futuro ilimitado. Tempo da inquietação, da antecipação, tempo fora do eixo da atividade ordenada da *polis* e do movimento harmonioso do *cosmos*. Eis-nos de volta ao tempo saído dos eixos, um tempo que já não mede um movimento ao qual ele estaria subordinado (dos astros, dos bens), mas que ganha a autonomia desmesurada que caracteriza o próprio dinheiro. Um tempo que se liberta da circularidade do anel para tomar a forma de uma linha reta, o tempo abstrato. As insubordinações do tempo, conjuradas por Aristóteles, teriam arrastado o tempo como um todo para uma nova conduta. A troca, antes simétrica ou equivalente, torna-se desigual, assimétrica, fraudulenta. O dinheiro e o tempo que lhe corresponde "conspiram" contra a equivalência, quebrando a troca e o tempo circular, ou equilibrado, bem como o movimento que lhe é correlato, movimento orgânico, encadeado, sensório-motor. Assim, ao invés de compensar as aberrações de movimento, o tempo já se embrenha nelas como intempérie. De qualquer modo, a pressão do dinheiro (ou do tempo) revela-se como fundadora da operação essencial que a imagem-cristal se encarregava de mostrar: "relançar sem descanso a troca dissimétrica, desigual e sem equivalência"[59].

1.3.2. O Tempo e o Fora

Entre a imagem-movimento e a imagem-tempo o todo sofreu, como vimos, uma mudança flagrante. Para a primeira, o todo é o aberto, totalização aberta, resultante da associação que a expressa, e que o pensamento quer abarcar na velocidade infinita. Regime clássico, onde o todo interioriza as imagens e se exterioriza nelas. Já na imagem-tempo, o todo é o fora, mas de tal modo que ele se torna impensável, "impotência tanto para pensar o todo como para pensar a si mesmo"[60].

58 E. Alliez, *Tempos Capitais*, São Paulo, Siciliano, 1991. A sequência do presente item está inteiramente baseada nesse livro.

59 *IT*, p. 105 [99].

60 *IT*, p. 218 [202].

Mais do que constatar a impotência do pensamento diante de um todo, Deleuze assinala a essência desse impoder, tomando de empréstimo a ideia de Blanchot: já nem mesmo há um todo que pudesse ser pensado.

> Já não acreditamos num todo como interioridade do pensamento, nem mesmo aberto; acreditamos numa força do fora que se escava, nos agarra e atrai o dentro. Já não acreditamos numa associação das imagens, nem mesmo transpondo vazios, acreditamos em cortes que adquirem valor absoluto e subordinam qualquer associação[61].

Assim, o cinema deixará de ser o cinema do Uno, que por associação de imagens (montagem) visa o Todo do Tempo, para instalar-se no interstício, *entre* as imagens. O Tempo não mais como Ser, porém como Entre, não mais regido pelo verbo É, porém instalado na conjunção E (os cortes irracionais, que determinam as relações não comensuráveis entre as imagens, ou mesmo a relação indireta livre entre a imagem e a fala, o mais exterior e o mais interior). O Tempo como Fora, força de dispersão. O fora substitui o todo, o interstício substitui a associação[62].

É assim, portanto, que Deleuze define o novo regime temporal da imagem-tempo: "supressão de um todo ou de uma totalização das imagens, em favor de um fora que se insere entre elas"[63]. O E, o interstício, a quebra do vínculo sensório-motor, o intervalo ganhando autonomia, por onde uma imagem óptica e sonora pura ganham independência, fazendo emergir de uma paralisia diante do intolerável uma vidência superior. O intolerável, porém, não é apenas um vulcão, uma batalha, a morte, "uma grande injustiça, mas o estado permanente da banalidade cotidiana", na medida em que a crença na "vinculação do homem e do mundo" é o impensável que só pode ser pensado, e o homem faz parte desse mundo intolerável[64]. O intolerável, o impensável, o cotidiano, mas também aquilo que não pode senão ser pensado, é justamente o Entre, o E, a força do Fora no E. Ou, ainda, a Diferença, "vertigem de espaçamento" (Blanchot)[65].

* * *

Como se conectam as duas perspectivas temporais referidas por Deleuze? Por um lado, a da imagem-movimento, referida ao sublime,

61 *IT*, p. 276 [253].
62 *IT*, p. 279 [256].
63 *IT*, p. 245 [226].
64 *IT*, p. 221 [205]. "Se o mundo se tornou um cinema ruim, no qual já não cremos, um verdadeiro cinema não poderia contribuir para nos restituir razões de crer no mundo e nos corpos desfalecidos? O preço a pagar, tanto no cinema quanto noutra parte, sempre foi um afrontamento com a loucura" (*IT*, p. 261 [240]).
65 M. Blanchot, *L'entretien infini*, cit. in *IT*, p. 235 [217].

em que uma certa *hybris* (sensível, pensante) persegue o Todo aberto através de uma velocidade infinita[66]. Por outro lado, a perspectiva da imagem-tempo, de um Todo aspirado por um Fora, introduzido no intervalo como espaçamento. Como vimos, passamos de um regime a outro, e entre ambos deu-se justamente o que Deleuze mais privilegia nessa problemática temporal: a reversão pela qual o tempo deixa de subordinar-se ao movimento que ele mede, para emancipar-se, produzindo movimentos aberrantes. De um para outro, tudo muda. Não é, pois, *um* tempo suposto o mesmo que é *representado indiretamente* pela imagem-movimento, e *apresentado diretamente* na imagem--tempo, mas a imagem-tempo direta descobre ou cria novos aspectos de tempo[67]. E antes mesmo do advento do cinema moderno do pós--guerra, a cada vez que uma aberração tomava conta do movimento no cinema (e *desde o início* o cinema já é movimento aberrante e sua conjuração) revelavam-se já aspectos diversos do tempo, a saber, os paradoxos da preexistência do passado, da coexistência do passado e do presente etc. Posteriormente, quando o tempo no cinema-mundo abjura seu conteúdo empírico, revertendo seu próprio fundamento[68], quando a aberração já não é mais um acidente a ser corrigido, mas a cotidianidade, estes mesmos aspectos prevalecem e determinarão a nova estética.

De qualquer modo, podemos dizer que o cinema moderno coloca em xeque constantemente, através de seu regime, o curso empírico do tempo, os movimentos encadeados que o subordinam e a representação do tempo que daí deriva. A irrupção do fora corresponde de certo modo ao fato de que a imagem-tempo tangencia a forma do tempo, o tempo como um transcendental, condição de possibilidade para o próprio fenômeno. Nesse movimento em direção ao transcendental, a imagem-tempo dá a ver ora a *ordem* do tempo (as relações interiores de tempo, "sob forma topológica ou quântica"), ora a *série* do tempo (o devir, a passagem de uma potência a outra), ora, mais radicalmente, a *gênese* do tempo, no desdobramento germinal da cisão. Que a pesquisa transcendental acabe aspirada pela ideia de um fora mais exterior que qualquer exterior, mais íntimo que

66 "A imagem-movimento não tem apenas movimentos extensivos (espaço), mas também movimentos intensivos (luz) e movimentos afetivos (a alma). Mas o tempo, enquanto totalidade aberta e mutante, ainda ultrapassa todos os movimentos, até mesmo as mudanças pessoais da alma ou movimentos afetivos, embora não possa dispensar este e estas. É portanto captado numa representação indireta, já que não pode dispensar as imagens-movimento que exprime, e no entanto ultrapassa todos os movimentos relativos, forçando-os a pensar um absoluto do movimento dos corpos, um infinito do movimento da luz, um sem-fundo do movimento das almas: o sublime" (*IT*, p. 309 [282]).

67 *IT*, pp. 354-355 [323].

68 *DR*, pp. 120-121 [156].

qualquer interior, matéria-prima do tempo como esse ponto último, não deve surpreender, desde que se tenha em mente o movimento recorrente em Deleuze, que ele explicitou da seguinte maneira: "O específico de uma pesquisa transcendental consiste em não podermos detê-la quando queremos. Como é que poderíamos determinar um fundamento, sem sermos também precipitados, sempre para além, no sem-fundo de que ele emerge?"[69]

1.3.3. Imagem e Pensamento

O cinema serve a Deleuze, sem dúvida alguma, para revelar determinadas condutas de tempo, dando delas imagens diversas, evolutivas, circulares, espiraladas, declinantes, salvadoras, desembestadas, até as cindidas, duplicadas, ilocalizadas, multivetoriais, vibratórias, moleculares. É plausível presumir que o interesse que lhes dedicou Deleuze venha de uma determinação mais radical que ele mesmo deixou entrever, ao salientar a ambição do cinema de penetrar, apreender e reproduzir o próprio pensamento. O cinema confrontado ao espírito humano (autômato espiritual) e o pensamento como sistema de imagens, imagens-pensamento explorando sua potência própria. Em outros termos, parafraseando Deleuze: a pergunta "o que pode a imagem" não poderia ser um equivalente da questão "o que pode o pensamento", e ambas uma retomada em outro nível da questão "o que pode um corpo"? Assim, o problema seria: como pode a imagem passar a uma "potência superior"?[70] Não será justamente para além da imagem-movimento, na imagem-tempo, que a imagem pode crescer em dimensões (recorde-se o modelo do reconhecimento atento mencionado), liberta que está do encadeamento que a subsumia, e fazendo ver ou engendrando em si uma variação que a multiplica, que lhe revela os diversos planos crescentemente aprofundados ou proliferados, dando a ver a própria variação, isto é, a *modulação*? Lembremos que, em pelo menos um texto-chave, Deleuze usa esse termo para definir o próprio tempo. Não poderíamos presumir que pela imagem-tempo Deleuze estaria evocando as condições sob as quais a complexidade da imagem se abre e desenrola, e sua "complicação" se "explica"? E a condição para que tal ocorra acaso não consiste em que a imagem seja devolvida a um tempo que, por sua vez, é ele próprio devolvido a si mesmo? Diríamos, quase, que se esse é o caso tende-se para uma abolição da imagem, a fim de que venha à tona a potência de imagem embutida na imagem e que tal

69 *SM*, p. 114 [124].
70 Tomo a pergunta ao artigo de Alain Ménil, "Deleuze et le 'bergsonisme du cinéma'", *Philosophie*, nº. 47, Paris, Minuit, set. 1995, pp. 38-39.

ou qual imagem atual não esgotam... Mas essa afirmação só garante o seu alcance se ficar acordado o quanto, em todo este comentário, "imagem" significa, conforme os postulados iniciais de *Matéria e Memória*, "matéria" – ao menos este é um dos méritos atribuídos por Deleuze a Bergson: ter liberado a imagem de seu restrito estatuto representativo.

NOTA SOBRE A IMAGEM

Ao longo deste estudo a expressão *imagens de tempo* é utilizada de modo amplo, abarcando as imagens de tempo que a filosofia libera, as que ela pressupõe, bem como as imagens de tempo sensíveis que o cinema cria (as imagens-movimento ou as imagens-tempo). Essa tripla acepção pode prestar-se a contrassensos. Mesmo se uma certa contaminação recíproca não nos parece de todo inconveniente, é preciso explicitar as diferenças entre as várias acepções que emprestamos ao termo imagem.

Imagem do Pensamento

Convém lembrar, inicialmente, que o termo imagem tem na obra de Deleuze uma utilização variável. Tomemos, para ficar no exemplo maior, o tema da "imagem de pensamento", tão recorrente. É em *Nietzsche e a Filosofia* que a expressão aparece pela primeira vez, para mostrar em que medida Nietzsche teria subvertido a imagem de pensamento dogmática. *Diferença e Repetição* dedica ao assunto o extenso capítulo II, intitulado "Imagem do Pensamento", retomando e esmiuçando sua aplicação. A imagem do pensamento aparece aí como o pressuposto implícito do pensamento conceitual filosófico, como o conjunto dos postulados pré-filosóficos aos quais a filosofia obedece. Parece ser constituída pelas regras que comandam implicitamente a filosofia enquanto representação. A Imagem, portanto, é como que o desenho, o traçado não-filosófico, pré-filosófico, que molda o terreno em que a filosofia se desenvolve e é possível. Ao denunciar a suposta boa vontade da filosofia, sua afinação natural com o Verdadeiro e o Bem, por exemplo, Nietzsche teria revelado o caráter moral dessa imagem. Com isso, teria empreendido, segundo Deleuze, uma luta contra a Imagem e seus postulados. Ou seja, um combate contra um modelo de pensamento, contra o modelo do que seja pensar, do que seja o pensador, do que deva ser o filósofo. Se num certo sentido *Nietzsche e a Filosofia* anuncia uma nova imagem do pensamento, *Diferença e Repetição* vai mais longe e reivindica um pensamento sem imagem. Um pensamento sem imagem é aquele que não obedece a uma imagem prévia do que seja pensar, isto é, a um Modelo prévio que o orienta e formata, que determinaria de antemão o que significa pensar ou orientar-se no pensamento. Imagem aqui significa, por conseguinte, Modelo.

Antes de problematizar um pouco essa primeira acepção de imagem remetida a um Modelo transcendente, a um Formato subjacente, a regras prévias, seria preciso acrescentar que o mesmo termo recebe em *Lógica do Sentido*, num capítulo intitulado "Imagens de Filósofos", uma conotação mais topológica. Deleuze faz menção a uma geografia do pensamento, eixos e orientações segundo os quais o pensamento se desenvolve, como o movimento ascencional no platonismo, a profundidade pré-socrática, a reconquista nietzschiana da superfície[71]. Trata-se de uma espécie de geografia mental pré-filosófica em que se move a filosofia. Se não há aqui uma reivindicação por um pensamento sem imagem, há um elogio claro da conquista da superfície, e ambas as posições têm um sentido equivalente. As variações terminológicas que acabamos de mencionar remetem a uma mesma e inequívoca direção de fundo.

Em *Mil Platôs* Deleuze e Guattari dão um passo a mais na explicitação da imagem do pensamento, quando a associam mais diretamente à forma do Estado.

> Acontece de criticarem conteúdos de pensamento julgados conformistas demais. Mas a questão é primeiramente a da própria forma. O pensamento seria por si mesmo já conforme a um modelo emprestado do aparelho de Estado, e que lhe fixaria objetivos e caminhos, condutos, canais, órgãos, todo um *organon*. Haveria portanto uma imagem do pensamento que recobriria todo o pensamento, que constituiria o objeto especial de uma "noologia", e que seria como a forma-Estado desenvolvida no pensamento[72].

Os autores vão mostrar que o pensamento, na sua relação com o fora, com a exterioridade, implica a demolição da imagem:

> São os atos de um "pensador privado", por oposição ao professor público: Kierkegaard, Nietzsche, ou mesmo Chestov... Onde quer que habitem, é a estepe ou o deserto. Eles destróem as imagens. Talvez o *Schopenhauer educador* de Nietzsche seja a maior crítica que se tenha feito contra a imagem do pensamento, e sua relação com o Estado. Todavia, "pensador privado" não é uma expressão satisfatória, visto que valoriza uma interioridade, quando se trata de um *pensamento do fora*. [...] Todo pensamento é já uma tribo, o contrário de um Estado. E uma tal forma de exterioridade para o pensamento não é em absoluto simétrica à forma de interioridade [...] a forma de exterioridade do pensamento – a força sempre exterior a si ou a última força, a enésima potência – não é de modo algum uma *outra imagem* que se oporia à imagem inspirada no aparelho de Estado. Ao contrário, é a força que destrói a imagem e suas cópias, o modelo e suas reproduções, toda possibilidade de subordinar o pensamento a um modelo do Verdadeiro,

71 *LS*, p. 152 [131].
72 *MP*, p. 464 [V, 43].

do Justo ou do Direito (o verdadeiro cartesiano, o justo kantiano, o direito hegeliano etc.). [...] O pensamento é como o Vampiro, não tem imagem, nem para criar modelo, nem para fazer cópia. No espaço liso do Zen, a flecha já não vai de um ponto a outro, mas será recolhida num ponto qualquer, para ser relançada a um ponto qualquer, e tende a permutar com o atirador e o alvo[73].

Pode-se dizer que o pensamento rizomático, tal como os autores o definem no início de *Mil Platôs*, responde perfeitamente a essas exigências. O deserto, o espaço liso, a geografia plana, a exterioridade pura, apenas aí o pensamento como multiplicidade (tribo) pode deslocar-se fora das estriagens do "espaço mental" imposto pelas imagens clássicas do pensamento e seus modelos[74].

Plano de Imanência

Mas eis que a imagem do pensamento recebe de Deleuze, num de seus últimos livros, um nome inusitado: plano de imanência. "O plano de imanência não é um conceito pensado nem pensável, mas a imagem do pensamento, a imagem que ele se dá do que significa pensar, fazer uso do pensamento, se orientar no pensamento..."[75] Se nos textos citados acima havia uma reivindicação clara por um pensamento evacuado de seus pressupostos extrafilosóficos e suas estriagens (um "pensamento sem imagem"), agora já se expõe o mecanismo da instauração do plano não-filosófico necessário à filosofia. Ora, o que mudou de um texto a outro? Nada. Ao contrário, assistimos apenas a uma radicalização da mesma ideia. O pensamento sem imagem, no sentido de sem forma ou modelo prévios, continua sendo reivindicado, mas com outro nome: o de um plano de imanência realmente "imanente". Admite-se agora, com mais clareza, que o pré-filosófico não pode ser abolido, pois faz parte da filosofia, intrinsecamente: "Pré--filosofia não significa nada que preexista, mas algo *que não existe fora da filosofia*, embora esta o suponha"; "O não-filosófico está talvez mais no coração da filosofia que a própria filosofia"[76]. Também se admite que o plano deve ser construído ao mesmo tempo que o conceito. Cada filósofo constrói seu plano, ou se instala num plano de imanência já constituído. O que se critica, então, não é o plano de imanência em si, mas o plano em que a imanência não é absoluta: "cada vez que se interpreta a imanência como imanente *a* Algo, pode--se estar certo que este Algo reintroduz o transcendente"[77]. Descartes,

73 *MP*, pp. 467-468 [V, 46-47].
74 *MP*, p. 469 [V, 49].
75 *QF*, p. 39 [53].
76 *QF*, p. 43 [57].
77 *QF*, p. 47 [63].

Kant, Husserl e o campo da consciência em suas formas diversas, por exemplo a forma do eu.

Já podemos ao menos juntar o que expusemos no início. Se "sem imagem" significa sem Modelo, sem Forma, é porque significa, mais radicalmente, sem transcendência, imanência pura. Um pensamento sem imagem é um pensamento da imanência...

Mas é quando uma solução parecia impor-se que a questão é relançada. Pois afinal, com o que será que opera um plano de imanência, se não opera com conceitos? Recapitulemos. A filosofia necessita dos conceitos e do plano de imanência, "como duas asas ou duas nadadeiras". Diz Deleuze:

> Precisamente porque o plano de imanência é pré-filosófico, e já não opera com conceitos, ele implica uma espécie de experimentação tateante, e seu traçado recorre a meios pouco confessáveis, pouco racionais e razoáveis. São meios da ordem do sonho, dos processos patológicos, das experiências esotéricas, da embriaguez ou do excesso[78].

Não podemos dizer que se trate de imagens, obviamente, ainda que isso não esteja de todo descartado. Mas entre o plano de imanência e os conceitos, Deleuze evoca algo que tem uma existência "misteriosa", "fluida, intermediária entre o conceito e o plano pré-conceitual, indo de um a outro"[79]. São as personagens conceituais. Distintas das figuras estéticas, que operam com Imagem do Universo, estas operam com Imagem de Pensamento-Ser[80]. Ora, que Imagem é esta, própria à filosofia, ao Pensamento-Ser, e do qual se nutre a personagem conceitual? Mais próxima à matéria do sonho, da embriaguez, mais fluida e fluente... Não hesitaríamos em acrescentar: mais próxima à própria matéria, na sua fluência e vibração. Deixemos apenas indicado que Deleuze diz: matéria do Ser ou imagem do pensamento[81]. Essa migração de sentido do termo Imagem, de Modelo ou Forma para Matéria, encontra ressonância plena com dois outros momentos da obra, seja em Platão, exemplo que expomos a seguir, seja em Bergson, ao abordar o estatuto da imagem de *Matéria e Memória*, em *Cinema I*, e que ecoa plenamente com a via platônica.

Imagem, Modelo, Cópia, Simulacro

De fato, é paradoxal que no caso das imagens do pensamento criticadas por Deleuze o termo Imagem signifique Modelo, quando se sabe que Platão contrapõe a Ideia (o Modelo) e a Imagem (a Cópia).

78 *QF*, p. 44 [58].
79 *QF*, p. 60 [83].
80 *QF*, p. 64 [88].
81 *QF*, pp. 46-47 [62].

Será que Deleuze fusionou Modelo e Cópia ao utilizar o conceito de Imagem, ou de fato há em Platão, para além da grande dualidade entre a Ideia e a Imagem, entre o Inteligível e o Sensível, uma outra dualidade, entre duas espécies de imagem que a Ideia deve saber diferenciar, selecionar, distinguindo os pretendentes bem fundados dos falsos pretendentes[82]? Por um lado estão as cópias ou ícones, que têm com a Ideia uma relação de semelhança; por outro lado estão os simulacros, "falsos pretendentes, construídos a partir de uma dissimilitude, implicando uma perversão, um desvio essenciais". A diferença essencial entre as duas espécies de imagem não está em ser o simulacro uma cópia da cópia, e portanto mais degradado, porém em ser, diferentemente da cópia, uma "imagem sem semelhança". A cópia interiorizou a semelhança com a Ideia, o simulacro interiorizou a dissimilitude. Assim, o Modelo do simulacro não é o Mesmo do qual ele se desviaria, como é o caso da cópia, mas o Outro, que *já* é dessemelhança. Ao definir a reversão do platonismo atribuída a Nietzsche, Deleuze insiste em que essa operação não consiste em abolir a dualidade essência/aparência, operação realizada antes dele por Kant, ou Hegel, mas em fazer subir os simulacros, afirmar seus direitos, negando tanto o original quanto a cópia, e provocando um universal desabamento que é também a-fundamento (*effondement*)[83].

Já podemos ao menos arriscar uma conclusão provisória. Se a Deleuze pode ser atribuída a fabricação de imagens de tempo, é preciso aqui tomar o termo imagem também nesse sentido que ameaça Platão – a imagem sem semelhança. No caso do tempo, simplesmente isto: uma imagem que não remete a um modelo, que lhe é insubordinada, já que esse modelo é um Outro, e essa imagem é movida pela dessemelhança, é ela mesma dessemelhança.

Mas imediatamente se recoloca a questão, já enunciada no início deste capítulo: por que razão Deleuze precisou recorrer à imagem para pensar o tempo? Não podemos evitar aqui a célebre definição de Platão, "o tempo, imagem móvel da eternidade", por mais problemática que tenha se revelado sua interpretação[84]. De um ponto de vista mais genérico, seríamos tentados a perguntar: seria essa determinação

82 Apêndice "Platão e o Simulacro", in *LS*, pp. 292-307 [259-271].

83 *Idem*, p. 302 [267]. Ora, ainda veremos como é o mesmo termo que Deleuze utiliza ao considerar o efeito da terceira síntese do tempo, a do futuro ("É assim que o fundamento foi ultrapassado em direção a um sem-fundo, a-fundamento universal que gira em si mesmo e só faz retornar o por-vir" – *DR*, p. 123 [159]). Deixemos apenas indicada a questão, cujo sentido se esclarecerá em seu devido momento: haveria uma relação entre a emergência do simulacro e o futuro como eterno retorno saído de um tempo vazio?

84 Cf. R. Brague, "Le temps, image mobile de l'éternité", *Du temps chez Aristote*, Paris, PUF, p. 1982.

imagética tão essencial ao tempo a ponto de, para que este seja pensado, seja preciso passar por aquela? Por mais sedutora que parecesse uma tal hipótese, nada nos autoriza a sustentá-la em Deleuze, a não ser precisamente o que evocávamos acima: há um tipo de imagem, que nada tem a ver com cópia, pois justamente é rebelde à cópia e ao modelo, que no seu devir-louco produz um afundamento universal, que não é estranho à emergência do que Deleuze chamará de terceira síntese do tempo, referente ao eterno retorno da diferença. O simulacro, diz Deleuze no contexto do epicurismo, está aquém da imagem, pois está aquém do mínimo de tempo pensável e do mínimo de tempo sensível, dada sua rapidez. "Os simulacros não são percebidos em si, mas somente sua somatória num mínimo de tempo sensível (imagem)."[85] Assim como os simulacros não podem ser percebidos senão pela sua somatória na imagem, o tempo do simulacro só pode ser pensado e sentido através da sua somatória no tempo da imagem, a menos que, precisamente, chegue um tempo em que ele (o simulacro e o seu tempo correspondente) ganhem autonomia e possam ser pensados e sentidos *em si*, subindo *da* imagem. Se essa articulação pode parecer arbitrária, e até fantasiosa, talvez Blanchot ajude a ilustrá-la, sem sequer utilizar o termo simulacro, do qual aliás, mesmo Deleuze, mais tarde, abdicou: "um universo em que a imagem deixa de ser segunda com relação ao modelo, em que a impostura pretende à verdade, em que, enfim, não há mais original, mas uma eterna cintilação em que se dispersa, no clarão do desvio e do retorno, a ausência da origem"[86]. A imagem recuada para a cintilação do desvio e do retorno, para sua agitação molecular, efêmera[87], menor que o mínimo de tempo pensável e sensível, eis onde se assiste, através da imagem, à implosão da imagem, onde uma imagem-tempo pode liberar um "tempo em pessoa". A relação disso com o eterno retorno deverá aguardar os últimos capítulos deste estudo para se esclarecer.

* * *

Feito esse breve rastreamento, já podemos enumerar os múltiplos sentidos da expressão *imagem de tempo*, numa gama que a expressão *conceito de tempo* não comportaria, apesar das confluências e remissões. No sentido mais banal, próximo à representação indireta, designa as imagens que nos fazemos do tempo, seja na filosofia, seja nas artes. Num sentido mais específico, designa uma apreensão sensível e direta

85 *LS*, p. 321 [284].
86 M. Blanchot, "Le rire des dieux", *Nouvelle revue française*, julho de 1965, p. 103, cit. in *LS*, 267n.
87 "O Atual e o Virtual", anexo a E. Alliez, *Deleuze, Filosofia Virtual*, São Paulo, Editora 34, 1996, p. 55.

de andamentos e condutas temporais, tais como as que nos são dadas no cinema ou na literatura. Num sentido todavia mais restrito, pode designar a equivalência entre a imagem e o tempo: é quando a imagem é concebida não mais como cópia ou representação, mas enquanto simulacro, nesse sentido preciso que indicamos acima, e que a torna coextensiva à matéria fluente ou à sua variação. Finalmente, num sentido mais amplo, derivado da teorização sobre a imagem do pensamento, designa, como ela e de maneira que lhe é coextensiva, o plano temporal não-filosófico, "prévio" à própria filosofia e que subjaz ao seu exercício, espécie de Tempo-Ser de que ela se nutre e que ela instaura.

Esses usos se interpenetram e remetem uns aos outros. Nos livros em torno do cinema, sobretudo das imagens autotemporalizadas, ocorre concomitantemente a descrição crítica de uma imagem hegemônica de tempo (primeiro sentido) e a liberação de outras imagens de tempo (segundo sentido), que desemboca numa imagem de tempo que é, de fato, uma imagem-tempo (terceiro sentido), correlato cinematográfico de um tempo sem imagem (quarto sentido), que subjaz à filosofia, é instaurado por ela e que ela preenche por seus meios próprios – os conceitos de tempo. Vemos assim como os conceitos de tempo e as imagens de tempo de algum modo são verso e reverso, direito e avesso, numa interpenetração em dois sentidos, seja em direção aos agregados sensíveis (é a interface filosofia/arte) seja em direção à imagem de pensamento (é a interface filosofia/não-filosofia em geral).

2. Diferenciação

a duração é o que difere de si[1].

Deleuze jamais ocultou sua dívida para com Bergson. Muitas das teses sobre o tempo desenvolvidas no campo cinematográfico já estão prefiguradas em seus escritos bergsonianos. A interpretação dada num artigo que data do início de seu trajeto, bem como no livro publicado dez anos depois, não só esclarece algumas dessas teses, ao revelar-lhes a matriz conceitual, como também permite avaliar alguns desdobramentos importantes que os livros de cinema sugerem a respeito da relação entre tempo e subjetividade. O primeiro momento deste capítulo deverá recensear alguns desses tópicos conceituais em Bergson, de forma sumária e indicativa, para em seguida revelar-lhes ressonâncias em Simondon e alargamentos exigidos pela filosofia de Deleuze.

2.1. O GOZO DA DIFERENÇA

Em artigo de 1956, Deleuze afirma que a noção de diferença joga certa luz sobre a filosofia de Bergson, mas que, inversamente, "o bergsonismo deve trazer a maior contribuição a uma filosofia da diferença"[2]. O mesmo projeto filosófico inspirará os livros subsequentes sobre Bergson e Nietzsche: extrair deles uma filosofia da diferença, recusando qualquer veio dialético e transmutando o estatuto do negativo. As consequências de um tal projeto para uma filosofia do tempo são, como se verá, decisivas.

1 "La conception de la différence chez Bergson", p. 88.
2 *Idem*, p. 79.

2.1.1. Bergson e a Diferença

Uma das regras do método bergsoniano da intuição, tal como descrito por Deleuze, reza o seguinte: colocar os problemas e resolvê-los em função do tempo, mais do que do espaço. É o sentido fundamental da intuição: supor a duração e pensar em termos de duração. Pois *apenas do lado da duração está a diferença.* Do lado do espaço, que é homogeneidade quantitativa, as coisas só diferem em grau. As *diferenças de natureza*, pelo que uma coisa difere de todas as outras e dela mesma, são próprias da duração e acessíveis pela intuição. A intuição é o gozo da diferença, chega a dizer Deleuze[3]. Nessa óptica, o projeto essencial de Bergson consistiria em pensar as diferenças de natureza independente de qualquer forma de negação A negação trabalha com conceitos abstratos demais: ao invés de partir das diferenças de natureza, entre duas ordens ou seres, constrói antes uma ideia de ordem ou de ser para em seguida contrapor-lhe uma outra, a desordem ou o não-ser em geral. Compensa-se a insuficiência de um conceito amplo demais pelo seu oposto, tão vago quanto. É a incompatibilidade fundamental de Bergson com Hegel. Não se recompõe o real através da síntese entre vistas gerais e opostas (por exemplo Uno e Múltiplo, resultando no Devir), pois elas deixam escapar tanto as nuances quanto os graus, a fina percepção da multiplicidade, o "qual", o "quanto", o "como".

Diferença de natureza há entre a matéria e a memória, o presente e o passado, a percepção e o que Bergson chama de lembrança pura. A confusão se dá quando apagamos as diferenças de natureza e as transformamos em diferenças de graus, instaurando falsas continuidades, gradações ou degradações. Por exemplo, quando o passado é concebido como uma degradação do presente. Com isso acredita-se que o passado não é mais, e atribui-se o Ser unicamente ao ser-presente. Contudo, embora seja útil e ativo, o presente é o que não é mais, puro devir, sempre fora de si. Em contrapartida, o passado, que cessou de agir e de ser útil, conserva-se enquanto passado. O passado é o único que é, rigorosamente falando. Ainda que inútil, inativo, impassível, o passado é o em-si do ser, contrariamente ao presente, que, este sim, se consome e se coloca fora de si. O presente é o que constantemente já era, o passado o que constantemente já é. Não se trata de uma teoria psicológica, mas ontológica, na medida em que essa lembrança pura é o ser tal como ele é em si, virtual e inconsciente. Cada um desses termos receberá em Deleuze uma relevância crescente, desde que se preserve a perspectiva de fundo: o psicológico é o presente, mas o passado é a ontologia pura.

3 *Idem*, p. 81.

Deleuze chega a detectar na obra de Bergson uma clara evolução: a duração passa cada vez menos a ser redutível a uma experiência psicológica, para tornar-se a essência variável das coisas. A duração psicológica seria um caso bem determinado, uma abertura sobre uma duração ontológica. A duração como tema de uma ontologia complexa: ela não é apenas experiência vivida, mas condição da experiência.

Com efeito, quando buscamos uma lembrança, damos um salto no passado para encontrá-la, mas no passado que não está em nós, nesse passado eterno, elemento ontológico, condição para a passagem de todo o presente particular. Salto na ontologia, no ser em si, no ser em si do passado, Memória imemorial ou ontológica. É que o passado não é o que vem depois de ter sido presente, nem pode ser reconstituído pelo novo presente do qual ele agora é passado. Se assim fosse, entre a percepção e a lembrança não haveria mais do que uma diferença de grau, e não de natureza.

2.1.2. Paradoxos do Tempo

O primeiro paradoxo do tempo, e também sua posição fundamental, é que o passado coexiste com o presente do qual ele é passado. O passado e o presente não são dois momentos sucessivos no tempo, mas dois elementos que coexistem, o presente que não para de passar, o passado que não para de ser, mas pelo qual todos os presentes passam. O passado como condição de passagem dos presentes. Mas é porque cada presente já é também passado, remete a si enquanto passado; cada presente se subdivide como que num presente e num passado ao mesmo tempo (eis o núcleo conceitual da noção ulterior de cristal do tempo). Como um presente passaria se ele não fosse passado, ao mesmo tempo em que é presente? Memória ontológica (similar à Reminiscência de Platão) como fundamento do desenrolar do tempo. Contemporaneidade do passado e do presente.

Mas isso não é tudo. Pois todo o passado coexiste com nosso presente, com cada presente. Cada plano do passado é em si a totalidade do passado diferentemente contraído. É por onde a Memória-contração se inscreve na Memória-lembrança. A metáfora do cone invertido como o Todo do passado representa justamente isto: cada secção dele indica não um ponto específico, ou um elemento determinado, mas a totalidade do passado num grau determinado de contração ou dilatação. Essas contrações em estado virtual, pontos relevantes, podem atualizar-se sob o apelo do presente na forma de uma imagem-lembrança, e aí entram em coalescência com o presente.

Sintetizemos os paradoxos do tempo que Deleuze detecta: *1. o paradoxo do salto* (é por um salto que nos instalamos no elemento ontológico do passado, contrariando a ideia de que se recompõe o passado com o presente); *2. o paradoxo do Ser* (há uma diferença de natureza entre o passado e o presente, contrariando a ideia de que passamos gradualmente de um a outro); *3. o paradoxo da contemporaneidade* (o passado não sucede ao presente que ele foi, mas coexiste com ele, contrariando a ideia de que se distinguiriam pelo antes e depois); *4. o paradoxo da repetição psíquica* (o que coexiste com cada presente é todo o passado, integralmente, em graus diversos de contração e distensão, contra a ideia de que o trabalho do espírito se faz por adjunção de elementos, ao invés de fazer-se por mudança de níveis, de sistemas)[4].

A coexistência do passado com o presente, do passado consigo mesmo em níveis de contração diversos, o presente ele próprio concebido como o nível mais contraído do passado, eis algumas indicações de que se está restituindo, para aquém da diferença de natureza, uma unidade ontológica entre passado e presente. É a possibilidade de um novo monismo que Deleuze celebra. Porém, se entre o passado e o presente há uma diferença de distensão, se a percepção ela mesma é contração do extenso, se a sensação é contração do distendido, se a própria matéria é o grau mais distendido do presente, não se estaria com isso reintroduzindo as diferenças de grau (de intensidade) que Bergson condenou desde seu primeiro trabalho, em detrimento das diferenças de natureza cuja importância Deleuze faz questão de acentuar ao longo de todo seu estudo? Como fica o projeto maior de Bergson, pergunta-se Deleuze, de mostrar que a Diferença, como diferença de natureza, podia e devia compreender-se independentemente do negativo (negativo de degradação, no caso, ou de oposição, em outros)?

A resposta a essa questão está dada num outro nível, que deve nos interessar especialmente. O Tempo é uma multiplicidade. Há um só Tempo, embora haja uma infinidade de fluxos atuais, que participam necessariamente num mesmo todo virtual, num mesmo tempo impessoal. A duração como multiplicidade virtual é equivalente a esse único e mesmo tempo. "O Ser, ou o Tempo, é uma *multiplicidade*; mas precisamente ele não é 'múltiplo', ele é Um, conforme o *seu* tipo de multiplicidade"[5]. Assim, a unidade do Tempo é pensada como virtual.

4 *B*, p. 57. Os mesmos paradoxos são retomados em *DR* com pequenas variações (paradoxo da preexistência, da contemporaneidade, da coexistência, da "metempsicose"), embora o acento aí incida sobre a possibilidade de uma síntese passiva transcendental da memória, com seu caráter sub-representativo, fundado no passado puro em-si, "repetição virginal" (*DR*, pp. 110-115 [114-150]). Quase vinte anos depois da publicação de seu livro sobre Bergson, Deleuze resume em *IT* as "grandes teses de Bergson sobre o tempo" em termos semelhantes: "o passado coexiste com o presente que ele foi: o passado se conserva em si, como passado em geral (não-cronológico); o tempo se desdobra a cada instante em presente e passado, presente que passa e passado que se conserva" (*IT*, p. 109 [103]).

5 *B*, p. 87.

Na atualização do tempo, uma direção difere da outra, mas a atualização o é de um tempo virtualmente uno[6].

2.1.3. Duração e Diferenciação

A duração é concebida como a diferença de natureza em si e por si, enquanto o espaço é a diferença de grau fora de si e para nós. A duração não é o que difere de outra coisa, mas o que difere de si mesmo. Assim, a diferença de natureza passa a ser considerada ela mesma uma coisa, uma tendência, uma *substância*[7]. A diferença que parecia externa (diferença de natureza entre duas coisas) tornou-se diferença interna. O que Deleuze resume com a seguinte fórmula: "A diferença de natureza tornou-se ela mesma uma natureza"[8]. A duração como natureza naturante, a matéria como natureza naturada. Diferentes graus de Diferença, o mais alto estando na duração e na diferença de natureza, o mais baixo na extensão ou na diferença de grau. Todos os graus coexistem numa mesma Natureza, que se exprime de um lado nas diferenças de natureza, de outro nas diferenças de grau. Assim, entre o monismo e o dualismo não haveria contradição, na medida em que o segundo diz respeito a tendências atuais, o primeiro a tendências virtuais.

Se a duração é substância, ela é simples e indivisível. Nem pluralidade, nem contradição, nem alteridade. Deleuze insiste na distância em relação a Hegel. A diferença interna não vai até a contradição, até a alteridade, até o negativo, já que essas noções são menos profundas que ela, são externas, referidas ao exterior, portanto segundas. "Pensar a diferença interna como tal, como pura diferença, chegar até o puro conceito de diferença, elevar a diferença ao absoluto, tal é o sentido do esforço de Bergson"[9].

E com isso chegamos a um ponto decisivo em Deleuze. A diferença interna, embora simples, se diferencia. No próximo item veremos como esse duplo caráter se explicita com a distinção proposta em *Diferença e Repetição* entre diferen*ça*ção e diferen*ci*ação. Por ora notemos que a duração, o indivisível, não é o que não se deixa dividir, mas aquilo que muda de natureza ao se dividir, o virtual, o subjetivo, diz Deleuze. A divisão a que aqui se faz referência não é aquela que divide o misto em linhas divergentes atuais que diferem por natureza (por exemplo presente puro, passado puro, matéria pura,

6 "Este ponto [de unificação virtual] não é sem semelhança com o Uno-Todo dos platônicos. Todos os níveis de distensão e de contração coexistem num Tempo único, formam uma totalidade; mas esse Todo, esse Uno, são virtualidade pura" (*B*, p. 95).

7 "La conception...", p. 88.

8 *B*, p. 90.

9 *Ibidem*.

duração), dualismo *reflexivo*, mas a divisão de uma unidade, de uma simplicidade, de uma totalidade virtual que se atualiza seguindo linhas divergentes que diferem em natureza, dualismo genético. É uma divisão que "explica", desenvolve o que essa totalidade possuía virtualmente em estado embutido (por exemplo, a pura duração dividindo-se em duas direções, o passado, o presente). A virtualidade só se atualiza dissociando-se, e a vida só existe diferenciando-se de si. Algumas implicações dessa abordagem serão abordadas no próximo item. Por ora retenhamos essa ideia maior: o virtual é o conceito puro da diferença. O virtual é real sem ser atual, diferentemente do possível, que é atual sem ser real. Ora, o que os diferencia? É célebre a crítica do possível em Bergson, e não cabe retomá-la aqui. Basta dizer que a relação entre o possível e o real é de semelhança (o real é à imagem e semelhança do possível que ele realiza), ao passo que o atual não se assemelha à virtualidade que ele desdobra. O processo de atualização do virtual procede por diferenciação, segue linhas de diferenciação, de dissociação, de divergência, de produção, de criação. Uma série ramificada desembocando em termos heterogêneos, segundo uma lógica da invenção, e não da similitude.

Quando Deleuze se pergunta como pode o Simples diferenciar-se, como pode o virtual enquanto virtual ser a origem desse processo, a resposta é clara: a realidade do virtual estende-se a todo o universo, consistindo de todos os graus coexistentes de distensão e contração, gigantesca memória, cone universal, Tempo único onde brilham singularidades, multiplicidade virtual cuja positividade e eficácia Deleuze não cessará de ressaltar e complexificar, insistindo sobre o caráter de indeterminação, de imprevisibilidade, de "hesitação" própria à criação daí resultante.

Com isso, atingimos o cerne da ontologia bergsoniana tal como ela é relida por Deleuze. Contra o processo negativo de determinação, Deleuze afirma a diferença como dinâmica real do ser[10]. E ao pensar o processo de diferenciação ou de atualização a partir de uma multiplicidade virtual, em que coexistem os graus de distensão e contração, Deleuze já está de posse de uma matriz sólida, constituída por uma tríade que na linguagem de Bergson leva os nomes de Duração, Memória e Élan Vital. Ao final de *Le bergsonisme*, é nestes termos que Deleuze exprime o que foi considerado por ele mesmo um esquematismo: "a Duração define essencialmente uma multiplicidade virtual (*o que difere em natureza*). A Memória aparece então como a coexistência de todos os *graus de diferença* nessa multiplicidade, nessa virtualidade. O Élan

10 M. Hardt salientou com justeza o caráter frontalmente anti-hegeliano dessa interpretação de Deleuze. Cf. *Gilles Deleuze – Um Aprendizado em Filosofia*, São Paulo, Ed. 34, 1996, cap. 1.

vital, por fim, designa a atualização desse virtual em *linhas de diferenciação* que correspondem aos graus"[11].

* * *

Esse curto apanhado deve ter mostrado como algumas das figuras temporais desenvolvidas nos livros em torno do cinema já estavam virtualmente esboçadas nesses textos sobre Bergson. É o caso, por exemplo, do tempo como Todo aberto, ou como Emaranhado virtual complicado, ou como massa modulável, ou ainda o cristal do tempo, ou mesmo a insistência na relativização do presente e o acento sobre a virtualidade. A questão do virtual, de qualquer modo, vai aparecendo como de crescente importância nesse conjunto, e merece ser ampliada e aprofundada à luz de textos ulteriores, como de fato se fará nos próximos itens.

Mas para além dessas variações em torno do tempo como Diferença, tão incisivamente afirmados nesses textos sobre Bergson, um outro aspecto deverá chamar nossa atenção, igualmente relevante e já salientado em *Le bergsonisme*: o tempo como uma multiplicidade. O alcance dessa assertiva, embora parcialmente já detectável na apresentação de algumas imagens de tempo no cinema, só poderá ser plenamente apreciado à luz da teorização posterior feita por Deleuze, sobretudo a partir de *Diferença e Repetição*, como se verá nos últimos itens sobre o tempo abstrato, na Parte II. Mais do que detectar influências, cabe acompanhar o modo pelo qual a leitura de Bergson, que reconstituímos nas suas linhas mais gerais, serviu ela mesma para Deleuze como uma totalidade virtual, com seus "pontos brilhantes" que ulteriormente se diferenciaram e se atualizaram em linhas ramificadas e divergentes, irrigando sua concepção de tempo e algumas de suas imagens mais pregnantes.

2.2. MULTIPLICIDADE VIRTUAL

Em 1973 Deleuze publica um artigo na coleção de *História da Filosofia* dirigida por François Châtelet, intitulado "À quoi reconnaî-t-on le structuralisme". Ao se perguntar sobre o estatuto da estrutura, Deleuze surpreendentemente a define pela sua virtualidade. Espécie de

reservatório ou de repertório ideal, onde tudo coexiste virtualmente, mas onde a atualização se faz necessariamente seguindo direções exclusivas, implicando sempre combinações parciais e escolhas inconscientes. Detectar a estrutura de um domínio é determinar toda

11 *B*, p. 119.

a virtualidade de coexistência que preexiste aos seres, aos objetos e às obras desse domínio. Toda estrutura é uma *multiplicidade de coexistência virtual*[12].

A estrutura, pois, tal como a entende Deleuze, nada tem a ver com uma forma fixa ou uma essência eternitária (por isso não é abstrata). É antes uma combinatória de elementos que por si sós não têm forma, significação, conteúdo, realidade empírica (por isso não podem ser ditos atuais, embora sejam reais), e que coexistem num espaço topológico, inextenso, pré-extensivo (por isso podem ser ditos ideais). Como diz Proust, que Deleuze gosta de citar para definir o virtual, "real sem ser atual, ideal sem ser abstrato".

O que coexiste na estrutura, ou no que Deleuze chama de Ideia (são equivalentes, como se verá), são os *elementos*, as *relações diferenciais*, as *singularidades* que lhes correspondem. A partir daí Deleuze pode complexificar seu esquema, detalhando o jogo entre esses componentes. A estrutura como virtualidade é diferen*ç*ada (constituída por elementos diferenciais, num agito intravirtual) e ao mesmo tempo indiferen*ci*ada (ainda não atualizada), sendo assim diferencial (nela mesma) e diferenciadora (no seu efeito quando atualizada), razão pela qual ela é também genética. Deleuze poderá até abdicar do par estrutura–gênese para falar exclusivamente em Processo. A Ideia, no fundo, é radicalmente processual[13].

2.2.1. Tempo e Ideia

Ora, já estamos em condições de perguntar: qual é a natureza temporal da estrutura (ou da Ideia) concebida desse modo? Seria a coexistência virtual a ausência de tempo, como uma Ideia platônica, e apenas um outro nome para a mais antiga das concepções referentes ao tempo, a da eternidade, ou ainda, de atemporalidade? Tudo em Deleuze depõe contra uma tal redução. A totalidade virtual se atualiza segundo direções diferentes, e em tempos diferentes. Cada processo de atualização "implica sempre uma temporalidade interna, variável segundo aquilo que se atualiza"[14]. Assim, o tempo, nesse texto sobre o estruturalismo [!], é sempre um tempo de diferenciação, de atualização, que imprime diferentes ritmos conforme os elementos de coexistência virtual em vias de se estarem atualizando.

A própria estrutura, o virtual, tem seus tempos (tempo da diferen*ç*ação), e relações diferenciais entre esses tempos, que o atual, a relação

12 "À quoi reconnaît-on le structuralisme", in François Châtelet, *Histoire de la philosophie*, vol. 8, Le XXème siècle, 1973, p. 307, grifo meu.

13 *MP*, por exemplo, a respeito de Cage, que "afirma um processo contra toda estrutura e gênese", p. 327 [IV, 56].

14 "À quoi...", p. 308.

de sucessão de formas, só faz expressar ou recobrir. Para dizê-lo do modo mais esquemático, eis os três níveis distintos: a diferen*ça*ção, a diferenc*i*ação, o atual. Nesse sentido, o jogo da estrutura é triplamente complexo. A diferen*ça*ção implica uma temporalidade múltipla interna, a diferenc*i*ação uma temporalização própria à atualização, e a diferença atual, o tempo enquanto relação de sucessão. Não é difícil reconhecer alguns elementos com os quais finalizamos o item sobre Bergson. De qualquer modo, nesse esquema não se oporá genético e estrutural, assim como não cabe opor tempo e estrutura. Pois a estrutura ela mesma tem uma dimensão temporal, genética e produtiva, e isso no sentido mais amplo e segundo os três níveis que tentamos discernir: produtiva de temporalidade múltipla interna à própria estrutura, produtiva de temporalização através das atualizações e produtiva de tempos atuais como efeitos dessas atualizações.

O leitor pode considerar o texto a partir do qual extraímos alguns desses desenvolvimentos uma ironia no percurso deleuziano, pelo elogio a Lacan e a um estruturalismo que a obra ulterior não cansará de fustigar. No entanto, a leitura mais atenta deixa claro que a noção de estrutura que Deleuze enuncia aí é muito pouco estruturalista e que alguns anos antes *Diferença e Repetição* já enunciava praticamente as mesmíssimas características como sendo constituintes da Ideia entendida enquanto uma multiplicidade, um sistema de ligação múltipla não-localizável entre elementos diferenciais, virtual[15]. E mais: veja-se a respeito a explicitação dada em *O Anti-Édipo*, quando Deleuze esclarece que remontar das imagens à estrutura seria um procedimento de pouco alcance e não nos faria sair da representação,

> *se a estrutura não tivesse um avesso* que é como que a produção real do desejo. Este avesso é a "inorganização real dos elementos moleculares" [...] puras multiplicidades positivas em que tudo é possível, sem exclusiva nem negação [...] signos [...] que respondem [...] aos sorteios de um jogo de loto que faz sair ou uma palavra ou um desenho, ou uma coisa ou um pedaço de coisa, uns só dependendo dos outros pela ordem dos sorteios ao acaso e mantendo-se juntos apenas pela ausência de laço (ligações não localizáveis)[16].

É justamente do avesso da estrutura como um princípio positivo que trata Deleuze, e não da estrutura como tal. As Ideias como complexos de coexistência móveis compondo uma "síntese fluente"[17], num plano subjacente aos dinamismos espaço-temporais.

A coexistência virtual que caracteriza a Ideia, ou a gênese sem dinamismo que a constitui evolui necessariamente no "elemento de

15 *DR*, item "Ideia e Multiplicidade", p. 236 [296], e p. 273 [340]: "o virtual [...] é a característica da Ideia".

16 *AE*, pp. 368-369 [391-2].

17 *DR*, pp. 241-242 [303].

uma supra-historicidade". Isso não significa que a Ideia não tem tempo, mas que ela não tem o tempo da história, e que sua multiplicidade temporal virtual se atualiza segundo ritmos diferenciais, marchas de desenvolvimento, desacelerações, durações de gestação[18] – andamentos e condutas temporais, dirá Deleuze, um pouco mais tarde[19]. De qualquer modo, com esse conjunto estamos de posse de uma das chaves para a relação original de Deleuze com o tempo da história, e o consequente estranhamento que provocaram seus livros "trans-históricos" (sobretudo *O Anti-Édipo* e *Mil Platôs*).

2.2.2. Campo Transcendental Assubjetivo

Uma das dificuldades em admitir essa matriz virtual, que, como vimos, anima o jogo temporal de uma multiplicidade positiva, talvez resida no fato de que ela não parte de um sujeito, nem de sua consciência, nem de sua relação com o objeto, pressupondo, ao contrário, um campo virtual prévio à gênese mesma de um sujeito e de um objeto. Não é sem dificuldade que um tal campo se deixa afirmar na tradição filosófica. No entanto, a posição de Deleuze seria incompreensível sem esse recuo para aquém do sujeito, em direção ao que ele mesmo qualificou de campo transcendental assubjetivo.

Eis onde tal exigência ganha em Deleuze uma explicitação inequívoca: "Procuramos determinar um campo transcendental impessoal e pré-individual, que não se parece com os campos empíricos correspondentes e que não se confunde, entretanto, com uma profundidade indiferenciada"[20]. Sartre já reivindicava (contra Husserl) a necessidade de postular um campo transcendental impessoal ou pré-pessoal, dispensando o Eu unificador e individualizante (equivalente à unidade sintética da apercepção em Kant). Mas ainda preservava a consciência como totalidade sintética e individual[21]. É o que lhe recrimina Deleuze: "Este campo não pode ser determinado como o de uma consciência: apesar das tentativas de Sartre, não podemos conservar a consciência como meio ao mesmo tempo em que recusamos a forma da pessoa".

Em seu estudo sobre Bergson, Bento Prado Jr. já situava a noção de "campo transcendental" no debate que separa a fenomenologia do

18 *DR*, p. 280 [349].

19 Eis a definição que dá Deleuze: "dir-se-ia que o pensamento só pode apreender o tempo através de diversos andamentos, que compõem precisamente uma conduta" ("Prefácio", in E. Alliez, *Tempos Capitais*, p. 13).

20 *LS*, p. 124 [105].

21 Por exemplo: "a consciência irrefletida deve ser considerada como autônoma. É uma totalidade" [...] (J.-P. Sartre, *La transcendance de l'ego*, Paris, Vrin, 1988, p. 41).

bergsonismo. O autor notava que, malgrado a exigência formulada pela fenomenologia quanto a um campo neutro para aquém do subjetivismo e do objetivismo, para ela "é o próprio Ego que instaura o campo onde um encontro e uma compreensão tornam-se possíveis"[22]. Em *Matéria e Memória*, ao contrário, o sistema das imagens, ao qual fizemos referência no início do primeiro capítulo, serviria como o universo prévio e neutro, "fundo transcendental na constituição da subjetividade e da objetividade". Em outros termos:

> A redução fenomenológica, ao transformar o mundo em sistema de fenômenos ou de *noemas*, abre o campo da "experiência transcendental", como horizonte de uma *subjetividade* transcendental. Se a redução bergsoniana instaura [...] um campo de experiência transcendental, não será no interior de uma subjetividade constituinte. Pelo contrario, é a partir da noção de indeterminação ou de introdução de novidade que assistiremos, no interior do campo transcendental, ao nascimento da própria subjetividade[23].

A crítica sumária feita por Deleuze a Sartre em *Lógica do Sentido* pode ser melhor entendida à luz desse contexto descrito por Bento Prado Jr. já em 1965. Pois em *La transcendance de l'ego,* Sartre considera que com sua concepção do Ego realizou a "liberação do Campo transcendental ao mesmo tempo que sua purificação", acrescentando que o "Campo transcendental, purificado de toda estrutura egológica, recobra sua limpidez primeira"[24]. Mas Deleuze julga que Sartre não foi longe o suficiente na empreitada, já que caberia "purgar o campo transcendental de toda semelhança" com o mundo do senso comum, recusando a consciência transcendental, espontânea e individuada, por mais impessoal que esta pareça.

2.2.3. Campo das Imagens

Bento Prado Jr. nota que "é justamente sobre o fundo transcendental do campo das imagens que se torna possível a crítica da ideia de representação. A noção de representação tem sua origem na exigência de justificação do conhecimento nas filosofias que *partem* da oposição entre o sujeito e o objeto"[25]. O universo das imagens é considerado então como "tese mínima", "terreno onde se desenrola a luta". Assim, os rasgos maiores do bergsonismo identificados pelo autor (recusa da filosofia do negativo e do pensamento totalizante, a exigência de seguir as "ondulações do real") significam que

22 B. Prado Jr., *Presença e Campo Transcendental*, p. 133.
23 *Idem*, p. 145.
24 Sartre, *La transcendance de l'ego*, p. 74
25 B. Prado Jr., *op. cit.*, p. 146.

a consciência filosófica só surge no interior de um campo que a precede e não pode ser isolada de suas raízes pré-filosóficas. [...] Não é apenas a consciência que deriva de uma instância que a precede; é o próprio universo dos objetos que passa a aí encontrar sua origem. A experiência filosófica passa a ter o seu domínio próprio naquele "haver algo" anterior à instauração da cisão entre sujeito e objeto. A análise do campo das imagens aparecera-nos, de fato, como análise transcendental, isto é, análise das condições de possibilidade do comércio entre um sujeito e um objeto em geral. O domínio do transcendental é aberto com a descoberta de um modo de ser primitivo e indiferenciado – imagem ou vida [...][26].

Não estamos longe, como se vê, do campo transcendental assubjetivo povoado de singularidades selvagens e não ligadas, tal como formulado por Deleuze explicitamente em *Lógica do Sentido* ou em *Diferença e Repetição*, mesmo se não há aí, nesse particular, referência explícita a *Matéria e Memória*.

Não se deve esquecer, porém, que já em *Empirisme et subjectivité* a mesma ideia está esboçada por Deleuze no horizonte humano, e da seguinte maneira: "O dado não é mais dado a um sujeito, o sujeito se constitui no dado". O dado nada mais é do que o fluxo do sensível, "coleção de impressões e de *imagens* [grifo meu], conjunto de percepções", imaginação, espírito, que "não designam uma faculdade, nem um princípio de organização, mas um tal conjunto, uma tal coleção"[27]. Anos mais tarde, como o mostra o início de *Cinema I*, o conjunto das imagens enquanto esse campo transcendental assubjetivo, prévio e neutro, reaparece inteiramente.

Acrescentemos um último ponto referente mais especificamente à questão do tempo. Como o diz Bento Prado Jr., para Sartre

toda temporalidade se estrutura no interior dos projetos do para-si. Mas, para Bergson [...o] *antes* e o *depois* da irrupção da percepção inscrevem-se numa temporalidade, numa duração regional descrita pela presença interna. Se a passagem da duração interna a esta duração mais originária é a passagem do constituído ao constituinte, é porque a consciência não é, em si mesma, a condição de toda transcendência: é porque ela nasce dentro de um campo transcendental já esboçado na própria plenitude da Presença.

Deixemos de lado, por ora, o termo *Presença*, bastante raro no vocabulário de Deleuze[28], e acompanhemos a distância que aí se coloca em relação a Sartre. Ao rejeitar a consciência como ponto de partida, Deleuze lhe contrapõe "as emissões de singularidades enquanto se fazem sobre uma superfície inconsciente". São elas que presidem à gênese dos indivíduos ou da consciência mesma. A regressão que

26 *Idem*, pp. 204-205.

27 *ES*, pp. 92-93.

28 "A noção de Presença, mesmo se eu emprego o termo, não me interessa muito, é demasiado piedoso, é a 'vida' que me parece o essencial" (*in* M. Buydens, *Saara, l'esthétique de Gilles Deleuze*, "Lettre-Préface" [de Gilles Deleuze]).

Deleuze defende não pode deter-se na consciência, devendo atingir o campo transcendental em que esta mesma se constitui, obedecendo, uma vez mais, à injunção que já citamos: o "específico de uma pesquisa transcendental consiste em não podermos detê-la quando queremos. Como é que poderíamos determinar um fundamento, sem sermos também precipitados, sempre para além, no sem-fundo de que ele emerge?"[29]

2.2.4. Simondon e a Individuação

O que Deleuze questiona não é só o indivíduo já acabado tomado como ponto de partida, mas a própria forma do indivíduo a aprisionar a *démarche*. É o que acontece, por exemplo, quando se considera o campo transcendental como imanente a uma consciência. Interessa a Deleuze, em contrapartida, o jogo entre o campo prévio e a gênese do indivíduo, isto é, por um lado o campo das singularidades impessoais e pré-individuais, e por outro os processos de individuação. Não é um acaso, pois, se, no momento em que explicita o plano a partir do qual a ideia de transcendental pode ser retomada, Deleuze menciona a obra de Gilbert Simondon como o exemplo da "primeira teoria racionalizada das singularidades impessoais e pré-individuais" que lhe pode corresponder.

Com efeito, em seu *L'individu et sa genèse physico-biologique*, Simondon já recenseava as dificuldades com que se depara o pensamento ao tratar do processo de individuação. Ou bem se parte de um substancialismo atomista, que pressupõe indivíduos formados (por mais ínfimos que sejam) para pensar a formação dos indivíduos, ou então se parte do modelo hilemórfico, que concebe uma forma moldando uma matéria. Em ambos os casos pressupõe-se aquilo que caberia explicar, a saber os seres individuados, num caso como átomos, noutro como princípios (a forma que por sua vez é já individuada). Parte-se do indivíduo para remontar a um princípio ou a um elemento constitutivo individuados. Porém o ser, diz Simondon, transborda o indivíduo e não se esgota nele. Apenas um ser pré-individual se atualizando em indivíduos pode estar na gênese do indivíduo. O indivíduo não passa de uma fase do ser, de seus potenciais energéticos pré-individuais, uma resolução que não esgota o campo de onde emerge.

Assim, o primado do indivíduo cede lugar a um campo de singularidades pré-individuais num regime quântico e de metaestabilidade (nem equilíbrio de um sistema, nem estado precário de desequilíbrio pedindo resolução de estabilidade). Ora, é esse campo que vai ser retomado por Deleuze como um campo transcendental, porém assubjetivo

29 *SM*, p. 114 [124].

(pois não atribuível a um sujeito do conhecimento que, ele mesmo, pede uma gênese, nem tampouco atribuível a uma consciência, totalidade sintética e individual). E, ao acompanhar o ser em sua gênese, é preciso remontar até a positividade do ser pré-individual, que os antigos chamavam de natureza, que Anaximandro batizou de απειρον (*apeiron*), ilimitado. Tudo aí aparece sob forma de tensão e incompatibilidade, onde não reina ainda o princípio do terceiro excluído nem o princípio de identidade (que só valem para indivíduos constituídos). A gênese da substância não advém nem de uma matéria bruta passiva nem de uma forma pura, mas de um sistema completo de atualização de energia potencial (e a energia potencial está vinculada à não-estabilidade do sistema, ao seu estado de dissimetria que dá margem a transformações). O verdadeiro princípio de individuação é a gênese ela mesma em vias de se operar (e não a precede), o sistema em vias de devir enquanto a energia se atualiza. O sistema energético é individuante na medida em que realiza nele essa ressonância interna da matéria em vias de tomar forma[30]. Para que a matéria possa ser modelada em seu devir, é preciso que ela seja, diz Simondon, como a argila no momento em que é pressionada no molde, realidade deformável, isto é, realidade que não tem uma forma definida, mas todas as formas indefinidamente, dinamicamente[31].

Ora, há um caso de individuação particularmente interessante, o dos cristais, onde uma solução supersaturada ou um líquido em superfusão se encontram num início de cristalização. Nesse momento de metaestabilidade, nenhum determinismo pode prever o que vai ocorrer. No instante crítico há uma espécie de indeterminação, e a presença do menor germe cristalino exterior, mesmo que de uma outra espécie química, pode encetar a cristalização, ou orientá-la. Diz Simondon[32]:

> Antes da aparição do primeiro cristal existe um estado de tensão que coloca à disposição do mais leve acidente local uma energia considerável. Este estado de metaestabilidade é comparável a um estado de conflito no qual o instante da mais alta incerteza é precisamente o instante mais decisivo, fonte dos determinismos e das sequências genéticas que nele tomam sua origem absoluta,

A gênese das formas ocorre precisamente quando o conjunto passa por um estado crítico, em que coexistem virtualidades incompatíveis cuja seleção cabe à solução resolutiva efetuar (ainda veremos como

30 G. Simondon, *L'individu et sa génèse physico-biologique*, Paris, PUF, 1964, pp. 20-44. Cf. Anne Fagot-Largeault, em "L'individuation en biologie", *Gilbert Simondon, Une pensée de l'individuation et de la technique*, Paris, Albin Michel, Bibliothèque du Collège International de Philosophie, 1994.

31 G. Simondon, *op. cit.*, p. 33.

32 *Idem*, *L'individuation psychique et collective*, Paris, Aubier, 1989, p. 75.

imagens idênticas estão presentes na pena de Péguy para pensar o estatuto do acontecimento na História).

Simondon estende essa ideia ao mundo vivo e perceptivo, ao dizer que o próprio sistema mundo-sujeito é um campo supersaturado, e o sujeito da percepção faz aparecer no seio da indeterminação um número finito de soluções necessárias. É assim que se pode tomar o estado de superfusão como um paradigma para se pensar o campo pré-individual onde coexistem incompossíveis (o estado de metaestabilidade não obedece à lógica dos individuados, da contradição, do terceiro excluído), antes que uma polaridade faça convergir séries de singularidades numa direção determinada, atualizando-a numa "forma" reconhecível e estabilizada, segundo o crivo da compossibilidade. Em suma, toda uma morfogênese transcendental com acentos leibnizianos[33].

* * *

Não podemos deixar de ver aí uma retomada do problema da diferenciação, a partir de uma multiplicidade virtual, segundo os níveis discriminados mais acima: diferen*ç*ação, diferen*ci*ação, atual, com toda a riqueza temporal aí embutida. Que haja uma ressonância bergsoniana em todo esse desenvolvimento, parece-nos inegável[34]. Porém, mais do que determinar influências, importaria acompanhar as implicações desses elementos para uma teoria da subjetividade na sua dimensão temporal.

33 Esses temas vêm sendo tratados também por Luís B. L. Orlandi em textos diversos, em relação aos quais é grande nossa dívida, dos quais ressaltamos: "Pulsão e Campo Problemático", *in As Pulsões*, São Paulo, Escuta, 1995, "Nuvens", *Idéias*, Campinas, IFCH-Unicamp, ano 1, n. 1, jan./jun., 1994. "Antes do Indivíduo: Individuação e Empirismo Transcendental", *in Humano Não-Humano*, Rio de Janeiro, Imago (no prelo), bem como o Memorial apresentado ao DF-IFCH-Unicamp, junho de 1993. Foram retomados recentemente em *O Fio da Metamorfose* (Ed. Papirus, no prelo). Reteremos aqui uma observação lateral presente no primeiro texto, e que aproveitaremos mais adiante: "Talvez não seja absurdo afirmar que o correlato do 'pensamento sem imagem' [...] é o corpo sem órgãos, justamente por ser ele, dizem os autores, um 'corpo sem imagem' " (p. 182). Eu acrescentaria a esta série a inclinação por um "tempo sem imagem".

34 Cf. Anne Fagot-Largeault, em "L'individuation en biologie", *Gilbert Simondon, Une pensée de l'individuation et de la technique*, Paris, Albin Michel, 1994, Bibliothèque du Collège International de Philosophie.

3. Disjunção

Neste breve capítulo serão abordadas de modo exploratório algumas incidências, no plano da subjetividade, de temas temporais colhidos por Deleuze em Bergson e Simondon, tal como foram apresentados no último capítulo, enriquecidos de alguns prolongamentos e variações, sobretudo a partir de seus livros de cinema e de seu estudo sobre Foucault. Com o auxílio de notas esparsas de Deleuze, por vezes laterais, assistimos a estranhas gêneses do sujeito, que só poderão ganhar uma explicitação mais sistemática progressivamente.

3.1. A CISÃO E A DOBRA

Ao contestar uma leitura frequente sobre Bergson, segundo a qual a duração seria subjetiva, pertencendo assim à vida interior, Deleuze afirma peremptoriamente: "a única subjetividade é o tempo, o tempo não cronológico apreendido em sua fundação, e somos nós que somos interiores ao tempo, não o inverso"[1]. Ora, o que é a fundação do tempo senão a cisão, "jato dissimétrico"? Ser interior ao tempo significa, por conseguinte, ser interior à cisão. A subjetividade mesma se revela como inseparável de uma cisão, adjacente a ela ou interior a ela. Nesse sentido, a fórmula de Kant segundo a qual o tempo é uma forma da interioridade deve ser entendida assim: nós somos interiores a uma duração ontológica *que desdobramos*. Somos interiores ao Tempo, que é essa multiplicidade ontológica, *e* ao desdobramento dessa multiplicidade; ou melhor, *somos* esse desdobramento, nos constituímos

1 *IT*, p. 110 [103].

nesse desdobramento. Como no romance proustiano, em que "somos interiores ao tempo que se desdobra, se perde, se reencontra em si mesmo, que faz passar o presente e conservar o passado". Somos interiores à multiplicidade virtual (que nos contém) mas também à cisão que dela desprende a cada instante um presente, de modo que somos adjacentes e interiores à forquilha a partir da qual se atualizam linhas divergentes emaranhadas no Todo virtua[22]. Dos apectos da imagem-cristal relevantes para uma filosofia do cinema, e extensíveis a outros domínios, inclusive o da subjetividade, reteremos sobretudo esta noção de desdobramento, concebida como um perpétuo *Se-distinguir*, "distinção se fazendo, que retoma sempre em si os termos distintos, para relançá-los de pronto", num relançar infinito de cisões sempre novas[3]. É no interior desse desdobramento, dessa cisão, desse *Se distinguir* que nasce um Si.

Mas o que se distingue, nesse *Se distinguir*, senão o virtual e o atual? Para ir rápido, diremos que o *Se distinguir* equivale a um Se desenvolver a partir de um Emaranhado virtual[4]. Nesse plano em que nos colocamos, a diferenciação, a atualização, o desenvolvimento e a subjetivação se equivalem, tendo como pano de fundo uma multiplicidade virtual, o tempo em seu estado complicado, envolvido, não desdobrado e não dobrado, tempo puro.

Receamos misturar tudo (por exemplo, o domínio da arte em Proust, da intuição em Kant, da diferenciação em Bergson), mas é preciso reconhecer que em Deleuze certas constelações conceituais só se tornam visíveis quando experimentamos a atração incontrolável que alguns conceitos exercem entre si, malgrado as distâncias entre os autores de onde procedem, as incompatibilidades aparentes e as contradições manifestas. Veja-se, a título de exemplo, as diferentes gêneses do sujeito que nos são propostas por Deleuze, além da mencionada acima, fundada na cisão.

3.1.1. Gêneses do Sujeito

Ao salientar de que modo no campo das imagens uma primeira subjetividade depende de um intervalo entre a percepção e a ação, interstício onde se aloja uma afecção, conforme a lição bergsoniana, Deleuze escreve:

2 "'Forma de interioridade' não significa apenas que o tempo nos é interior, mas que nossa interioridade não cessa de nos cindir a nós mesmos, de nos duplicar: uma duplicação que não vai até o fim, pois o tempo não tem fim. Uma vertigem, uma oscilação que constitui o tempo" ("Sur quatre formules qui pourraient résumer la philosophie kantienne", p. 31, retomado com modificações em *CC,* p. 45 [40]).

3 *IT*, p. 109 [103].

4 *B*, p. 111.

> E, se a afecção também é uma dimensão desta primeira subjetividade, é porque ela pertence à separação, constitui o "dentro" desta, de certo modo a ocupa, mas sem preenchê-la ou supri-la [...] A subjetividade ganha então um novo sentido, que já não é motor ou material, mas temporal e espiritual[5].

A gênese do sujeito é aqui apresentada como dando-se não mais através de uma cisão, porém de um intervalo, um interstício, um hiato, uma fissura, que é indeterminação.

Uma terceira figura se apresenta, ainda, para além do desdobramento ou do interstício: a subjetividade concebida como a essência envolvida, enrolada sobre si.

> Cada sujeito exprime o mundo de um certo ponto de vista. Mas o ponto de vista é a própria diferença [...] a essência que se implica, se envolve, se enrola no sujeito. Mais ainda: enrolando-se sobre si mesma ela constitui a subjetividade. Não são os indivíduos que constituem o mundo, mas os mundos envolvidos, as essências, que constituem os indivíduos[6].

De um outro ponto de vista ainda, como se verá no próximo item, a subjetividade é pensada não como um desdobramento, nem como o interstício, nem como o envolvimento, mas, ao contrário, como uma dobra, ou uma operação de dobramento, como quando Deleuze diz: "O tempo torna-se sujeito porque ele é o dobramento (*plissement*) do fora", indicando de que modo a subjetividade sempre implica um envergamento determinado do fora[7].

E ainda, cronologicamente anterior a todas essas, uma outra figura é sugerida, aquela que nos reserva a síntese passiva da memória: as contrações do hábito, as contemplações que constituem os sujeitos larvares que somos.

Não podemos recorrer de pronto a todos esses avatares da subjetividade, nem é pretensão nossa contrapô-los, muito menos forçar similitudes. Se eles ressoam entre si, é sempre a partir de um jogo cuja lógica e sentido cabe determinar. Podemos ao menos perguntar, provisoriamente: como é possível pensar concomitantemente essas duas direções, aparentemente opostas, o sujeito como cisão (desdobramento, hiato), o sujeito como contração (envolvimento, hábito), deixando de lado no momento a figura da dobra?

Não nos resta outro caminho, no momento, senão rearranjar tudo. Partimos de uma nota sobre Bergson. O homem é definido por Deleuze como aquele capaz de "reencontrar todos os níveis, todos os graus de distensão e de contração que coexistem num Todo virtual. Como se ele fosse capaz de todos os frenesis, e fizesse suceder-se nele

5 *IT*, pp. 66-67 [63].
6 *PS*, pp. 56-57 [44]
7 *F*, p. 115 [115].

tudo o que, em outra parte, não pode ser encarnado senão em espécies diversas"[8]. Tomemos um presente como o grau mais contraído de um passado inteiro, que é em si como uma totalidade coexistente. Presentes se sucedem, imbricando-se uns nos outros, e temos a impressão de que, por mais incoerências que revelem entre si, cada um deles leva "a mesma vida" num nível diferente, num grau distinto de contração ou distensão.

> E o que dizemos de uma vida, podemos dizer de várias. Sendo cada uma um presente que passa, uma vida pode retomar uma outra em outro nível: como se o filósofo e o porco, o criminoso e o santo vivessem o mesmo passado, em níveis diferentes de um giganteso cone[9].

Assim, no nível de uma síntese passiva da memória, ou seja, do ponto de vista da imersão sub-representativa no passado puro, passa-se por todos os graus. Um pouco como o Deus de Leibniz. O fato de estar sempre e em toda parte significa que Ele "passa por todos os estados da mônada, por menores que sejam", de modo que a eternidade não consiste em antecipar os acontecimentos ou recuar em relação a eles, mas em "coincidir ao mesmo tempo com todas as passagens que se sucedem na ordem do tempo, com todos os presentes vivos que compõem o mundo"[10]. Mas o que em Leibniz ainda era restritivo (as bifurcações, ou divergências de séries são tomadas como fronteiras entre mundos incompossíveis), em Whitehead pertence ao mesmo mundo variegado, sujeito a configurações variáveis.

> Num mesmo mundo caótico, as séries divergentes traçam veredas sempre bifurcantes; é um "caosmos", como se encontra em Joyce, mas também em Maurice Leblanc, Borges ou Gombrowicz. Até mesmo Deus deixa de ser um Ser que compara os mundos e escolhe o mais rico compossível; ele se torna Processo, processo que ao mesmo tempo afirma as incompossibilidades e passa por elas[11].

Contudo, mesmo essa concepção de Processo está atravessada por uma duplicidade entre por um lado "afirmar a um só tempo incompossibilidades" e por outro "passar por elas". Num primeiro nível, do Passado puro, ou do Virtual, assiste-se à coexistência de todos os graus de contração e distensão, ao passo que num segundo nível, do Atual, desenrolam-se os presentes sucessivos. Se retomamos essas teses já expostas anteriormente, é para arriscar esta conclusão provisória: o sujeito passa a ser concebido como a interface entre o Virtual e o Atual: ao mesmo tempo cisão entre os dois planos e crivo

8 *B*, p. 111.
9 *DR*, p. 113 [148].
10 *P*, pp. 98-99 [113].
11 *P*, p. 111 [125].

de atualização[12], contraindo aquilo de que procede e dele se distinguindo: temporalizando.

3.2. TEMPO E SUBJETIVAÇÃO

Se por um lado o sujeito se constitui na adjacência de uma cisão, de um desdobramento, que são também, como vimos, atualizações de um virtual, é preciso acrescentar que, segundo Deleuze, o sujeito é constituído igualmente como que por um movimento inverso, por um dobramento, no sentido em que o fora, ao dobrar-se, cria uma interioridade. Como o diz Deleuze em seu livro sobre Foucault, enquanto um fora é dobrado, um dentro lhe é coextensivo como Memória, como vida, como duração[13]. Não uma memória curta, dos fatos, oposta ao esquecimento, mas Memória absoluta que duplica o fora e também o presente. O presente poderia ser pensado como uma desdobra desta Memória absoluta, um esquecimento dela e, portanto, condição de recomeço, que no entanto se inscreverá nessa mesma Memória absoluta como uma nova dobra.

Ora, nesse texto obscuro, em que Deleuze faz o pensamento de Foucault tangenciar o de Heidegger, para em seguida acentuar a distância entre ambos, e que certamente não é só a de Foucault, mas igualmente dele (Deleuze), lemos o seguinte: "Durante muito tempo, Foucault pensou o fora como uma última espacialidade mais profunda que o tempo; foram suas últimas obras que lhe permitiram uma possibilidade de colocar o tempo no fora e de pensar o fora como tempo, sob a condição da dobra"[14]. Perguntamo-nos se não temos nessa topologia uma das chaves para a filosofia do tempo em Deleuze: o tempo como dobra do fora, e a dobra do fora constituindo um Si, na medida em que o fora se duplica de um dentro coextensivo.

3.2.1. Topologia e Cronologia

Talvez esse texto resulte menos obscuro se o ilustramos com a ideia de Simondon sobre a correlação entre a topologia e a cronologia no vivente[15]. Segundo o autor, para um ser vivo o interior é o passado já

12 Sobre o crivo como contraface de um caos, cf. capítulo "O que É um Acontecimento", in *P*, p. 103 [117-8]. O caos, inseparável do crivo, é um puro Many, conjunto dos possíveis, trevas sem fundo, universal aturdimento dado pelo conjunto das percepções possíveis, porém ainda assim avesso do grande crivo.

13 *F*, p. 115 [115].

14 *Ibidem*.

15 Simondon, *L'individu...*, pp. 263-265. A referência a Simondon está em *F*, p. 127n [127n].

vivido e condensado, enquanto o exterior é futuro, o que lhe pode advir, ser proposto para uma assimilação, lesar etc. Na membrana polarizada se afrontam o passado interior e o futuro exterior. Esse enfrentamento é o presente do vivente, seleção, passagem, recusa. "O presente é essa metaestabilidade da relação entre interior e exterior, passado e futuro." O vivente não só interioriza o que lhe vem de fora, assimilando-o, mas também condensa em si o tempo sucessivo exterior. Nessa perspectiva, em que topologia e cronologia se superpõem, nenhuma delas é concebida como forma *a priori* da sensibilidade, mas como a própria dimensionalidade do vivente se individuando[16].

A individuação consistirá num desdobramento do ser, pelo qual este se defasa *em relação a si mesmo*. O desdobramento concebido como defasagem apenas explicita o sentido do desdobramento utilizado no item anterior, na medida em que defasar é distinguir um passado e um presente, um virtual e um atual: é uma operação de cisão temporal. O que era monofásico (o ser pré-individual) torna-se polifásico (o ser individuado). O ser que era "silêncio incompatível do pré-tempo"[17] passa aí a dobrar-se numa interioridade, condensando um passado vivido, em contiguidade com uma exterioridade futura. O pré-individual, porém, não fica apenas no exterior, mas sobrevive paralelamente à existência do ser individuado e permanece nele como um germe para novas operações amplificadoras. Como o escreve Simondon, "continua a existir απειρον [*apeiron*] no indivíduo, como um cristal que retém sua água-mãe, e esta carga de απειρον permite ir em direção a uma segunda individuação"[18].

Poderia parecer paradoxal: o ser pré-individual, monofásico, é *mais que um*, é incompatibilidade, disjunção inarticulada, sendo mais rico do que a coerência consigo mesmo de um ser individuado. É que ele excede seus próprios limites, é metaestável, ao mesmo tempo contido, tendido e superposto a si mesmo, acumulado, potencializado etc.[19] A individuação, por sua vez, consiste em tornar-se polifásico, em desdobrar-se (individuar-se é desdobrar-se), e não simplesmente passar do ser a um devir suposto exterior a ele. A própria sucessão só existe sob o fundo de um paralelismo das fases, como dimensão das fases. Não é o ser que passa pelas fases, "o ser torna-se ser das fases, que procedem dele mesmo se defasando em relação a seu centro de realidade [...] o tempo do devir é a direção da bipolaridade segundo a qual o ser se defasa". Assim, o devir não é sucessão, evolução, alteração, ou desenvolvimento a partir de uma origem em direção a um

16 *Idem*, pp. 264-5 e ss.

17 J.-F. Marquet, "Gilbert Simondon et la pensée de l'individuation", *Gilbert Simondon, une pensée...*, p. 93.

18 G. Simondon, *L'individuation...*, p. 196.

19 *Idem*, p. 284.

termo último, nem tensão entre um nascimento e uma morte, "o devir é o ser como presente enquanto ele se defasa atualmente em passado e futuro, encontrando seu sentido nessa defasagem bipolar"[20].

3.2.2. Defasagem e Individuação

Ora, nada disso é estranho ao tema do sujeito que examinamos acima. Ao contestar a substancialização do sujeito, Simondon remete o indivíduo à individuação que está na sua gênese e lhe é coextensiva. O sujeito poderia ser definido aí como o fruto da inadequação constitutiva entre uma individuação em curso e um campo pré-pessoal de onde ela provém, campo esse, no entanto, que esse indivíduo carrega em si como um reservatório de renovação para reconfigurações futuras, realimentando constantemente seu campo de possíveis.

A defasagem constitutiva é uma cisão em dois jatos dissimétricos, sempre a partir do *presente* da *superfície*, em *interioridade* como *passado* (constituído a partir do ser pré-individual, que persiste como germe de novas operações), e em *exterioridade* como *futuro*. Embora o pré-individual preceda toda fase, ele só se torna a primeira fase "retrospectivamente" a partir da individuação que desdobra o ser, que o defasa em relação a si mesmo. "É a individuação que cria as fases, pois as fases não são senão o desenvolvimento do ser de um lado e de outro de si mesmo, esse duplo desenquadramento a partir de uma consistência primeira atravessada de *tensões* e de *potenciais* que a tornavam incompatível consigo mesma"[21].

Talvez já estejamos em condições de entender melhor de que modo esse desenquadramento, essa defasagem, o desdobrar próprios ao devir, essa cisão são igualmente um dobrar-se do ser pré-individual (fora) numa interioridade, ou seja, numa memória, não memória dos fatos, como já o dissemos, mas duplicação do fora, do pré-individual que ali permanece ativo, insistente, Memória absoluta. Com Simondon dispomos de uma pista importante para entender como o desdobramento (do ser) pode ser concebido ao mesmo tempo como dobra (na memória), e de que modo, por conseguinte, a subjetividade pode ser pensada ao mesmo tempo como cisão e como dobra. São como que as duas faces da mesma moeda, uma moeda que só se constitui tendo essas duas faces, duas fases, nelas se fazendo e se defasando, modulando-se. É aí que uma estrutura topológica "libera um tempo", colocando "o tempo no fora", permitindo pensar o "fora como tempo, sob a condição da dobra", dobra através da qual justamente o fora escava no homem um Si. É o tempo se tornando sujeito[22], na cisão e na dobra.

20 *Idem*, pp. 277-276.
21 *Idem*, p. 273.
22 *F*, pp. 115-126 [116-127]

* * *

Começamos com o cinema, retrocedemos a Bergson, saltamos para Simondon, desembocamos na subjetividade. Ao cabo desse percurso ziguezagueante talvez tenha ficado claro em que medida uma certa constelação conceitual (o virtual, a multiplicidade, o todo, a diferenciação) permanece em Deleuze como uma inspiração de fundo na tematização do tempo, à maneira de um "elemento", de uma "atmosfera", permeando algumas das construções temporais mais bizarras do autor. Desde o ensaio sobre Bergson, de 1956, até o texto publicado quarenta anos depois sobre o atual e o virtual, provavelmente um dos últimos escritos por Deleuze, essa "nuvem virtual" não se apaga.

Parte II. O Tempo do Acontecimento

Pensar contra o tempo e contra o intemporal.

BLANCHOT[1]

1 M. Blanchot, *L'Entretien infini*, Paris, Gallimard, p. 499.

O pensamento de Deleuze já foi batizado, com razão, de Filosofia do Acontecimento. Mas o que é um acontecimento? No que modifica ele uma vida? Por que tangencia ele a morte? De que modo escapa ele à História? E, afinal, o que significa querer o acontecimento? Perguntas irrespondíveis sem que se situe o acontecimento no tempo, isto é, sem que se pense o tempo do acontecimento.

A ideia de acontecimento é tanto mais paradoxal quanto mais difícil de associar a qualquer uma das categorias de que dispomos para pensar o tempo. Pois o acontecimento não é subjetivo nem objetivo, não é temporal nem intemporal, não é histórico nem eterno, não pertence ao presente, passado ou futuro, não é abstrato nem concreto etc.

O acontecimento, na óptica de Deleuze, passa-se num tempo liso, não pulsado, flutuante, aiônico. Ele é coextensivo aos devires, ao meio, ao intempestivo, de certo modo à cesura. Como se vê, toda uma constelação conceitual a ser pacientemente explorada.

Para tanto, as fontes evocadas neste bloco vão desde os estoicos até Nietzsche, passando por Hölderlin, Blanchot, Rilke, Bruno Schulz. Não cessamos, em nenhum momento, de perscrutar o plano temporal em que o acontecimento, tal como o entende Deleuze, pode lançar no mundo seu esplendor próprio

1. Aion e Cronos

1.1. PARADOXO E PENSAMENTO

Diz Deleuze, em *Diferença e Repetição*:

> os conceitos designam tão somente possibilidades. Falta-lhes uma garra, que seria a da necessidade absoluta, isto é, de uma violência original feita ao pensamento, de uma estranheza, de uma inimizade, a única a tirá-lo de seu estupor natural ou de sua eterna possibilidade: tanto quanto só há pensamento involuntário, suscitado, coagido no pensamento, com mais forte razão é absolutamente necessário que ele nasça, por arrombamento, do fortuito no mundo. O que é primeiro no pensamento é o arrombamento, a violência, é o inimigo, e nada supõe a Filosofia; tudo parte de uma misosofia. Não contemos com o pensamento para fundar a necessidade relativa do que ele pensa; contemos, ao contrário, com a contingência de um encontro com aquilo que força a pensar, de uma paixão de pensar[1].

O paradoxo traduz esse arrombamento e violentação, a paixão do encontro fortuito, sua perturbação irresoluta: nem descanso nem conformismo. Seu efeito primeiro é desfazer a tranquilidade com que nos reconhecemos em meio às coisas, ao mesmo tempo em que as reconhecemos. A recognição foi sempre o suporte da *doxa*, mas o paradoxo é o seu terror. O paradoxo é duplamente destrutivo: subverte o bom senso e também o senso comum, as duas formas que constituem conjuntamente nossa Imagem do pensamento.

A Imagem dogmática do pensamento, subsolo da *doxa*, não é apenas uma geografia mental, com seu cortejo de pressupostos implícitos, sejam eles objetivos ou subjetivos, que governam a Filosofia, que filtram e acomodam os conceitos ou sistemas. A Imagem do pensamento,

1 *DR*, pp. 181-182 [230].

na sua ortodoxia, é eminentemente moral. A recognição não acopla somente um Eu suposto unitário e um objeto qualquer correlato, mas também incide sobre valores, e valores estabelecidos. Através da recognição reencontra-se o de sempre, o Eu, o Mundo, Deus, o Estado, a Igreja, Édipo etc.

É num mesmo movimento que o paradoxo contesta o bom senso, o senso comum, a Imagem do pensamento que lhes corresponde, os valores que ela favorece, a *doxa* à qual dá lugar. Mas de onde viria tal poder atribuído ao paradoxo, se ele não passa de um "divertimento" do pensamento? Ora, Deleuze o diz com todas as letras: o paradoxo não é um divertimento, mas a "paixão do pensamento"[2]. Pois há as coisas que deixam o pensamento tranquilo, e aquelas que o *forçam* a pensar. As primeiras são os objetos de recognição. E a recognição nada tem a ver com o pensamento, na medida em que ela convoca as faculdades apenas para reconhecer o mesmo, real ou possível, numa operação de redundância. Mas fazer com que nasça o ato de pensar é outra coisa, é fruto de uma contingência, de uma violência, de um arrombamento, de um *pathos*, mas também de um impossível do qual o próprio pensamento deriva e que ele toma por objeto, mas que é seu impensável. Assim como cabe à linguagem dizer o indizível que no entanto só ela pode dizer, assim como compete à memória roçar o imemorial que no entanto só ela pode lembrar, assim como cada faculdade deve atingir o seu limite (sentir o insensível, imaginar o inimaginável etc.), também cabe ao pensamento pensar o impensável que no entanto só ele pode pensar[3]. O impensável do pensamento não o é por ser Mistério ou Inefável, mas por não ser da ordem do Real nem do Possível (do qual se encarrega a contradição), e sim do Impossível – domínio do Virtual.

O pensamento, através do paradoxo, pensa o Impossível. Não deslizamos aqui para uma teologia negativa, mas para o inconsciente do pensamento, aquilo que o pensamento não pode evitar de pensar, que só ele pode pensar, e que no entanto não é um poder do pensamento, mas sua zona de impoder, de impossibilidade. Esse Impossível, esse Impensável, recebem sua determinação precisa quando referidos a dois vetores que os atravessam: o *sentido* e o *tempo*, ou melhor, os paradoxos do sentido e os paradoxos do tempo. Pois o paradoxo, ao corroer a ideia de sentido, concomitantemente desafia uma certa ideia de tempo da qual o sentido depende, fazendo emergir outros sentidos e uma temporalidade outra: o tempo do pensamento, o tempo do inconsciente, o tempo do acontecimento.

2 *LS*, p. 92 [77].

3 R. Machado fez uma análise clara e cuidadosa do sentido da doutrina das faculdades para Deleuze. É grande a dívida de nosso estudo como um todo para com este trabalho pioneiro em Deleuze, intitulado *Deleuze e a Filosofia*, *op. cit.*

1.1.1. O Tempo do Paradoxo

O bom senso é o bom sentido, o sentido correto, a direção única das coisas na sua sucessão sensata, que vai do anterior ao posterior, do passado ao futuro (por isso é previsível), do mais diferenciado ao menos diferenciado (tende a uma homeostase, a um equilíbrio entrópico onde as diferenças se distribuem, se amansam, se acordam), do singular ao ordinário. O bom senso é a distribuição fixa, sedentária (tem a ver com a agricultura, com a divisão dos cercados, com a classe média). O bom senso orienta a flecha do tempo sempre a partir de um presente.

O paradoxo não inverte a direção dessa flecha, o que seria irrisório, mas abole o princípio mesmo da mão única, portanto o que rege a ideia mesma de um bom sentido, do bom senso. Pelo paradoxo sempre são afirmadas várias direções concomitantes, vai-se de imediato em múltiplos sentidos simultaneamente. O paradoxo se instala nessa disjunção incessante e infinita, sem negá-la, obturá-la ou superá-la, antes deixando-a escancarada. O paradoxo subverte a direção da flecha do tempo ao abolir o princípio da direção única, mas sobretudo coloca em xeque o presente que lhe serve de parâmetro, presente em que aquela se ancora ou do qual ela parte. O paradoxo furta-se ao presente e esquiva-o, instalado na divisão infinita do instante e afirmando concomitantemente os vários sentidos, numa temporalidade centrífuga, multilinear.

Também compete ao paradoxo desafiar o senso comum, a faculdade de identificação, de recognição, através da qual um mesmo Eu reconhece um mesmo objeto: "é um só e mesmo eu que percebe, imagina, lembra-se, sabe etc.", "é o mesmo objeto que eu vejo, cheiro, saboreio, toco, o mesmo que percebo, que imagino e do qual me lembro"[4]. O senso comum preserva a identidade do sujeito universal, no qual convergem todas as faculdades, mas também a do objeto qualquer correspondente, e por fim reencontra com "inquietante complacência" os valores já presentes (mesmo quando são "novos": enquanto o princípio de avaliação continuar sendo o mesmo não há criação de valores). O senso comum é um operador de recognição do Mesmo.

Ao afirmar *ao mesmo tempo* múltiplos sentidos, várias direções, sua coexistência insuperável, o paradoxo sabota a recognição e seus postulados implícitos, a identidade do sujeito que reconhece, a permanência do objeto reconhecido, a mensuração e limitação das qualidades a ele atribuídas, e reintroduz o devir-louco que a recognição se encarregava de proscrever[5]. Mas não basta dizer que o paradoxo demove

4 *LS*, p. 96 [80].
5 *DR*, pp. 187-188 [238].

a identidade e a permanência, as duas faces do presente, expondo o pensamento ao devir-louco. É preciso ir mais longe e entender o que significa "temporalmente" que ele esquiva o presente, que ele o disjunta: em favor de que tempo, por qual necessidade temporal?

Estamos falando dos estoicos, desde o início. É nos estoicos que Deleuze vai buscar o frescor do paradoxo, sua particular maneira de driblar o presente, e este outro tempo que nele se infiltra. Mas quem são esses estoicos de Deleuze, parentes muito mais próximos de Lewis Carrol do que de Victor Goldschmidt?

1.2. O TEMPO DOS ESTOICOS

Em seu *Le systeme stoïcien et l'idée de temps*, Victor Goldschmidt faz da ideia de tempo o núcleo até então inaparente do estoicismo. O argumento é simples: uma filosofia que visava, contra a autoridade de Platão e Aristóteles, restabelecer em sua realidade e dignidade o concreto, o sensível, desqualificado até então como "sujeito à geração e à corrupção", deveria mergulhar o ser no tempo. Tal reviravolta exigia não só a revalorização do tempo, mas uma total refundição da ideia mesma de tempo. O estudo de Goldschmidt vai mostrar, a partir daí, de que modo os dogmas do estoicismo perdem seu caráter paradoxal quando compreendidos à luz da ideia de tempo que os fundamenta. O sistema torna-se coerente, os paradoxos, aparentes, e a ideia de tempo que comanda tal coerência funda-se no modo presente.

O curioso, porém, é que muito embora Deleuze tenha usado os estoicos na sua própria elaboração de uma ideia de tempo, e que tenha usado a ideia de tempo *dos* estoicos nessa elaboração, o fez de modo tão radicalmente distinto. *Seus* estoicos são tão diferentes dos de Goldschmidt que um leitor desavisado se pergunta com ingenuidade se é dos mesmos textos que Goldschmidt e Deleuze falam quando se referem ao tempo dos estoicos. Não é propósito desse item julgar a validade das diferentes interpretações (mesmo porque a de Deleuze é assumidamente uma utilização pontual, e não um estudo abrangente e sistemático sobre os estoicos), mas salientar a distância que as separa para insistir sobre um aspecto essencial em Deleuze, tanto na sua leitura temporal dos estoicos quanto na sua própria construção conceitual do tempo.

Para resumir o que está em jogo, a bifurcação se dá em dois pontos principais. Para Deleuze: a) nos estoicos os paradoxos não se diluem à luz da ideia de tempo que os comanda, já que o paradoxo é constitutivo do pensamento dos estoicos: o paradoxo é a "paixão do pensamento"; b) a prioridade do presente é relativizada em favor da linha aiônica. Esses dois elementos estão conjugados no caráter paradoxal desse tempo que Deleuze explora até a vertigem e que explica a perturbação decorrente de *Lógica do Sentido*. Veremos de que modo esse pensamento paradoxal do tempo destoa da serenidade atribuída por Goldschmidt ao sábio, e de que maneira Deleuze extrai dos estoicos uma perturbação temporal que marca boa parte de sua obra, desde *Lógica do Sentido* até os textos mais recentes em torno do cinema.

Retenhamos por ora este aspecto central: Deleuze se afasta do privilégio do presente que faz o âmago da leitura de Goldschmidt, pois a ideia de tempo que atravessa o projeto filosófico de Deleuze se propõe esquivar justamente o privilégio do presente. Teremos ocasião de problematizar o sentido estratégico dessa recusa que, dispensável lembrá-lo, não faz Deleuze recair em qualquer desqualificação platônica do temporal que os próprios estoicos, segundo Goldschmidt, teriam rejeitado.

1.2.1. Homologia Estrutural

A tese de Goldschmidt é de que haveria no sistema estoico uma homologia estrutural entre o pensamento do espaço e do tempo. Recapitulemos brevemente o pano de fundo que torna inteligível essa assertiva. O tempo, assim como o exprimível, o vazio e o lugar, para os estoicos é um incorporal. O incorporal é um quase-ser, não tem realidade própria, depende dos corpos ou agentes e a eles está subordinado. Os incorporais, quando referidos aos corpos, se incorporam, tomam corpo, ganham existência. É esse movimento geral que dará a dinâmica do "tempo", calcada sobre a do "espaço".

As categoriais "espaciais" se organizam do seguinte modo: o vazio é infinito, sem alto nem baixo, sem determinação alguma, sem ação sobre os corpos que nele se encontram. O *lugar* é o intervalo do vazio, mas intervalo que procede do corpo que ocupa esse lugar, e não do vazio que o abriga. O vazio se atualiza no lugar, de infinito que é torna-se finito, mas sempre em função de um corpo.

Assim como o vazio e o lugar estão um para o outro como o todo e a parte, também o tempo se desdobra em duas acepções distintas correspondentes ao todo e a parte. O tempo total, *aion*, tal como o vazio, é infinito em suas duas extremidades: o passado e o futuro. Ele é a totalidade do tempo, a eternidade. Goldschmidt traz numa nota de rodapé a trajetória semântica desse termo, que designava primitivamente o líquido vital, depois vida-tempo, período, e finalmente, eternidade[6]. Incorporal, pois, é esse *aion*, tempo infinito em passado

6 O. B. Onians, *The origins of European thought about the body, the mind, the soul, the world, time and a fate*, Cambridge, 1951, cit por Goldschmidt *in op. cit.*, p. 39.

e futuro, assim como o instante matemático, divisível ao infinito em passado e futuro.

Por outro lado está a extensão temporal que atualiza esse *aion*, e que acompanha o corpo, que constitui seu presente, que ganha o máximo de realidade possível, sem por isso deixar de ser um incorporal (assim como não deixa de ser um incorporal o lugar que atualiza o vazio). Esse presente é derivado do ato, subordinado a ele, assim como o lugar é derivado do corpo, subordinado a ele, embora ambos sejam atualizações, do *aion* o primeiro, do vazio o segundo.

De modo equivalente àquele em que o vazio infinito necessita do mundo para atualizar-se, o tempo infinito, inarticulado, precisa da vida do mundo para escandi-lo segundo seu ritmo próprio. E o que se obtém, dada a homologia estrutural à qual nos referíamos acima, é o seguinte: assim como o vazio (que é infinito) constitui a condição do lugar (que é finito), e tem necessidade deste para atualizar-se em função de um corpo, do mesmo modo o tempo total, *aion* (que é infinito), se atualiza num presente (que é finito), em função de um agente.

A partir desse eixo, Goldschmidt postula que o estoicismo concentra no presente a perfeição que no platonismo era privilégio da eternidade, e esse presente, espécie de temporalização da eternidade, poderá estender sua perfeição ao futuro e passado que ele engloba, presente total do período cósmico. Não se trata mais do instante evanescente. Quando ele se alarga e se estende em direção ao passado e ao futuro, abarcando a "totalidade da vida", como diz Cícero, estamos na linha do Destino, onde os acontecimentos sucessivos estão harmoniosamente encaixados, numa simultaneidade essencial. O presente alargado abole a sucessão, e o sábio deve poder apreendê-lo de um só golpe. Nesse sentido, o instante não é mais divisão, mas ligação, totalização.

Insistamos sobre o seguinte ponto: o agente atualiza na extensão temporal presente o *aion*-eternidade, no mesmo sentido em que um corpo atualiza no lugar o vazio. *Atualização* deve ser entendido aqui como *limitação* e *determinação*.

Haveria muito a acrescentar a propósito das consequências da referida priorização do presente entre os estoicos, mas não é intenção deste estudo refazer o admirável trajeto de Goldschmidt. Basta notar que os elementos paradoxais referidos pelo autor não ameaçam a coerência interna do sistema estoico. Goldschmidt salienta que o paradoxo é apenas uma aparência que se dilui à luz de uma análise mais fina. Por exemplo, no caso da Providência que nos permite recusar aquilo mesmo que ela nos impõe, diz Goldschmidt: "se há aí um paradoxo, ele é, como sempre no estoicismo, puramente aparente". Compare-se essa frase com a de Deleuze, para quem "os estoicos são amantes de paradoxos e inventores"[7]. Segundo essa perspectiva, não cabe diluir os paradoxos "aparentes" na coerência do sistema estoico, mas explorá-los até a vertigem e multiplicar-lhes as funções. De que modo Deleuze explora o paradoxo para contestar o privilégio do presente nos estoicos (fruto da leitura de Goldschmidt), abrindo caminho para a temporalidade paradoxal do Acontecimento, que servirá de eixo ao seu próprio pensamento?

1.3. AS DUAS LEITURAS DO TEMPO

Segundo Deleuze, para os estoicos não há três momentos no tempo, mas duas leituras simultâneas do tempo: Cronos e Aion. Vimos brevemente de que modo Goldschmidt os associa, fazendo o segundo girar em torno do primeiro, "curvando-se" a ele no movimento de sua atualização mesma. Mas Deleuze dá a Aion uma estranha autonomia, o faz repousar sobre o paradoxo, imbrica-o com o sentido, faz dele o cerne do acontecimento e quando mal percebemos estamos já em outra paisagem conceitual, com estiramentos temporais, devires-loucos, identidades infinitizadas, e por isso explodidas, um mundo vertiginoso em tudo contrastante com o que evoca a sábia e sóbria descrição de Goldschmidt. Não se trata apenas de uma diferença de *estilo*.

1.3.1. Cronos

No interior da própria caracterização de Cronos por Deleuze vemos já um estremecimento crescente, que anuncia o estranho estatuto de Aion. Vejamos os pontos privilegiados por Deleuze: 1) Cronos é o presente, apenas o presente existe, os presentes se encaixam num presente maior que os abarca a todos, presente divino; 2) Cronos é limite, delimitação, mistura nos corpos, mensuração dos ciclos, pulsação através da qual ele se dilata e se contrai para absorver o presente "no jogo dos períodos cósmicos" em que se escande; 3) Cronos torna-se "movimento regulado dos presentes vastos e profundos".

É nessa terceira característica que Deleuze descobre, por debaixo da regulação alternada do vasto e do profundo, do presente que remete a um presente maior e do mais profundo presente que os joga no período cósmico, e da "medida imanente" que a sustenta, uma inquietação.

> Não há uma perturbação fundamental do presente, isto é, um fundo que derruba e subverte toda medida, um devir-louco das profundidades que se furta ao presente? E este algo de desmedido é somente local ou parcial ou então, pouco a pouco, não ganha

7 *LS*, p. 18 [9].

ele o universo inteiro, fazendo reinar por toda parte sua mistura venenosa, monstruosa, subversão de Zeus ou do próprio Cronos?[8]

É Platão que Deleuze invoca a seguir, a segunda hipótese de Parmênides, a questão do ser e do devir, do limite e do ilimitado, de uma ordem e de uma subversão profunda, da possibilidade de um devir puro esquivado ao presente... Seria possível seguir esse desvio, essa passagem por Platão, ao qual o apêndice "Platão e o Simulacro" dariam um subsídio substancial. Mas talvez nos baste observar aqui, inicialmente, o caráter da operação: Deleuze desdobra o Cronos "simples" dos estoicos, ou dos estoicos de Goldschmidt, em dois presentes, um bom Cronos e um mau Cronos, Zeus e Saturno, Ser e Devir, ser presente (da superfície) e devir-louco (da profundidade). Esse outro presente, essa aventura terrorífica do presente, em que Cronos perde o seu limite (e se reaproxima de Kronos[9]), esse presente *crônico* e não mais *cronológico* em que o próprio Cronos se desfaz, é desequilíbrio, enlouquecimento temporal.

Deleuze descreve a aventura desse presente crônico em termos explicitamente psiquiátricos, segundo duas formas: a) o de uma profundidade explosiva ou contraída, *esquizofrenia*, que é quando o presente mergulha no devir que o subverte, no movimento absoluto que constitui seu subsolo, nesse devir puro que é a tentação do presente, tão belamente analisada em textos referentes a Artaud e sua atração pela profundidade, pela encarnação dos acontecimentos nas misturas corporais; e b) o da extensão variável do presente, ou seja, sua relação com o passado e o futuro que ele pensa englobar (passado e futuro delirantes) e da desforra do passado e do futuro: *mania depressiva*, diz Deleuze. Talvez porque o maníaco pensa dever ou poder abarcar tudo, e o depressivo pensa não poder abarcar nada, já que tudo está perdido. De qualquer modo o presente, nessa pulsação de sua extensão (vasto, mais vasto, menos vasto) anuncia sua arrogância, mas também sua suficiência, sua loucura, seu fracasso, sua morte, e através dela a abertura para uma outra "leitura" do tempo.

1.3.2. Aion

São estas as características principais da segunda leitura do tempo, conforme Deleuze:

8 *LS*, p. 191 [168].

9 Kronos (Κρονοζ), divindade helênica, é filho de Urano (a quem ele castra) e pai de Zeus. Em latim: Saturno. Cronos (Χρονοζ), por sua vez, designa normalmente o tempo ou sua medida. Procedem de radicais diferentes, e a etimologia de ambos parece desconhecida (em francês grafa-se o último *Chronos*). A substituição do primeiro pelo segundo parece ter sido feita pela primeira vez pelo protofilósofo do século VI a.C., Ferecides (D. L. , I, 119; cf. F. E. Peters, *Termos Filosóficos Gregos*, Lisboa, Gulbenkian).

1. Não existe presente, apenas o passado e o futuro subdividindo o instante ao infinito, ou melhor, o instante pervertendo o presente em futuro e passado insistentes, "impiedosa linha reta do Aion".
2. O Instante, como existência paradoxal, atópica, extrai do presente e dos indivíduos que o ocupam as singularidades, e as projeta sobre o passado e o futuro nos quais ele subdivide o presente incessantemente.
3. Esse Instante se revela "representado" por um presente distinto dos dois presentes de Cronos (o presente mensurado da efetuação e o presente desencaixado da subversão profunda): presente da contraefetuação.

Já temos alguns presentes, pelo menos três: o da medida e das qualidades, o da desmedida profunda e revolta, e este último que se destaca dos demais visto não ter nem ser incorporação, instante do ator, do dançarino, do mímico, diz Deleuze, de todos o mais superficial, o único verdadeiramente coextensivo ao acontecimento, "momento" perverso[10]. Para além do tempo maníaco-depressivo, depois do tempo esquizofrênico, Deleuze completa essa psicopatologia fantasiosa, e de puro humor, com o tempo perverso. Será preciso entender todo esse elogio da perversão em Deleuze, via seu *Sacher Masoch*, como a defesa da superfície, em detrimento da altura ou da profundidade. O "presente do acontecimento" (a expressão é canhestra, já que, como vai ficando claro, o acontecimento furta-se ao presente) não é relativo, nem absoluto, muito menos abissal. Não é o presente dos corpos nem das incorporações, nem do ser ou do devir puro, nem da efetuação ou da subversão, e é ainda aquele que impede a subversão de derrubar a efetuação e a efetuação de identificar-se com a subversão: presente da contraefetuação.

Superficial, atópico, perverso, Instante singular. Nem Zeus da medida, nem Saturno da profundidade (ou seja, nem Cronos nem Kronos), mas Hércules, diz Deleuze, talvez pelas proezas atribuíveis a esse Instante desdobrado na superfície da terra. Instante que o *Parmênides* de Platão menciona como de natureza estranha, exterior ao tempo, no intervalo entre a mobilidade e a imobilidade, ponto no qual o Uno muda, e durante o qual este não poderia estar em tempo algum, ponto de partida de duas mudanças inversas. Mais tarde esse Instante ganhará em Deleuze um estatuto mais definido, quando for relacionado com o Intempestivo de Nietzsche, o Internel de Péguy, o Atual de Foucault, e contraposto à temporalidade da História. Mas não nos precipitemos.

Instante finito, para Deleuze, muito embora abrindo para o ilimitado do tempo, do futuro e do passado, e o afirmando. Estatuto complexo

10 *LS*, p. 197 [173].

de um instante sem espessura, que é corte, vazio do corte e afirmação daquilo em que recorta o tempo. Disjunção, operador de disjunção, diferenciador da diferença, mas ao mesmo tempo corte que recolhe em si a superfície recortada, as singularidades nela espalhadas, e que se projeta nesse ilimitado que ele abre, remetendo sempre a um já passado e a um eternamente por vir.

1.3.3. Cronos e Aion

Talvez já possamos estabelecer com alguma clareza inicial as diferenças entre Cronos e Aion explicitadas em Deleuze, apesar do risco de simplificá-las em demasia. Cronos é o tempo da medida ou da profundidade desmedida, ao passo que Aion é o da superfície. Cronos exprime a ação dos corpos, das qualidades corporais, das causas, Aion é o lugar dos acontecimentos incorporais, dos atributos, dos efeitos. Cronos é o domínio do limitado e infinito, Aion do finito e ilimitado. Cronos tem a forma circular, Aion é linha reta. Sensato ou tresloucado, Cronos é sempre da profundidade, localizado e localizável, assinalado e assinalável. Aion é radicalmente atópico, ou "transtópico"[11], mas também, num certo sentido, condição de qualquer assinalamento temporal.

Diz Deleuze sobre o Aion: pura forma vazia do tempo, que se liberou de seu conteúdo corporal presente... O esquema que preside essa autonomização aparece ao longo de sua obra em diversas versões ou conteúdos. Por exemplo, a respeito de um fundamento que se libera daquilo que funda para ganhar autonomia plena, abrindo assim para um paradoxal afundamento. Ou um plano transcendental liberado do seu conteúdo empírico, furtando-se ao presente e margeando um tempo abstrato. Talvez cheguemos, por essa via acidentada, a uma nota recorrente na concepção de Deleuze sobre o tempo, ali onde a sua leitura sobre os estoicos estende uma estranha ponte com Kant, abrindo para um insuspeitado que já trabalhava seu texto desde o início.

11 A expressão é de Luiz B. L. Orlandi, "Nuvens", *Idéias*, *op. cit.*

2. Estatuto do Tempo Abstrato

2.1. O CÉU DE HÖLDERLIN

Hölderlin tinha 37 anos quando os médicos de Tübingen julgaram sua loucura incurável, mas não perigosa. Levado à casa de Zimmer, passou a outra metade da vida hospedado numa torre às margens do rio Neckar, sob os cuidados do fiel amigo, ao som de seu piano e dos próprios balbucios.

Até as vésperas da derrocada psíquica, por volta de 1806, e ao longo de sua produção febril e fulgurante, Hölderlin se deu por tarefa, como o disse François Fédier, "pensar a relação poética do Alto e do Baixo, e dizer sua lei poeticamente", ou tematizar "o Limitado e o Ilimitado, o Alto e o Baixo, o Grego e o Hespérico, a Pátria e o Estrangeiro, o Céu e a Terra", segundo as palavras de Antoine Berman[1]. Tarefa impossível de realizar sem recorrer àqueles que tiveram com o Alto a maior proximidade: os gregos. Na tradução que empreendeu para o idioma alemão das tragédias *Édipo-Rei* e *Antígona*, um dos últimos trabalhos de fôlego que precederam o desmoronamento final, bem como nos comentários em torno de sua versão, em notas de temível densidade

1 François Fédier, "Hölderlin en fuite", *in* Hölderlin, *Remarques sur Oedipe, Remarques sur Antigone*, 10/18, Paris, 1965, p. 151; Antoine Berman, "Hölderlin: le national et l'étranger", *in L'épreuve de l'étranger, culture et traduction dans l'Allemagne romantique*, Paris, Gallimard, 1984, p. 252. Interessou-nos também Maurice Blanchot, "La parole sacrée de Hölderlin", *in La part du feu*, Paris, Gallimard, 1949; Beda Allemann, *Hölderlin et Heidegger*, Paris, PUF, 1959; Peter Szondi, *Poésie et poétique de l'idealisme allemand*, Paris, Minuit, 1974, além do já clássico prefácio de Jean Beaufret às notas de Hölderlin traduzidas para o francês, intitulado "Hölderlin et Sophocle", *Remarques...*, *op. cit.*

conceitual, Hölderlin confrontou-se, por intermédio de Sófocles, com a Antiguidade grega como um todo, mas sobretudo, através dela, com sua própria modernidade.

São várias as "teses" ali expostas, algumas delas prefigurando claramente intuições nietzschianas a respeito da tragédia grega, sobretudo no que diz respeito ao "oriental" presente no berço do Ocidente, ou à relação originária com o estrangeiro. Mas nosso interesse por esses comentários de Hölderlin deve-se a dois outros pontos, ambos mencionados por Deleuze em ocasiões diversas: a figura do tempo e a questão da cesura, onde o poeta inspira-se em Kant[2].

2.1.1. Hölderlin e Kant

A admiração de Hölderlin por Kant é conhecida. Num trecho de carta ao amigo Neuffer confessa, num momento de depressão: "agora de novo busquei refúgio em Kant, como sempre que não posso tolerar-me a mim mesmo"[3]. Para além do anedótico, resta a frequentação especulativa.

> Kant é o Moisés de nossa nação; ele a tirou do torpor egípcio e a conduziu ao livre deserto de sua especulação, ele trouxe da montanha santa a lei que é vigor. Sem dúvida eles ainda continuam dançando em torno de seus bezerros de ouro e seu cozido lhes faz muita falta; eles deveriam emigrar no pleno sentido da palavra, ganhar uma solidão qualquer para decidirem-se a deixar de ser os servidores de seu ventre e abandonar os costumes e opiniões mortas, privadas de alma e de sentido, sob os quais geme quase inaudível, e como que profundamente encarcerado, o que sua natureza viva tem de melhor[4].

Como o assinala Beaufret, a *lei* trazida por Kant – o Moisés da nação alemã – e mencionada nesse trecho não é outra senão o imperativo categórico. O imperativo categórico não é o respeito por uma determinada lei, nem pela tradição, nem pelas leis em geral, mas pela *forma* da lei, pela lei enquanto pura forma da universalidade. "A lei não nos diz qual objeto a vontade deve perseguir para ser boa, mas qual forma ela deve tomar para ser moral"[5], comenta Deleuze. Compreende-se facilmente o quanto essa *lei* não procede de Deus, ou do divino, nem implica uma divindade. Ela pressupõe ao contrário

2 Em aula proferida em Vincennes, em 14.3.1978, Deleuze insistiu nesse ponto: "um dos melhores discípulos de Kant não será um filósofo, nunca é entre os filósofos que se deve buscar aqueles que compreenderam os filósofos – é Hölderlin, e foi Hölderlin invocando Kant, contra as filosofias kantianas, que [o] compreendeu, ao desenvolver uma teoria do tempo que é precisamente a forma vazia e pura sob a qual Édipo erra" (Transcrição disponível na Internet: http://www.imaginet.fr/deleuze/).

3 Carta a Neuffer, início de 1795 (G.E. ST. 6, p. 187), cit. por Beaufret, *op. cit.*

4 Carta a Karl Gock, 1º de janeiro de 1799 (G. E. ST. 6, p. 304), *idem.*

5 "Sur quatre formules...", p. 32, retomado em *CC*, p. 46 [41].

a ausência mesma do divino, seu recuo, assim como a emancipação e a autonomia do humano. A retração do divino, e portanto de *sua* lei, e o subsequente respeito pela *forma* da lei, ou pela lei enquanto *forma*, estão intimamente ligados. O vazio de deus e o vazio da lei ressoam mutuamente.

Haveria uma outra maneira, mais filosófica, de formular essa mesma reversão: a lei não mais está subordinada a um Bem transcendente, nem procede dele, nem o imita. Agora é o Bem que gravita em torno da lei. Se antes *as leis* "representavam" para os homens o Bem, essa instância superior pairando sobre um mundo desertado pelos deuses (como em Platão), agora o Bem decorre da *Lei*, forma pura da universalidade. Assim como os objetos do conhecimento giram em torno do sujeito, segundo a "revolução copernicana" atribuída a Kant, o Bem passa a girar em torno da lei "subjetiva", no sentido em que a lei não pode ter outro conteúdo senão ela mesma[6]. A lei *moral* designa unicamente a

> determinação do que fica absolutamente indeterminado: a lei moral é a representação de uma pura forma, independente de um conteúdo ou de um objeto, de um domínio e de circunstâncias. A LEI, a forma da lei, enquanto exclusão de qualquer princípio superior capaz de a fundar[7].

2.1.2. Deus e Homem Dão-se as Costas

Mas que relação tem tudo isto com a tragédia, tema do texto de Hölderlin ao qual nos referimos? A apresentação do trágico repousa principalmente, diz Hölderlin em suas notas acerca de *Édipo* e *Antígona*, sobre um insustentável. Este se concebe quando o devir-uno ilimitado entre o deus e o homem, entre a potência da Natureza e o fundo do homem (devir-uno que se dá no furor), se purifica por uma separação ilimitada. Devir-uno ilimitado, separação ilimitada, furor, purificação. O trágico em Sófocles, para Hölderlin, seria assim o de uma união desmedida com o deus e do concomitante afastamento, recuo ou distanciamento do divino[8]. Mas não à maneira de Ésquilo ou Eurípides, nos quais a ação trágica coincide com o retorno à ordem anteriormente violada, ordem que corresponde a um limite claro, estabelecido em partilha pelos deuses, infringido pelos homens e que cabe restaurar. Em Sófocles esse limite não é dado claramente, o próprio limite se esfumaça e foge, arrastando consigo o herói a uma beância. O limite é *abolido* ("o deus e homem se acoplam" [...] "todo limite abolido"), não *transgredido*.

6 *Ibidem*.
7 *SM*, p. 84 [90-91].
8 Jean Beaufret, "Hölderlin et Sophocle", *Remarques...*

Ao mesmo tempo advém a separação ilimitada. Segundo Hölderlin, há na tragédia uma série de indícios dessa separação: os diálogos em oposições, o coro contrastando com o diálogo, o "excesso de intimidação recíproca", o fim brutal etc. Os diálogos visariam rasgar a alma dos auditores (os coristas), produzindo neles os lamentos, o tom pacífico e religioso, a compaixão. Trata-se de uma língua feita para um mundo onde, na peste e no desregramento dos sentidos, em meio ao espírito divinatório exacerbado, num tempo de desobramento (*desoeuvrement*), o deus e o homem possam falar-se na figura esquecediça da infidelidade, "pois a infidelidade divina é aquilo que mais é preciso preservar"[9].

A separação recíproca é a marca da infidelidade recíproca, através da qual o deus e o homem dão-se as costas, como traidores. Num tal momento o homem esquece, esquece a si mesmo e esquece o deus. E Hölderlin anuncia, surpreendentemente, que no "limite extremo do padecimento, nada mais resta além das condições do tempo ou do espaço". É impossível deixar de ver aí a sombra de Kant.

À autonomia "traiçoeira" do humano em relação ao divino Hölderlin denominou "afastamento categórico". Mas também o deus vira a face. A virada categórica do deus e o afastamento categórico do homem são as figuras da "separação", em que eles se dão as costas um ao outro, infielmente. Ora, Hölderlin refere-se ao limite extremo do padecimento, do sofrimento, da retirada do deus, como o de um esquecimento, um esvaziamento em que "nada mais" resta além daquele mínimo, e que ele designa de condições do tempo ou do espaço. Não resta "nada" além disso. Ali onde havia o deus, resta o tempo, mas o tempo enquanto condição, isto é, enquanto Forma, sem conteúdo, vazio, puro. Ali onde reinava o tempo homérico, povoado de deuses, ditando o seu ritmo, abre-se agora, com a virada categórica do deus, que na sua virada é Tempo, abre-se pois um Céu vazio, puro, livre, ou um deserto pânico. Logo mais insistiremos sobre o vínculo necessário entre essa nova configuração temporal e a ideia de cesura. Por ora basta salientar a relação entre a virada categórica do deus, o afastamento categórico do homem, a emergência de um Tempo enquanto forma (puro, vazio), e o imperativo categórico. Não se trata mais de leis, mas da Lei, da Forma da Lei, da Lei enquanto Forma. Não se trata mais do tempo *dos* deuses, mas do Tempo, da Forma do Tempo, do Tempo enquando Forma. A Lei e o Tempo se respondem enquanto Formas vazias e puras, emergindo em meio à Separação. É Deleuze quem comenta, a respeito de Kant: "A lei como forma vazia, na *Crítica da Razão Prática*, corresponde ao tempo como forma pura na *Crítica da Razão Pura*"[10]. Há uma homologia estrutural entre a emergência da Lei e do Tempo enquanto Formas puras, vazias, sem conteúdo,

9 *Idem*, p. 65.
10 "Sur quatre formules...", p. 32.

respondendo a uma emancipação e autonomia do humano em face do divino. Essas duas revoluções equivalem em profundidade àquela que faz pivotar o *objeto* em torno do *sujeito* de conhecimento, concebido enquanto Forma transcendental[11].

O mais enigmático, porém, é que em Hölderlin – e Deleuze não poderia ficar insensível a essa reviravolta – o rigorismo da Forma abre para o seu avesso: "A extrema formalidade só existe para um informal excessivo (o *Unformliche* de Hölderlin)"[12]. Como essa Forma elevada à sua pureza vazia, a seu estatuto de mera Ordem, pode dar lugar ao Informal, ao Desigual, ao Ilimitado, abrindo-se à ameaça do maior Desequilíbrio?

São pelo menos duas as maneiras de abordar esse paradoxo, uma que desenvolvemos a seguir, e outra que seremos forçados a deixar para a última parte de nosso estudo.

2.1.3. A Emergência do Tempo Puro

Como vimos, o Céu vazio, puro, pura Forma, Tempo enquanto Condição, resulta de uma Separação ilimitada no seio do próprio devir-uno ilimitado, de uma quebra de "unidade". Caso não "acolhida" e "sustentada", essa Separação ameaça colocar em risco, com a lacuna que introduz, o próprio curso do mundo. Há em Hölderlin toda uma dialética do Todo e das partes, da divisão do Todo, da separação e antagonismo das partes que nisso reencontram uma nova unicidade. "O Todo será pois sentido na medida e proporção em que a cisão progredir no interior das partes e de seu núcleo central", ou ainda "é nesta tendência do divisível, do mais infinito divisível à separação [...] é nesse

11 Beda Allemann, por sua vez, faz repousar seu ensaio pioneiro a respeito de Hölderlin na oposição entre a Natureza e a Arte, entre o infinito-Uno da Natureza (o aórgico) e o finito refletido da Arte (o orgânico), donde o conflito moderno entre a tentação empedocliana de ceder à nostalgia do Uno-Tudo e assim tender eroticamente para o indiferenciado, para a ausência de Partilha, por um lado, em contraste com a distinção deuses/homens/coisas, a partir de um "afastamento categórico". E salienta: "Esse afastamento não é uma simples 'renúncia' – renúncia à orgulhosa desmedida da ajudazinha idealista ao Absoluto; não é uma simples inclinação para as coisas mais próximas da 'pátria'. Tampouco deve-se compreendê-lo como um retorno a Kant, e a seu ponto de vista crítico. Ele é ainda menos uma recaída das alturas do questionamento metafísico à platitude da 'realidade' pretensamente sem pano-de-fundo, e do 'natural' banal saído da familiaridade do cotidiano" (*Hölderlin et Heidegger*, p. 210). E segue-se, naturalmente, toda uma reflexão heideggeriana sobre o entre-dois entre céu e terra, entre os deuses e os mortais, concebido como o aberto, o sagrado. Mais recentemente, e um pouco no prolongamento de Allemann, Françoise Dastur lê a separação ilimitada como a nova figura da finitude (F. Dastur, "Hölderlin, Tragédia e Modernidade", *in* Hölderlin, *Reflexões*, Rio de Janeiro, Relume Dumará, 1994). Em ambos os casos, evidentemente, estamos longe da paisagem deleuziana.

12 *DR*, p. 122 [159].

necessário *arbitrário de Zeus* que reside propriamente o começo ideal da separação real." Até que essas partes separadas se anulam reciprocamente, constituindo assim "uma nova unidade"[13].

O que significa o *arbitrário de Zeus*, condição da separação entre o Céu e a Terra, entre o deus e os homens? De que modo tem ele a ver com a emergência do tempo? Situemos inicialmente o contexto. Ele refere-se ao *tom fundamental* presente no poema trágico: o aórgico ("tendência do mais infinito divisível à separação"), presença do tumulto aórgico no seio do orgânico, marca da natureza pânica, "oriental", mais originalmente grega, da qual a composição orgânica (homérica) tentará se distanciar, domando-a, ao apropriar-se da "*sobriedade jônica* do Ocidente" como de um espólio[14]. Donde a conclusão: o *natal* dos gregos é o "fogo do céu", o aórgico oriental, ao passo que o seu estrangeiro, por eles conquistado, é a sobriedade e clareza, o sentido da expressão. O nosso "natal" moderno, ao contrário, é a claridade e sobriedade, de modo que nosso estrangeiro é o *entusiasmo excêntrico*. A bela questão de Hölderlin, questão moderna, é: como dispor livremente do seu próprio, já que o nosso próprio é o sentido da exposição e a nossa "conquista" é a expressão patética?[15]

O *arbitrário de Zeus* é de natureza *aórgica*, e produz a separação no seio do *orgânico*, desequilibrando-o, por mais que através deste desequilíbrio se conquiste a "jônica" sobriedade. Mas vejamos agora em que contexto poético o sentido dessa expressão se explicita. Hölderlin traduz para o alemão uma intervenção do coro na tragédia *Antígona*, da seguinte maneira (trata-se de comparar o destino da heroína Antígona, condenada à prisão-sepulcro pelo rei Creonte, ao destino de Danaé, à qual faz referência o trecho em questão):

> Ela contava ao Pai do Tempo
> As batidas da hora em timbre de ouro[16]

Hölderlin explica por que verteu assim em vez de:

> Ela administrava para Zeus
> o ouro do devir, em seu afluxo[17]

13 Hölderlin, "Sur la différence des genres poétiques", *Oeuvres*, Bibliothèque de la Pléiade, Paris, Gallimard, 1967, p. 635.

14 Hölderlin, carta a Böhlendorf, 4 de dezembro de 1801, in *Oeuvres*, p. 1003.

15 Deleuze retoma essa questão para pensar a reterritorialização filosófica, ao dizer que os gregos tinham o plano de imanência (o aórgico), mas não os conceitos; nós temos os conceitos (o orgânico, a claridade, a sobriedade), mas não temos mais o plano. *QF*, pp. 96-97 [132], e 100-101 [135-6] (exemplo VIII).

16 *Sie zählte dem Vater der Zeit*
Die Stundenschläge, die goldnen

17 *Sie verwaltete dem Zeus*
das goldenströmende Werden

O objetivo de sua tradução, diz Hölderlin, é aproximá-la mais de nosso tipo de representação. O Zeus para nós, modernos, deve ser o Zeus mais propriamente ele, isto é, esse Zeus "que não só *erige um limite* entre esta terra e o mundo bravio dos mortos, mas ainda *força mais decisivamente em direção à terra* o impulso pânico eternamente hostil ao homem, o impulso sempre a caminho do outro mundo". Zeus retorna à sua fonte, ao seu "natal", e passa a ser designado como Pai do Tempo, ou Pai da Terra. É de sua natureza transformar o desejo de abandonar este mundo por um outro mundo num desejo de abandonar o outro mundo por este. Isto é, na Separação, obrigar o homem a ser fiel à infidelidade recíproca. Neste sentido, através do Tempo puro no qual o deus se transforma quando se volta para si, desviando-se da face do homem, obriga o homem a voltar-se para a Terra. O Tempo lança o homem em direção à Terra, mas nem sempre este sabe compadecer-se à sua marcha (do Tempo).

A versão de Antígona que Hölderlin trai deliberadamente fala em *administrar o ouro do devir*, que emana de Zeus como os raios de luz. Através deste devir pode o Tempo ser *calculado* (isto é, seu Ritmo pode ser determinado, a coerência de suas partes apreendida[18]).

Mas Hölderlin traduz de outro modo: "contar as batidas da hora em timbre de ouro". E comenta que no dilaceramento (é o caso de Antígona, condenada à prisão-sepulcro por Creonte) o coração se compadece melhor à marcha do tempo diante do qual ele se curva, e compreende assim o simples curso das horas, sem que o entendimento conclua do presente ao futuro. No dilaceramento o Tempo é apreendido na sua pureza, de Lei, de Forma, sem que haja superação, acúmulo, direção, causalidade, pacificação. Hölderlin o expressa assim: o tempo aparece "em pleno dia; mas ele é sem perdão, como espírito da selvageria inexpressa e sem cessar viva"; ele (ou o *transporte* trágico que o encarna) é "vazio; ele é o menos provido de ligação"[19]. Logo mais será preciso conectar essa observação com a questão da cesura.

De todo modo, aqui o trágico não está no inevitável do desfecho, mas naquilo que emerge para o herói, dilacerado pelo abandono do deus: a essência do Tempo. Nem mesmo se trata de uma compreensão do afluxo do devir (daí porque não se trata do *ouro do devir em seu afluxo*), na sua pacífica ou conturbada continuidade, mas das batidas da hora, da cadência terrena, da marcha do tempo. Do Ritmo. É um pouco como diz Hölderlin no início dessas notas (p. 49, referindo-se à cesura): na suspensão antirrítmica da cesura a mudança e a troca das representações alcança tal topo que então não é mais a mudança de

18 "A coerência *das partes mais autônomas* das diversas faculdades [na poesia] pode ser denominada de Ritmo, no sentido superior, ou bem o estatuto calculável" (*Remarques sur Antigone*, in *Oeuvres*, p. 959).

19 *Idem*, p. 952.

representações, mas a representação ela mesma que aparece. Seríamos tentados a dizer: não é mais a mudança das representações, mas a representação da mudança. Ou ainda: não é mais o tempo *do* devir aparecendo, como na versão recusada por Hölderlin, mas o próprio tempo aparecendo. Um tempo que só pode aparecer enquanto tal quando se desenlaça do devir (ou do movimento) ao qual ele antes se curvava, que ele antes media, ao qual estava subordinado. O tempo se emancipa do próprio movimento do devir. E o homem, quando dilacerado, como é o caso de Antígona, dobra-se (em meio ao seu devir) ao tempo alçado a seu estatuto purificado. A emancipação do homem em relação ao deus equivale, no fundo, à sua subordinação ao Tempo, Tempo por sua vez emancipado ele mesmo do devir (ou do movimento). Todo um jogo excêntrico e centrífugo de Separações, que Hölderlin "descobre" nos gregos (em nenhum momento ele esconde que sua versão do texto original o está aproximando de nós, de nosso tipo de representação, apesar dos risos que a leitura em voz alta de sua tradução pode ter provocado em Schiller, na casa de Goethe) e através dos quais surge para o mundo um novo e estranho Teto. Um outro Céu. Ou o que o próprio Beaufret não hesita em chamar de um deserto pânico do tempo e do espaço. A expressão se justifica não apenas em função de que o novo Tempo obriga o homem a voltar-se para a Terra, para o seu "natal" aórgico (cuja nostalgia, porém, o próprio Hölderlin evita e afasta: "E sempre/Ao caos vai uma nostalgia. Mas muito é/ Para conter"), e nem só pelo vazio que este novo Céu significa, sem os deuses que o povoam.

2.1.4. O Vazio e o Pânico

Há nessa figura do deserto pânico um indício daquilo que desse ensaio de Beaufret, mas sobretudo do texto de Hölderlin, de alguma maneira pode ter irrigado a leitura de Deleuze, mas no modo de um desvio, já que a vacância dos deuses, com toda a problemática de sua ausência, da presença da ausência, ou ainda da preparação ao advento dos deuses nunca comoveu Deleuze. O vazio não é pânico por nele faltar o deus. Nem porque, devido à vacância do deus, o homem corre o risco de, não sustentando essa infidelidade, ver desinflar-se o mundo.

O que pode significar que o tempo puro e vazio implica um pânico? Se não o lemos nostalgicamente (ah, os deuses!), ou antropologicamente (ah, a religião!), haveria aí um problema filosófico mais sutil. Não se trata de perguntar por que a falta de deus dá ao homem um pânico, mas retomar a pergunta feita acima: por que a emergência do tempo enquanto pura Forma acarreta a ameaça de um Informal, ou de um Desequilíbrio? Creio que entramos aqui no cerne da questão do tempo desenvolvida por Deleuze, e que se desdobra em duas vias distintas mas que se cruzam: uma diz respeito à problemática do *tempo abstrato*, que retomaremos mais adiante, ainda neste capítulo, outra à da *cesura*, à qual passamos a seguir. O primeiro diz respeito a um corte *horizontal* (entre o Céu e Terra), o segundo *vertical* (no Sujeito, na História).

2.2. O VULCÃO DE LOWRY

2.2.1. A Cesura

No tempo começo e fim deixam de *rimar*, diz Hölderlin[20]. A interpretação de Beaufret começa advertindo para o fato de que se tentamos compreender essa afirmação como uma proposição sobre o tempo em geral, ela corre o risco de permanecer indefinidamente enigmática. Não é o que acontece caso a contextualizemos, considerando que seu objeto é a própria tragédia, o começo e o fim *da* tragédia (de *Édipo-Rei* e de *Antígona*, por exemplo), a *cesura* que reparte cada uma delas em duas partes desiguais, e ao imprimir uma diferença de *ritmo* à peça, conforme a localização dessa mesma cesura, faz o equilíbrio inclinar-se mais do começo ao fim, ou o contrário.

A cesura em *Édipo-Rei* e *Antígona*, diz Hölderlin, é introduzida pela intervenção divinatória de Tirésias. Beaufret lembra o quanto essa irrupção do divino em Sófocles difere das profecias em Ésquilo. Neste a epifania não faz mais do que prever a marcha do destino idêntico a si, num círculo perfeito. Indicando, completa Deleuze, uma circularidade do tempo, um equilíbrio, uma equivalência nas trocas, mesmo ou sobretudo quando essa perfeição vem à tona eminentemente por ocasião de algum excesso cometido pelo herói, e que cabe ao tempo "compensar", reparar[21]. No caso de Sófocles, porém, não há restituição de equilíbrio, compensação circular, coincidência entre começo e fim.

> O que de mais dessemelhante, ao contrário, do que a figura real de Édipo no início da tragédia daquela do exilado que começa através do mundo grego sua deambulação cega? Aqui, na abertura do tempo trágico que só faz um com o desvio do deus *começo e fim não rimam mais juntos*. A diferença entre um "até aqui" e um "doravante" torna-se essencial. Algo mudou fundamentalmente. Assim o exige a intervenção da "cesura". O homem "cesurado" até a si mesmo, por seu acoplamento com o divino, pensado por sua vez como "categoricamente afastado", eis pois o trágico da verdadeira tragédia moderna tal como ele se anuncia para nós no *Édipo* de Sófocles[22].

Rompe-se aí o círculo perfeito do tempo, dividindo-se ele em partes desiguais (um passado mais ou menos longo, um futuro inversamente

20 *Idem*, p. 958.
21 Aula inédita de 1984, disponível apenas em gravação.
22 Beaufret, *Remarques...*, p. 25.

estendido), em função de uma cesura encarnada por Tirésias. Este não só anuncia ao herói o desequilíbrio, mas o empurra para dentro dele, e produz nele um desequilíbrio. Aquele cuja palavra nunca é imediatamente compreendida, exceto no tempo diferido da própria ação precipitada. A cesura rompe o círculo do tempo das compensações, desfazendo sua curvatura divina própria aos gregos, e instaura uma ordem formal estática (antes, durante, depois) através da qual o tempo se distribui de forma desigual, descompensada, fraturando o próprio eu.

2.2.2. *O Tempo que Não Rima*

Se a forma do tempo tem três determinações – uma ordem, um conjunto e uma série – que nos baste no momento referir a cesura à primeira:

> Podemos definir a ordem do tempo como sendo esta distribuição puramente formal do desigual em função de uma cesura. Distingue-se, então, um passado mais ou menos longo, um futuro em proporção inversa, mas o futuro e o passado não são aqui determinações empíricas e dinâmicas do tempo: são características formais e fixas que decorrem da ordem *a priori* como uma síntese estática do tempo. Estática, forçosamente, pois o tempo já não é subordinado ao movimento; forma da mudança mais radical, mas a forma da mudança não muda. É a cesura e o antes e o depois que ela ordena uma vez por todas que constituem a *rachadura* do *Eu* (a cesura é exatamente o ponto de nascimento da rachadura)[23].

O antes e o depois não remetem mais a uma simples Lei da Sucessão, submetida pois à categoria da causalidade pela qual uma direção necessária é assegurada no seio de uma continuidade homogênea. Ao contrário, o antes e o depois separam-se e se ligam através de uma ruptura (a própria cesura), numa descontinuidade, e uma dessemelhança irremediável é introduzida na linha do tempo. A cesura faz intervir uma diferença, impedindo o fecho do tempo, a rima das duas direções, a reparação, o apaziguamento, em suma, a reconciliação do tempo consigo mesmo. O tempo que antes era Limite, círculo que englobava o mundo e lhe dava uma limitação, agora se quebra irremediavelmente, e atravessa o mundo como uma flecha. O próprio limite circular do tempo já não contém o sujeito, mas foge dele e o obriga a persegui-lo incansavelmente, sem descanso, obrigando-o a ir ao limite de si. Deleuze sugere que o próprio termo limite mudou de sentido: o limite não é mais a operação que limita alguma coisa, mas ao contrário, o termo em direção ao qual alguma coisa tende, a tendência e aquilo em direção ao que ela tende[24]. É essa a metamorfose que sofre o tempo.

23 *DR*, p. 120 [155-6].
24 Aula de 21.3.1978, transcrição disponível na Internet.

Para Hölderlin, como vimos, a cesura, encarnada pela intervenção de Tirésias, faz com que no tempo começo e fim não rimem juntos. Beaufret advertiu para que não se fizesse dessa observação uma determinação do tempo em geral. Ora, não podemos dizer que Deleuze desafie frontalmente a recomendação de Beaufret, mas é preciso reconhecer que ele considera a cesura uma figura emblemática da consciência moderna do tempo, distinta da concepção clássica ou antiga: a ordem do tempo vazio e puro, que nele introduz a dessemelhança desse antes e depois, sem que jamais seus extremos se toquem recobrando uma junção qualquer, diferentemente do que ainda sucedia para o tempo infinito e circular, "compensado", da Antiguidade.

Nesse sentido o *depois* é sempre um embrenhamento na morte, como observou Hölderlin a propósito do desfiladeiro no qual deambula Édipo. E o moderno seria sempre o relato de uma derrocada a partir de uma rachadura, pela qual advém uma intimidade crescente com um morrer.

2.2.3. A Rachadura do Eu

Em algum momento algo acontece, e a vida racha ao meio, desequilibra-se, de modo que suas duas "metades" já não guardam proporção alguma entre si. A partir dessa estrutura formal antes/cesura/depois tem início uma desagregação inelutável. Mas tudo aqui é equívoco: o termo desagregação, o "algo que acontece", a noção de depois, a própria morte. Talvez seja preciso evocar fontes literárias mais recentes para reforçar o sentido moderno desses termos. Por exemplo, Malcolm Lowry em *À Sombra do Vulcão*:

> [...] Noite: e mais uma vez o corpo a corpo com a morte, orquestras demoníacas fazendo o quarto tremer, breves momentos de um sono cheio de medos, vozes que entram pela janela, meu nome continuamente repetido com escárnio por grupos imaginários que chegam, as espinetas das trevas. Como se não houvesse nessas noites ruídos suficientes, a cor desses cabelos grisalhos. Nada como o lancinante tumulto das cidades americanas, o barulho do arrancar de ataduras de grandes gigantes em agonia. Mas os latidos dos cães párias, os galos que atravessam a noite anunciando a aurora, a batucada, o queixume que mais tarde se mostrará plumagem branca aconchegada em fios telegráficos que varam quintais ou galinhas que tomam por poleiro os pés de maçã, a eterna dor que nunca dorme do imenso México. Quanto a mim, gosto de ir com minha dor para a sombra dos antigos mosteiros, com minha culpa para os claustros, para debaixo das tapeçarias, e para dentro das inimagináveis cantinas onde desocupados tristonhos e mendigos pernetas bebem na madrugada, cuja fria beleza de junquilho se redescobre na morte. Quando você partiu, Yvonne, fui para Oaxaca. Não existe uma palavra mais triste.

E depois:

> Mas o pior de tudo é isso, sentir a própria alma morrendo. Talvez porque hoje à noite minha alma realmente morreu é que sinto neste momento alguma coisa parecida

com a paz? Ou será que é porque existe um caminho pelo meio do inferno, como Blake sabia, e que ainda que eu possa não tomá-lo eu esteja ultimamente sendo capaz de vê-lo em sonhos às vezes?

E ainda: "Mas nada nunca poderá tomar o lugar da unidade que nós conhecemos um dia e que só Cristo sabe que ainda deve existir em alguma parte". E a conclusão: "De qualquer jeito o tempo é um falso curandeiro"[25].

Toda uma fratura que enfia a vida num desfiladeiro inclemente. Percebe-se que esse "depois" (de uma separação) não se refere a um conteúdo empírico, que a desagregação não é apenas um desfazimento, que a morte ela mesma não é um fato. Na verdade, a cesura ela mesma não é um incidente, mas um acontecimento, sem localização temporal determinada (por mais que ele assim possa ser exprimido). A cesura como constituinte da ordem do tempo, em que sempre se está a viver o "depois" de uma catástrofe, um "o tempo está fora dos eixos", um enlouquecimento do tempo, onde o sujeito sente-se rachado para sempre, inapelavelmente: "oh, Geoffrey, você não pode voltar atrás por quê? Tem de ir sempre em frente por essa escuridão tão estúpida, procurando-a, mesmo agora, aonde eu não consigo alcançá-lo, sempre por essa escuridão da cisão, da separação?", pensa Yvonne ao reencontrar o Cônsul.

2.2.4. A Ação Formidável

Mas há um momento em que essa cesura pertencente à ordem do tempo ganha uma expressão simbólica, constituindo-se na imagem de uma ação única e formidável, em que se reúne a cesura, o antes e o depois num "conjunto do tempo". Eis como o Cônsul, ao final do romance de Lowry, à maneira de um Empédocles, chega ao cume de um vulcão.

Ele abriu os olhos e olhou para baixo, na esperança de ver surgirem outras montanhas, a selva magnífica, [...]. Mas não havia nada para ver: nem picos, nem ascensões, nem vida. Nem era o cume em questão exatamente um cimo: não tinha uma base firme, nem substância. Além do mais aluía, desmoronava, fosse lá o que fosse, enquanto ele, por sua vez, caía, caía dentro do vulcão, e assim enfim devia tê-lo escalado, posto que havia em seus ouvidos agora esse rumor insinuante de lava, o horrível rumor da erupção mas não, não se tratava do vulcão, o próprio mundo é que estava explodindo, vomitando jatos negros de aldeias catapultadas no espaço, com ele mesmo caindo em meio a tudo, varando o inconcebível pandemônio de um milhão de tanques, varando o fogaréu de dez milhões de corpos em chamas, caindo numa floresta, caindo –[26].

25 M. Lowry, *À Sombra do Vulcão*, São Paulo, Siciliano, 1992, pp. 52-53.
26 *Idem*, p. 335.

Esse atirar-se no vulcão é apenas uma das imagens, ou dos símbolos adequados ao conjunto do tempo. Também o são tirar o tempo dos eixos, despedaçar o sol, matar Deus ou o pai, ações únicas e grandiosas, "definitivas", que acontecem "uma vez por todas", e assim operam a "distribuição do tempo no desigual"[27]. Sempre se está a gravitar em torno a essa cesura a partir da qual a vida se distribui desigualmente, a partir da qual a rachadura abre-se em nós, ainda que o acontecimento que a simbolize não seja pessoal, "meu", mesmo quando me concerne por inteiro. E se me concerne é precisamente na medida em que desfez para mim o círculo do tempo, das compensações, das reparações, das reconciliações.

No final do item precedente fizemos alusão às duas temáticas que em Hölderlin chamaram a atenção de Deleuze: uma referente a um corte vertical (a *cesura*), que desenvolvemos neste item, outro a um corte horizontal (o *tempo abstrato*), que agora retomamos num outro prolongamento.

2.3. A PLANÍCIE DO TEMPO

Pode-se considerar que o tempo dos antigos era constituído por blocos. Cada bloco de tempo possuía sua característica, sua qualidade, dependendo do acontecimento relevante que o preenchia (batalha, ciclo, geração etc.). O tempo existia em função de um acontecimento (seu conteúdo) que lhe dava sentido, e o tempo adotava o *relevo* desse acontecimento. Os instantes-pico representavam o bloco de tempo por inteiro, assim como um gesto representa toda uma personalidade, ou um evento pode simbolizar uma época.

Mas o que acontece quando o tempo perde o seu relevo? Ou melhor, quando a ciência descobre que o tempo não depende dos acontecimentos que nele se desenrolam? Quando o tempo se desenrola por si e se torna uma variável independente de seu conteúdo? Quando já não se tem blocos de tempo qualitativos (a qualidade variando em função do acontecimento que o recheava, tempo dos deuses, dos homens, das batalhas, da natureza etc.)? Quando todos os instantes são equivalentes como pontos numa linha? Quando os blocos de tempo se diluem no interior de um tempo infinito, em que cada ponto, seja ele qual for, equivale a qualquer outro? Quando o tempo torna-se homogêneo e abstrato?

Simplificando grosseiramente, imaginemos a concepção antiga na representação de um cavalo a galope: o escultor capta o momento privilegiado desse movimento, que o representa por inteiro. Há uma

27 *DR*, p. 120 [156].

solidariedade necessária entre o Instante privilegiado e a Forma essencial de Cavalo. O mesmo pode-se dizer para uma batalha, para um personagem histórico, para um fato. A Forma é uma Pose. E a Pose é a figuração de uma Essência num Instante eminente. Mas se uma escultura antiga capta a Forma-Cavalo só pelo seu instante eminente, os 24 fotogramas por segundo, no movimento contínuo, homogêneo e abstrato do projetor cinematográfico, podem revelar um cavalo a galope em todas suas posições, e não apenas na sua Pose. O cinema se liberta da Pose, da Forma eminente, e pode revelar o movimento qualquer porque se baseia no instante qualquer, mesmo que isso não seja um privilégio exclusivamente seu. A pintura, a dança, a mímica não precisaram esperar o cinema para libertar-se da Pose, e o fizeram muito antes dele, prefigurando-o, preparando-o, arrastando-o atrás de si. Se falamos do cinema é porque foi ao debruçar-se sobre a sétima arte que Deleuze formulou de modo mais explícito essa ideia provocativa, colhida em Bergson, como veremos, e que ainda não mencionamos: a partir do tempo abstrato, do tempo homogêneo, do movimento contínuo que constitui sua técnica, o cinema pôde libertar-se não só do Instante eminente, mas através dele também de um certo império da Forma, da Pose, da Essência, deixando emergir não só o próprio tempo, isto é, o cotidiano enquanto tal, mas também, a partir dele, sua produtividade, a novidade. O tempo deixa de ter, como antigamente, a função de deixar aparecer as Formas já dadas previamente e desde sempre, à espera apenas de sua materialização sensível, e ganha um novo estatuto, podendo engendrar novas formas.

2.3.1. Fim da Ilusão Cinematográfica

O núcleo dessa ideia está em Bergson. O filósofo da Duração referira-se com frequência às ilusões do pensamento quanto ao movimento. O erro, segundo ele, residiu sempre em querer descrever o movimento a partir de imobilidades, fossem instantes, fossem posições. É a isto que ele chamou de ilusão cinematográfica ("fórmula injusta", comenta Deleuze): pretender reconstituir o movimento somando cortes imóveis instantâneos (que corresponderiam em linguagem cinematográfica a fotogramas) aos quais se aplica um movimento uniforme ou um tempo abstrato. Contudo, essa ilusão que segundo ele se materializa e culmina com o cinema é tão antiga quanto a própria filosofia. Para a Antiguidade, diz Bergson, o movimento era concebido a partir das Formas ou Ideias, elas mesmas eternas e imóveis, mas cuja "encarnação" na matéria fluente deve refratar-se num movimento indefinido[28]. O movimento seria a passagem de uma Forma a outra, isto é, o intervalo

28 Bergson, *A Evolução Criadora*, trad. Adolfo Casais Monteiro, Rio de Janeiro, Ed. Opera Mundi, p. 308.

entre as Poses ou os Instantes privilegiados que representam, eles sim, e cada um deles, a essência do período em questão. Um fato é pois "representado" pelo seu termo final, seu ponto culminante, de sorte que a própria passagem de um a outro é desprovida de interesse, e o movimento é elidido.

Ao contrário, a maneira moderna dessa "ilusão cinematográfica" já não recompõe o movimento a partir de elementos formais transcendentes (as poses), mas a partir de elementos materiais imanentes (cortes), os instantes quaisquer. O próprio Bergson não desprezou o interesse dessa evolução:

> Mas, para uma ciência que coloca todos os instantes do tempo no mesmo nível, que não admite nenhum momento essencial, nenhum ponto culminante, nenhum apogeu, a mudança já não é uma diminuição da essência, nem a duração uma diluição da eternidade. O fluxo do tempo passa a ser aqui a própria realidade, e o que se estuda são as coisas que vão passando. É certo que se tiram apenas instantâneos da realidade que passa. Mas, devido precisamente a essa razão, o conhecimento científico deveria exigir outro, que o contemplasse. Ao passo que a concepção antiga do conhecimento científico acabava por fazer do tempo uma degradação, da mudança a diminuição de uma Forma dada sempre, pelo contrário, seguindo até ao fim a nova concepção, acabaria por se ver no tempo um aumento progressivo do absoluto e na evolução das coisas uma invenção contínua de novas formas[29].

Para além do sentido mais geral dessa frase quanto a esse "outro conhecimento" aí sugerido, o que se depreende para Deleuze, no contexto estético específico sobre o qual se debruça quando fala de cinema, é que, na medida em que se reporta o movimento a instantes quaisquer, é-se capaz de pensar a produção do novo, isto é, do notável e do singular em qualquer um desses momentos[30], de modo que é toda uma nova relação que se estabelece com a cotidianidade. Não mais o modelo eterno e a cópia temporal numa relação de degradação, mas o homogêneo e o heterogêneo numa relação de engendramento. O que não é sem paralelo com o Formal suscitando o mais Informal, conforme o dito de Deleuze atribuído a Hölderlin. De qualquer modo, se o tempo abstrato e homogêneo se liberta da Forma é porque, mais profundamente, ele mesmo passa a ser a Forma.

Há pois um curioso elogio do tempo homogêneo na reflexão de Deleuze, e não só quando fala de cinema (o cinema definido como o sistema que reproduz o movimento "reportando-o" ao instante qualquer), mas já quando acompanha Hölderlin tangenciando Kant, como vimos, ou quando se refere à concepção estoica do Aion. Pode parecer paradoxal que um pensador da diferença destoe da condenação unânime do tempo homogêneo, e não cole sobre ele a pecha de "inautêntico",

29 *Idem*, p. 331.
30 *IM*, p. 17 [16].

"vulgar", ou "apenas" científico. E, no entanto, sua posição sobre o tempo corre o risco de se tornar ininteligível caso as razões dessa aceitação não sejam devidamente contextualizadas.

2.4. TEMPO LISO E TEMPO ESTRIADO

Talvez seja o momento de propor um salto, por nossa conta e risco. Se Deleuze pode fazer o elogio do tempo homogêneo, é porque o homogêneo de Deleuze quiçá comporte uma complexidade da qual não tratamos ainda. É possível que o "puro", "vazio", "formal", "ordinal", alguns dos tantos qualificativos desse tempo cuja emergência Deleuze detecta em Kant, Hölderlin, nos estoicos e outros, possua um avesso que remete, afinal, a um certo tipo de multiplicidade.

2.4.1. As Duas Multiplicidades

Recordemos a distinção entre dois tipos de multiplicidade, evocada por Deleuze em vários momentos de sua obra. Em *Le bersgonisme*, por exemplo, na esteira de Bergson, ele insiste na importância de não se confundir a multiplicidade numérica, descontínua e atual (de exterioridade, de simultaneidade, de justaposição, de ordem de diferenciação quantitativa, *diferença de grau*) e a multiplicidade virtual e contínua (irredutível ao número, interna, de sucessão, de organização, de heterogeneidade, de discriminação qualitativa ou de *diferença de natureza*), correspondente à duração. Muitos anos depois, em *Mil Platôs*, que faz um uso variado da noção de multiplicidade (Deleuze chega a afirmar que é esse o objeto mesmo desse livro[31]) a ideia retorna, bem como sua inspiração bergsoniana:

> parece-nos que Bergson (muito mais ainda do que Husserl, ou mesmo Meinong e Russell) teve uma grande importância no desenvolvimento da teoria das multiplicidades. Pois desde o *Ensaio sobre os Dados Imediatos*, a duração é apresentada como um tipo de multiplicidade que se opõe à multiplicidade métrica ou de grandeza. É que a duração não é absolutamente o indivisível, mas o que não se divide sem mudar de natureza a cada divisão [...] Enquanto que numa multiplicidade como a extensão homogênea a divisão pode sempre ser empurrada tão longe quanto se queira, sem que nada mude no objeto constante; ou então as grandezas podem variar sem outro efeito que o de um aumento ou uma diminuição do espaço que elas estriam. Bergson destacava pois "duas espécies bem diferentes de multiplicidade", uma qualitativa e de fusão, contínua; a outra, numérica e homogênea, discreta[32].

31 "*Mil Platôs* [... é] uma teoria das multiplicidades por elas mesmas, no ponto em que o múltiplo passa ao estado de substantivo" (*MP* [I, p. 7], "Prefácio para a Edição Italiana").

32 *MP*, p. 604 [V, 191].

Ao longo de praticamente todos seus capítulos, *Mil Platôs* trabalha de várias maneiras esses dois tipos de multiplicidade: métrica e não métrica; extensiva e qualitativa; centrada e acentrada; arborescente e rizomática; numerária e plana; dimensional e direcional; de massa e de malta; de grandeza e de distância; de corte e de frequência; *estriada e lisa*, que deve agora chamar particularmente nossa atenção.

2.4.2. Liso e Estriado: Boulez

A distinção entre liso e estriado foi tomada de empréstimo a Pierre Boulez, a quem Deleuze dedicou um texto especial em torno da noção de tempo[33]. Eis um trecho escrito pelo compositor contemporâneo sobre a distinção entre liso e estriado que inspirou o filósofo:

> Disponhamos, abaixo de uma linha de referência, uma superfície *perfeitamente* lisa e uma superfície estriada, regular ou irregularmente, pouco importa; desloquemos esta superfície lisa *ideal*, não poderemos nos dar conta nem da velocidade nem do sentido de seu deslocamento, pois o olho não encontra nenhum ponto de referência ao qual se prender; com a superfície estriada, ao contrário, o deslocamento aparecerá imediatamente tanto na sua velocidade quanto no seu sentido. O tempo amorfo é comparável à superfície lisa, o tempo *pulsado* à superfície estriada; eis por que, por analogia, denominarei as duas categorias assim definidas *tempo liso* e *tempo estriado*[34].

O liso é um espaço amorfo, informal, direcional (e não dimensional ou métrico), habitado por distâncias e não por grandezas. Ele não se deixa dividir sem mudar de natureza: assim como uma intensidade, segundo Bergson, não é a soma de grandezas adicionáveis, já que cada intensidade é ela mesma uma diferença, cada termo da divisão é distinto em natureza de outro termo etc. No contexto de *Mil Platôs*, o liso é associado ao deserto como *Spatium* intenso, e não como *Extensio*, ocupado por acontecimentos ou hecceidades, mais do que por coisas formadas ou percebidas, povoado de afectos, mais do que por propriedades, habitado por intensidades, ventos, ruídos, forças, qualidades táteis e sonoras, infinito em direito, aberto em todas as direções e ilimitado, sem verso nem reverso, sem centro, sem condições de assinalar fixos e móveis, antes distribuindo uma variação contínua, onde o ponto está subordinado à linha, o estado ao trajeto[35].

Ora, ao passo que num espaço estriado fecha-se sua superfície para "reparti-la" segundo intervalos determinados, segundo cortes assinalados, no espaço liso "distribui-se" num espaço aberto, conforme frequências e ao longo dos percursos. Ou, como diz Boulez: no primeiro

33 Deleuze, "Boulez, Proust et le temps: 'Occuper sans compter' ", *in Eclats/Boulez*, Ed. du Centre Pompidou, 1986.

34 Pierre Boulez, *A Música Hoje*, São Paulo, Perspectiva, 1978, p. 88.

35 *MP*, cap. 14 [V, *idem*]

conta-se para ocupar, no segundo ocupa-se sem contar. Ou ainda: medir para efetuar relações, ou então preencher relações sem medida. Daí a existência de dois espaços-tempos, ou mesmo dois tempos totalmente diferentes, conforme o próprio Boulez: tempo *amorfo* conforme o espaço-tempo liso, tempo *pulsado* conforme o espaço-tempo estriado.

Em seu artigo sobre Boulez, posterior a *Mil Platôs*, Deleuze explica em termos semelhantes as características do espaço estriado, do tempo pulsado, onde os cortes são determináveis, isto é, de tipo racional, e as medidas, regulares ou não, são determinadas como grandezas entre os cortes. Deleuze acompanha de perto Boulez para mostrar que os blocos de duração (bloco sonoro variável incessantemente) percorrem um espaço estriado e, segundo a velocidade de suas pulsações e a variação de suas medidas, traça diagonais. Mas eis que do estriado se destaca um espaço-tempo liso ou não-pulsado, que já não se refere à cronometria senão de uma maneira global: cortes indeterminados, de tipo irracional, medidas substituídas por distâncias, vizinhanças indecomponíveis exprimindo densidade ou raridade, de modo que um *índice de ocupação* substitui um *índice de velocidade*.

> É como a passagem de uma temporalização a uma outra: não mais uma Série do tempo, mas uma Ordem do tempo. Mais adiante, ao checar esta distinção em Proust, no contraste entre a sonata e o septuor de Vinteuil, a primeira é vista como índice de velocidade, a última como índice de ocupação. Porém mais profundamente, é cada tema, cada personagem da *Recherche* que se desdobra nessas duas alternativas: variação de velocidades e qualidades (cronometria), e a outra como nebulosa ou multiplicidade que contém apenas graus de densidade e rarefação[3636].

Conforme está dito nesse texto, o espaço-tempo liso corresponde à Ordem do tempo, e a Ordem do tempo se refere a uma multiplicidade de graus de densidade e rarefação. É, obviamente, a multiplicidade com as características mencionadas acima: não métrica, qualitativa, acentrada, rizomática, direcional, de malta, de distância, de frequência, ou, para ficar nos termos do texto inicial de Deleuze em *Le bergsonisme*, de heterogeneidade, de discriminação qualitativa ou de *diferença de natureza*, próprias à duração.

Ora, já podemos ao menos evitar a cilada terminológica a fim de preservar o conceito visado. O liso tal como Deleuze o extrai de Boulez está associado não a uma multiplicidade numérica, porém qualitativa, portanto não ao homogêneo, e sim ao heterogêneo, contrariamente ao que uma sinonímia apressada poderia sugerir. Talvez já estejamos em condições, também, de explicitar a afirmação abrupta que deu fecho ao item anterior, onde insinuávamos que o mais homogêneo dá lugar ao mais heterogêneo, no sentido em que o tempo tornado uma variável

36 Boulez, Proust..., *op. cit.*

autônoma, puro, vazio, ordinal, formal, pode engendrar o mais informal, desigual, dessemelhante. Este enigma muda de figura caso entendamos o "tempo puro" e "vazio" pelo seu avesso por assim dizer oriental: como uma determinada plenitude, como uma multiplicidade heterogênea.

2.4.3. O Tempo e as Máquinas

Onde chegamos ao termo desse zigue-zague, em que partimos da ideia de tempo vazio e puro, que nos remeteu ao espaço-tempo liso, situado numa vizinhança com o tempo homogêneo, sob o qual encontramos, afinal, a heterogeneidade, ou a multiplicidade qualitativa própria à duração bergsoniana? E, diante disso, como entender que, quando aborda os estoicos, Deleuze valoriza a linha reta, que ele associa a Aion, contrapondo-a a Cronos? A linha reta e o tempo cronológico não deveriam ser equivalentes, e conjuntamente "desqualificados"? Por que Deleuze os dissocia, valorizando o primeiro? Estaria ele apenas sobrepondo inadvertidamente tempo-extensão e tempo-invenção?

Tudo indica que o homogêneo e o heterogêneo não estão para Deleuze numa relação simplesmente antitética, como já sugerimos. E por mais de uma razão. Talvez a mais importante diga respeito ao valor da autonomização do tempo, tema ao qual retornaremos mais adiante. Convém assinalar, no entanto, que esse tema não é sem afinidade com o desenvolvimento da técnica. Se não há em sua obra uma desqualificação do tempo homogêneo, talvez é *também* por não haver qualquer desqualificação da técnica enquanto tal (nesse sentido a diferença com Bergson e com boa parte da filosofia desse século deveria ser ressaltada), como se vê no seguinte comentário em torno de Heidegger: "A ciência com efeito trata o tempo como variável independente; é por isso que as máquinas são essencialmente máquinas de explorar o tempo". Tudo aqui se inverte: se a técnica faz do tempo uma variável independente ela pode, a partir dessa autonomização, produzir novos tempos. É aliás o que o cinema enquanto técnica realizou incansavelmente – e os livros em torno do cinema são uma admirável exploração desses tempos que ele inventou. Mas veja-se ainda a referência que faz Deleuze, no mesmo texto, à "profunda reconciliação da Máquina e da Duração" empreendida por Alfred Jarry, que de algum modo reflete o esforço de Deleuze mesmo, nesse sentido, tão visível em diversos momentos de *O Anti-Édipo* e *Mil Platôs*. De qualquer modo, pode-se ler aí uma distância decisiva em relação a Heidegger e àquilo que Deleuze não hesitou em considerar o "equívoco profundo de sua ontologia técnica"[37].

37 *CC*, p. 119, 120 e 121 [107, 108 e 109] respectivamente. Sobre a crítica de Deleuze à posição de Bergson a respeito da hierarquização filosofia/ciência, cf. *QF*,

Mas, para além dessa hipótese lateral, cabe perguntar se a contaminação entre o homogêneo e o heterogêneo indicada acima não obedeceria à necessidade imperiosa de construir um plano temporal suplementar, apto a abrigar o Acontecimento em sua complexidade paradoxal.

Parte II, e os comentários de Alliez a respeito, em particular na questão do tempo, *in A Assinatura do Mundo*, São Paulo, Editora 34, pp. 37-41.

3. História e Devir

Cabe à Filosofia moderna sobrepujar a alternativa temporal-intemporal, histórico-eterno, particular-universal. Graças a Nietzsche, descobrimos o intempestivo como sendo mais profundo que o tempo e a eternidade: a Filosofia não é a Filosofia da História, nem a Filosofia do eterno, mas intempestiva, sempre e só intempestiva, isto é, "contra este tempo, a favor, espero, de um tempo que virá"[1].

3.1 O ACONTECIMENTO

É do escritor polonês Bruno Schulz uma das mais impactantes descrições do acontecimento.

> Os fatos comuns são ordenados no tempo, dispostos em sua sequência como numa fila. Ali eles têm seus antecedentes e suas consequências que se agrupam apertados, pisam os calcanhares uns dos outros, sem parar, e sem qualquer lacuna. Isto tem a sua importância para qualquer narrativa cuja alma seja continuidade e sucessão.
>
> Mas o que fazer com os acontecimentos, que não têm seu próprio lugar no tempo, os acontecimentos que chegaram tarde demais, quando todo o tempo já foi distribuído, dividido, desmontado, e que agora ficaram numa fria, não alinhados, suspensos no ar, sem lar, errantes? [...]
>
> O leitor já ouviu falar sobre as faixas paralelas do tempo no tempo de dois trilhos? Sim, existem os tais braços laterais do tempo, é verdade que um pouco ilegais e problemáticos, mas quem carrega um tal contrabando como nós, os tais acontecimentos extranumerários que não podem ser enfileirados, não deve ser exigente demais. Tentemos então separar num dos pontos da história um desses braços laterais, um desvio cego,

1 *DR*, p. 3 [18].

e empurrar para ele esses eventos ilegais. Não tenham medo. Tudo isso vai acontecer imperceptivelmente [...][2]

Por um lado o trem dos eventos no tempo de dois trilhos, por outro os acontecimentos extranumerários que não podem ser enfileirados, e que se embrenham nos "braços laterais do tempo", nas "faixas paralelas do tempo", nos "desvios cegos", onde ficam "suspensos no ar, errantes, sem lar". Bruno Schulz o diz, com todas as letras: o tempo regular é estreito demais para abrigar todos os acontecimentos.

Não há dúvida de que *Sanatório* é uma das mais delicadas meditações literárias sobre as variações do tempo em seus desvios ilegais, problemáticos. Precisamente por isso, parte dessa diferença entre evento e acontecimento, entre o domínio dos fatos enfileiráveis na ordem contínua e sucessiva de uma história, e o tempo dos acontecimentos sem lugar, errantes, suspensos no ar. Estes que chegam sempre tarde demais, que são sempre excessivos (mesmo na sua indigência), que comportam uma repetição inesgotável, que estão sempre por vir.

Eis o Pai, que

morria várias vezes, mas nunca completamente, sempre com algumas objeções que implicavam a revisão desse fato. O que tinha as suas vantagens. Dividindo a sua morte em prestações, meu pai familiarizava-se com o fato de seu sumiço. Ficamos indiferentes aos seus retornos, cada vez mais reduzidos e lamentáveis. A fisionomia do já ausente espalhou-se pelo quarto em que vivia, ramificou-se, atando, em certos pontos, extraordinários nós de semelhança e de incrível nitidez[3].

Pouco antes, o narrador vê o pai ainda vivo e guloso no restaurante, embora ele continue doentio no quarto. Será que há dois pais diferentes?

Nada disso. Culpada é a decomposição acelerada do tempo, desprovido duma vigilância constante.

Todos sabemos bem que este elemento desordenado mantém-se mais ou menos numa certa disciplina somente graças a um incessante cultivo, a um cuidado meticuloso, a um controle apurado e a uma correção de seus excessos. Privado dessa assistência ele fica imediatamente propenso a transgressões, a uma aberração selvagem, a travessuras irresponsáveis, a uma palhaçada amorfa[4].

Ora, são essas travessuras, palhaçadas, aberrações, transgressões do tempo que assediam a obra de Deleuze de ponta a ponta, como se ele se desse ao luxo de examinar o que acontece ao tempo quando se lhe afrouxa a "vigilância", o "controle", a "correção de

2 Bruno Schulz, *Sanatório*, trad. H. Siewierski, Rio de Janeiro, Imago, 1994, p. 32.
3 *Idem*, p. 222.
4 *Idem*, p. 172. Essa ideia lembra a crítica de Gaston Bachelard a Bergson, em *Dialectique de la Durée*, de que a continuidade do fluxo interno temporal não pode ser dada, deve ser construída.

seus excessos", como o diz Schulz. No seio do tempo contínuo dos presentes encadeados (Cronos), insinua-se constantemente o tempo amorfo do acontecimento (Aion), com seus paradoxos, sua lógica insólita, jamais sacrificada em proveito de alguma coerência superior. E que Deleuze vai explorar, seja a partir dos estoicos, seja usando Leibniz, Borges, Bousquet ou Blanchot.

3.1.1. Querer o Acontecimento

A primeira sistematização, via estoicos, concebe o acontecimento a partir de sua dualidade constitutiva, entre seu plano próprio, incorpóreo, e os corpos dos quais emana e nos quais se efetua. Toda a questão gira em torno desta fórmula demasiado simples, redonda demais: "A moral estoica [...] consiste em querer o acontecimento como tal, isto é, em querer o que acontece enquanto acontece"[5]. O que pode ser entendido numa dupla acepção: querer o acontecimento puro, em sua verdade eterna, "independentemente de sua efetuação espaço-temporal, como ao mesmo tempo eternamente a vir e sempre já passado segundo a linha do Aion", ou querer precisamente a efetuação do acontecimento puro num estado de coisas, na própria carne[6]. Para além da opção entre o demasiado abstrato (querer o que apenas poderia ter sido, ou querer o extremo dos outros, "falar sempre do ferimento *de* Bousquet, do alcoolismo *de* Fitzgerlad e *de* Lowry, da loucura *de* Nietzsche e *de* Artaud, ficando à margem"[7]) ou o demasiado concreto (que aprisiona o acontecimento em sua efetuação, *ser* um drogadito, *ser* um louco, *ser* um marginal), Deleuze valorizará o movimento de transmutação, que ele designou de contraefetuação. Mesmo do interior do mais atroz sofrimento no corpo, construir a superfície em que seja possível reencontrar o incorporal através do qual apareça o "esplendor neutro" do que acontece. Não resignar-se ao que acontece, maneira ressentida de relacionar-se com o que sucede, mas querer-lhe a "verdade eterna". Querer não o que acontece, mas algo *no* que acontece, para tornar-se digno do que nos acontece. No entanto, esse algo não é da ordem de um presente, nem da ordem de uma eternidade, a não ser nesse sentido ao qual Deleuze arrasta este último termo, próximo do Instante: o passado-futuro ilimitado, superfície temporal que colhe os "espórios", os "despojos" em que fragmentou-se o "eu" que os sofre e vive no nível do acidente. O Acontecimento é pois impessoal, pré-individual, nem geral nem particular. O que Deleuze exprime dizendo que a vida é muito grande

5 *LS*, p. 168 [146].
6 *LS*, p. 172 [149].
7 *LS*, p. 184 [160].

para mim, "jogando por toda parte suas singularidades, sem relação comigo, e sem um momento determinável como presente, salvo com o instante impessoal que se desdobra em ainda-futuro e já-passado"[8], instante da contraefetuação, do dançarino, do mímico. É impossível apreender a verdade eterna do acontecimento sem que o acontecimento "se inscreva também na carne", mas apenas transmutando-o pela contraefetuação pode ele liberar o acontecimento puro de seu confinamento na efetuação, duplicando o que acontece. Transmutação nietzschiana em que o pesado torna-se leve[9].

3.1.2. Afirmar os Mundos Incompossíveis

Os acontecimentos, mesmo contraditórios, mesmo incompatíveis, mesmo incompossíveis, *coexistem* no seu plano próprio. Tomemos o sonho de Teodoro já referido no Prólogo. Uma imensa pirâmide com uma infinidade de apartamentos, cada um deles é um mundo. Em cada qual um Sextus está em vias de representar uma sequência de sua vida. Um Sextus vai a Corinto e torna-se rico e amado, outro vai a Trácia e torna-se rei, um volta a Roma e viola Lucrécia. Todos esses Sextus são possíveis, embora façam parte de mundos incompossíveis[10]. Se os estoicos tiveram o mérito de retirar o acontecimento do campo da causalidade física ou da contradição lógica, liberando-o de seu estado de coisas atual, como se viu em parte no item anterior, Leibniz é considerado por Deleuze o grande pensador do acontecimento, por ter sido "o primeiro teórico das incompatibilidades alógicas"[11], permitindo que os acontecimentos se conectassem entre si segundo uma lógica inédita. Ao inventar a noção de compossibilidade e incompossibilidade, sem reduzi-las a idêntico e contraditório, pôde conceber o que antes era inconcebível: por exemplo, um Adão não-pecador. Ele não é contraditório em si, não é impossível, é apenas impossível nessa série de que é composto nosso mundo, ele é incompossível com este mundo e sua série. Compossibilidade significa a convergência das séries que formam as singularidades dos acontecimentos.

Porém Deleuze rejeita em Leibniz ter ele utilizado a ideia de séries divergentes para excluir determinados eventos. No plano dos acontecimentos puros, diz Deleuze, e é o que nos vai interessar, a divergência das séries não é um critério de exclusão já que ela mesmo é afirmada, a disjunção torna-se um objeto de afirmação. É isto a síntese disjuntiva: o *ou então* não serve mais para limitar ou negar. É um uso diabólico dessa

8 *LS*, p. 177 [154].
9 Em *QF*, a contraefetuação libera o conceito: "erigir o acontecimento, depurá-lo, extraí-lo no conceito vivo" (p. 151 [206]).
10 *P*, p. 83 [97].
11 *P*, p. 159 [177].

operação que, originalmente, deveria servir para selecionar: "ao invés da disjunção significar que um certo número de predicados são excluídos de uma coisa em virtude da identidade do conceito correspondente, ela significa que cada coisa se abre ao infinito dos predicados pelos quais passa, com a condição de perder sua identidade como conceito e como eu". Há em Deleuze dezenas de exemplos: a doença e a saúde em Nietzsche, que não se excluem, mas são afirmadas na sua diferença, e cada uma como uma perspectiva sobre a outra ("fazer da doença uma exploração da saúde, da saúde uma investigação da doença", ou seja, explorar essa distância[12]); o conto de Borges: "Fang detém um segredo, um desconhecido bate à sua porta... Há vários desfechos possíveis: Fang pode matar o intruso, o intruso pode matar Fang, ambos podem escapar, ambos podem morrer etc. Todos os desfechos se produzem, cada um é o ponto de partida de outras bifurcações"; a potencialidade de hesitação do corpo na obra de Klossowski, em que os dilemas de diferenciação são assumidos, seu desdobramento dando-se em cascata etc. A síntese disjuntiva equivale à afirmação da diferença, do disjunto, da distância que refere um ao outro, "distância topológica", e também à assunção da referida "hesitação", desta "suspensão" das soluções. Com humor, Deleuze chamou a isso de perversão ("esta pata que não é nem direita nem esquerda")[13].

Borges teria invocado no seu conto um filósofo chinês, ao invés de Leibniz, justamente porque para o mais filósofo dos ficcionistas, e conforme seu conto sobre Fang, Deus não seleciona o melhor mundo compossível, em exclusão dos demais, porém faz passar à existência todos os mundos incompossíveis *ao mesmo tempo*. É como afirmar a pirâmide inteira, e não apenas seu topo, afirmar todos os Sextus Tarquinius, todos os Destinos possíveis, todos os possíveis. Deleuze chega a dizer que a aventura do pensamento, depois de sua crise "psicótica" (a crise e o desmoronamento da Razão teológica no Barroco), passaria por este desafio: introduzir "os incompossíveis no mesmo mundo estilhaçado"[14]. Assim, ao contrário de Leibniz, para quem as bifurcações e as divergências de séries constituem fronteiras entre mundos incompossíveis, para Deleuze as bifurcações, as divergências, as incompossibilidades e os desacordos pertencem "ao mesmo mundo variegado"[15], Caosmos.

Deus deixa de ser um Ser que compara os mundos e escolhe o compossível mais rico (o melhor), para tornar-se Processo que afirma *ao mesmo tempo* as incompossibilidades, sem abolir-lhes a distância ou a diferença numa infinitização que subsumiria os contraditórios numa

12 *P*, p. 202 [179].
13 *LS*, pp. 325 e ss. [289 e ss.].
14 *P*, p. 90 [105].
15 *P*, p. 111 [125].

identidade ampliada. Disparam-se as séries divergentes no mesmo mundo: Sextus viola *e* não viola Lucrécia, César transpõe *e* não transpõe o Rubicão, Fang é morto *e* não mata nem é morto... Dissemos *ao mesmo tempo*, e não há como fugir à evidência de que se está diante de uma "trama de tempo abraçando todas as possibilidades"[16]. O Acontecimento puro é a "polifonia das polifonias" daí resultante. É claro que isso desafia o bom senso, o bom sentido, o sentido adequado da flecha do tempo tal como o evocamos, a própria ideia de flecha e de direção do tempo que rege a lógica dos individuados[17]. Em contrapartida, o que preside essa variação é uma certa ideia seletiva do eterno retorno que ainda não estamos em condições de abordar. Digamos, provisoriamente, que estamos diante de uma multiplicidade que lembra, antes de tudo, um plano de coexistência virtual em que convivem todos os acontecimentos num único Acontecimento (nem eternidade, nem presente de exclusão) abrindo-o a uma variação inaudita. Deleuze retorce a ideia de Leibniz e diz: "O melhor dos mundos é não aquele que reproduz o eterno mas aquele em que se produz o novo, aquele que tem uma capacidade de novidade, de criatividade"[18].

Ainda é em Bruno Schulz que encontramos um exemplo poético dessa conexão entre por um lado uma multiplicidade coexistente e o frescor do nascimento[19]. O crespúsculo primaveril é esse estado em que se tem acesso a um "elemento obscuro e imenso", espécie de Subsolo em que se acumula uma grande quantidade de passado, "multidão de histórias infinitas", ancestrais, e todos seus estratos, "corredores, câmaras, tesourarias". É o "forro das coisas", "formigueiro e polpa", onde se misturam "povos e gerações, bíblias e ilíadas multiplicadas mil vezes". Grande reservatório das "histórias incorpóreas e sussurrantes", que pedem para ser salvas. "Pois o que é a primavera senão uma ressurreição das histórias?" Todo um mundo de histórias não nascidas, "essas conversas, esses monólogos inesgotáveis no meio das improvisações que irrompem de súbito! Antes da mais antiga história ouvida havia outras, nunca ouvidas, havia predecessores anônimos, romances sem título, epopeias enormes, pálidas e monótonas, bilinas amorfas, carcaças disformes, gigantes sem rosto ocupando o horizonte, textos obscuros escritos para os dramas vespertinos das nuvens, e, mais adiante, livros-lendas, livros nunca escritos, livros-eternopretendentes..."[20]

16 *P*, p. 83 [97].

17 "O incompatível não nasce senão com os indivíduos, as pessoas e os mundos em que os acontecimentos se efetuam, mas não entre os próprios acontecimentos ou suas singularidades acósmicas, *impessoais e pré-individuais*" (*LS*, p. 208 [183]).

18 *P*, p. 107-8 [122].

19 Schulz, *op. cit.*, pp. 52-53.

20 *Idem*, p. 71. Haveria aqui muitos cruzamentos possíveis, com Walter Benjamin para a ressurreição das histórias, por exemplo, ou com Maurice Blanchot para a

A Primavera como Acontecimento "supranumerário" ("imaterial, incorporal, invivível: a pura *reserva*"[21]), carga que não tem lugar no tempo, sempre excessiva em relação aos presentes, aos fatos, sem que jamais eles o esgotem. Início virginal e absoluto, e ao mesmo tempo a retomada do mais ancestral e subterrâneo murmúrio, sempre subsistente, onde são abolidas as determinações cronológicas, onde não cabe ao tempo distribuir predicados contraditórios em instantes diferentes para garantir a coerência ou a identidade dos seres, nem é preciso distribuir as séries divergentes em mundos diferentes para garantir a compossibilidade de um mundo, já que os incompossíveis são afirmados na sua distância e no mesmo mundo.

Um outro Tempo, este do Crepúsculo Primaveril, da Morte e da não-Morte do Pai, da Vida e da Morte de Fang, dos Corpos de Klossowsky, do Palácio dos Destinos – Tempo da Variação infinita de um mundo fibroso e bifurcante: Tempo do Acontecimento.

3.1.3. A Reserva e o Fato: Blanchot

Já estamos em condições de observar a que ponto o Acontecimento é solidário de uma Reserva que duplica cada Fato, "parte secreta" que se distingue de sua realização ou atualização, "pura inflexão como idealidade, singularidade neutra, um incorpóreo tanto quanto um impassível"[22]. Não é casual que nesse contexto Deleuze cite sobretudo Blanchot, e sua insistência em ressaltar a "parte do acontecimento que o acabamento deste" não pode atualizar, virtualidade pura que não para de sobrevir "nem deixa de nos esperar", "parte muda, essa parte de inquietante sombreado do acontecimento" à qual nosso corpo e nossa alma tentam se igualar. É na obra de Blanchot, com efeito, que encontramos disso a reflexão mais percuciente, já que roça o rumor infindável do acontecimento, e seu "vapor" que se eleva acima dos homens e das coisas e através do qual eles acedem à reserva que *no* acontecimento é *impossível*, isto é, não atualizada, e no entanto real. Há aí, como diria Blanchot, um pensamento do impossível, um pensamento do Fora. Mas para ficarmos rentes à terminologia que viemos usando: o impossível indica aqui o virtual não atualizado, cujo acesso é da ordem de um "*inapreensível* ao qual *não se renuncia*"[23].

Blanchot é muito preciso ao caracterizar temporalmente essa experiência (que é também uma não-experiência), que ele classifica

repetição e o rumor incessante, que evocaremos logo adiante.

21 *QF*, p. 148 [202]. Ou o título do escrito do monge Dôgen (século XIII), *A Reserva Visual dos Acontecimentos em Sua Justeza* (*P*, p. 141n [159n]).

22 *P*, p. 141 [159]; cf. também *QF*, p. 148 [202].

23 "*L'insaisissable* dont *on ne se dessaisit pas*", Blanchot, *L'entretien infini*, p. 65. Em *QF*, ao exemplificar o acontecimento, Deleuze privilegia algumas páginas de *L'espace littéraire* referentes ao morrer.

de não-empírica, muito embora não tenha por objeto nenhum Ser transcendente:

a. o tempo não se dá mais a partir de um futuro como aquilo que junta, mas é a "dispersão do presente que não passa": o incessante;
b. é um presente no qual todas as coisas presentes e o eu que está presente ficam em suspenso.

Em favor do quê? Daquilo que Blanchot chamou, ao comentar a busca de Kafka pela Terra Prometida e sua renúncia em favor de um deserto mais insistente: "o transbordamento (*ruisselement*) do fora eterno"[24]. O adendo de Rilke, num outro contexto, esclarece o que isso pode ter a ver com o tempo: "Parece-me quase injusto ainda nomear tempo o que era antes um estado de liberdade, de uma maneira muito sensível um espaço, o ambiente do Aberto, e não o ato de passar"[25]. Não seria exagero acrescentar que Blanchot nunca falou de outra coisa: dessa relação com o Fora que abole passado, presente, futuro, devolvendo-nos ao recomeço do incessante, ao seu movimento infinito, ao infindável, a um eterno retorno.

Deleuze deu do acontecimento uma caracterização temporal similar. Ao frisar de que modo na virtualidade pura, diferentemente do estado de coisas em que se atualiza, não é mais o tempo que está entre dois instantes, mas é o acontecimento que é um entretempo, ele diz:

> O entretempo, o acontecimento, é sempre um tempo morto, lá onde nada se passa, uma espera infinita que já passou infinitamente, espera e reserva. Este tempo morto não sucede ao que acontece, coexiste com o instante ou o tempo do acidente, mas como a imensidade do tempo vazio [...] Todos os entretempos se superpõem, enquanto que os tempos se sucedem[26].

É ali onde o tempo não "passa" que o acontecimento pode sempre "recomeçar", e numa outra direção. O tempo do Acontecimento é um tempo que "não passa".

3.1.4. A Morte e o Morrer

Já podemos enfrentar a pergunta mais delicada: por que Deleuze evoca com tanta frequência a morte, ao tratar do Acontecimento[27]? Não é isto ainda mais estranho quando consideramos que o Acontecimento se dá num tempo que "não passa", e a morte é por definição o "passamento"? Se a morte é o Acontecimento por excelência, justamente não

24 Blanchot, *L'espace littéraire*, Paris, Gallimard, 1955, p. 98.
25 Cit. por Blanchot, *idem*, p. 189. Daí nossa relutância, na citação anterior, em verter *ruisselement* por escoamento.
26 *QF*, p. 149 [203-4]
27 *LS*, p. 179 [156], 181-182 [159]; *DR*, pp. 148-149 [190]; *P*, p. 141[159].

é na qualidade de Fato. Ninguém melhor do que Blanchot escreveu sobre a diferença entre o Fato da Morte e o Acontecimento do Morrer, e a tentativa desesperada de rebater um no outro.

Seria preciso retomar seu comentário em torno da soberbia de Kirilov, por exemplo, no romance de Dostoievsky intitulado *Os Possessos*, quando esse personagem diz: "Vou matar-me para afirmar a minha insubordinação, a minha nova e terrível liberdade". Blanchot nota que essa intimidade voluntária com a morte representa algo ilegítimo através do que nos esquivamos da própria morte[28]. Pois, nessa onipotência, o *excesso de desejo* (desejo de morrer) encobre o *excesso da morte*. O suicídio, diz ele, é uma espécie de afirmação do presente, uma apoteose do instante. Matar-se é querer que o futuro seja sem segredo, para torná-lo claro e legível, torná-lo sem espessura, sem perigo. Ser senhor de seu fim e assim apropriar-se da morte estrangeira. De certo modo Rilke faz o mesmo, por outras vias, quando pede ao Senhor que dê a cada um sua "própria" morte. Há aí a nostalgia de uma morte pessoal, individualizada, numa época em que a banalidade da morte faz dela um produto anônimo, fabricado por atacado. Em seu livro *Os Cadernos de Malte Laurids Brigge,* Rilke lembra de um tempo antigo em que cada um levava consigo sua morte "como o fruto seu caroço. As crianças tinham uma pequena, os adultos uma grande. As mulheres carregavam-na no seio, os homens no peito. Cada um tinha sua morte e essa consciência dava-lhes dignidade, um silencioso orgulho". A morte como uma obra de arte pessoal.

Tanto em Kirilov quanto numa faceta de Rilke (porque há uma outra que veremos a seguir), o que Blanchot critica é uma espécie de impaciência com a morte e sua estrangeirice, um desejo de subordinar a morte a um tempo da vontade, que é o tempo dos fatos, tempo do trabalho, em que se decide, se corta, se nega, se consuma alguma coisa. Em contraste com essa impaciência voluntarista, a paciência pede um outro tempo, um tempo que não tem fim, onde não há limites nem formas, onde há que se sofrer o desordenado de uma desmedida. Sob o signo dessa paciência a morte torna-se não um objetivo, uma meta, mas o estranhamento do longínquo.

Nós, os mais perecíveis de todos os seres, diz Rilke (eis aí sua outra faceta), não estamos apenas entre os que passam, mas somos também os que consentem em passar, que dizem Sim ao desaparecimento e em quem o desaparecimento se faz fala e canto – contraefetuação, acrescentaria Deleuze. A morte, diz Rilke, é a "autêntica dizedora do

28 Dostoievsky vê nesse ateísmo militante (que alguns identificam um pouco rápido demais e equivocadamente com o de Nietzsche) um sonho de loucura, *in* M. Blanchot, *L'espace littéraire*, cap. "Rilke et l'exigence de la mort", que acompanho de perto para esse comentário.

Sim" (*der eigentliche Ja-sager*). Ou seja, em Rilke, apesar de uma certa idealização da experiência do morrer, em que ele procura tornar a morte invisível para nós, purificando-a de sua brutalidade, não deixa de aparecer a incomensurabilidade da morte, a morte como o inacessível, o desmedido, a indeterminação absoluta. A morte como abismo. Não como aquilo que funda o homem, mas como o que o afunda. Não como um horizonte que engloba e dá sentido, mas o colapso de todo e qualquer fundamento e sentido. Abismo do presente, tempo sem presente. O morrer não como um fato. Sempre se morre e não se acaba de morrer. É uma condição paradoxal que destitui cada qual do seu eu e do seu poder, sobre o mundo, sobre os outros, sobre o tempo.

Em suma, diz Blanchot, haveria como que duas mortes (ou duas concepções maiores da morte): uma em que ela faz sentido, o não--ser como poder de negar, mas a força do negativo funcionando como alavanca de uma totalização. A morte como uma verdade plena de sentido, a morte como extremo do poder, como minha possibilidade mais própria em que acabo dizendo Eu, mesmo ao morrer. A outra morte, que é mais um morrer que uma morte, mais um rumor do que um fato, é da ordem da incerteza, do excesso, da indecisão do que nunca chega, do que nunca cessa de acontecer ("Naquele tempo o meu pai já tinha morrido definitivamente. Morria várias vezes, mas nunca completamente...")[29], do que não se consuma, do que sempre vem cedo demais ou tarde demais, o que acontece a "ninguém" pois desapossa o alguém do seu próprio eu[30].

Ao contrário da Morte, o Morrer evoca o consentir na passagem, como diz Rilke, e remete à potência de estranhamento desse longínquo. É o que opera o tempo todo desapossando-nos de todo fundamento para a Vida (mas por que necessitaria a vida de fundamento, de justificativas extrínsecas a ela?). O Morrer remete às metamorfoses em que se morre constantemente, faz parte dos devires cotidianos através dos quais sempre morre-se em algo. "A experiência da morte é a coisa mais ordinária do inconsciente, justamente porque ela se faz na vida e para a vida, em toda passagem ou todo devir, em toda intensidade como passagem e devir". Ela de certo modo está por toda parte, é "*o que não para e não acaba de acontecer* em todo devir – no devir-outro sexo, no devir-deus, no devir-raça [...] Toda intensidade faz na sua própria vida a experiência da morte e a envolve"[31].

A morte assim concebida, como um indefinido, interminável, incessante, nada tem a ver com a entropia de um eu, ou com o retorno a um

29 B. Schulz, *Sanatório*, p. 222.

30 Sobre esses temas blanchotianos em Deleuze, *LS*, pp. 177-183 [154-9].

31 *AE*, p. 395 [419]. Nada há, aqui, que lembre o ser-para-a-morte.

inanimado, mas refere-se à emergência de um "estado das diferenças livres quando elas já não estão submetidas à forma que lhes davam um Eu, um eu"[32], dizendo respeito a um "múltiplo insubordinado" em que o próprio vivenciar é abolido. É o que Blanchot chamou de uma experiência-limite: não experiência vivida, na medida em que não deixa intacta a unidade daquele que a vive.

3.1.5. A Outra História

Mas não basta dizer esse excesso sem colocá-lo, de alguma maneira, em relação de contraste com o encadeamento dos fatos, com o "trem dos eventos". Blanchot remete-se a uma *outra* história, distinta da *Historie* ou da *Geschichte* (que implica a ideia de ajuntamento), onde nada advém de presente, nenhum evento ou advento a mede ou a escande, "estrangeira à sucessão sempre linear, mesmo quando esta está emaranhada, de modo ziguezagueante ou dialético". A *outra* história "é desdobramento de uma pluralidade que não é a do mundo ou do número: história excesso, história 'secreta', que supõe o fim da história visível, ao mesmo tempo em que se priva de toda ideia de começo e de fim: sempre em relação com um desconhecido [...]"[33]. Curiosa história, excessiva, secreta, não visível, sem origem nem destino, não sucessiva, nem mesmo ziguezagueante, sem relação alguma com o presente, ou com a presença.

Péguy, que Deleuze tanto aprecia, escreveu páginas memoráveis a respeito, sugerindo que a história tradicionalmente tem uma maneira de passar ao longo do acontecimento, como se passa ao longo de um cemitério, de seus muros, monumentos, ou como um general passa em revista suas tropas. "A história se ocupa do acontecimento mas ela nunca está dentro dele"[34]. Em contrapartida, haveria uma outra maneira, que consiste em remontar o curso do acontecimento, instalar-se nele, como num rio. Deixar de habitar um plano único e exclusivo para, envelhecendo e rejuvenescendo no acontecimento, ganhar nele uma infinidade de planos. Isto é, mergulhar no que "escapa à sua própria atualização em tudo o que acontece"[35]. No acontecimento busca-se a reserva não atualizada do que se atualiza, seu virtual que o duplica necessariamente, virtual do qual o acontecimento efetuado constitui uma atualização apenas parcial.

Não será a uma exigência de tal ordem, mesmo que formulada por ela de maneira ainda demasiado negativa e tradicional, que obedece a

32 *DR*, p. 149 [190-1].
33 M. Blanchot, *L'écriture du désastre*, Paris, Gallimard, 1980, p. 85.
34 Péguy, *Clio*, p. 231.
35 *QF*, p. 148 [202].

recomendação de Arlette Farge aos historiadores, para que "esqueçam o tempo"? Isto é, o tempo da História?

Eu sempre sonhei trabalhar sobre o século XVIII ignorando tudo de 1789; por trás dessa aposta pueril se perfila um desejo de uma história capaz de trabalhar sobre o tempo sem envolvê-lo com seu futuro. Há momentos na história em que nada está verdadeiramente determinado, nem as guerras, as epidemias, nem a morte dos reis, nem a escrita das obras-primas, nem mesmo *Le Baiser volé* de Fragonard. Há momentos em que as palavras do historiador devem acabar com a prova de que o que adveio estava anunciado há tempos. Há momentos em que o historiador, para colar o mais rente à novidade da história, deve inventar uma linguagem que se aferre a tudo o que se busca no correr dos dias, através dos ínfimos traços do desafio, dos reveses e dos êxitos. [...] É certamente paradoxal terminar um artigo sobre o tempo e a história com uma louca recomendação como esta: esquecer o tempo. Mas não é preciso assustar-se: este esquecimento não é denegação, ele é somente suspensão provisória tentando deixar lugar e liberdade ao que está em jogo indefinidamente ao nível de cada acontecimento e no cerne de cada indivíduo. Escrever a história é assumir que ela poderia ter sido escrita de maneira inteiramente outra[36].

3.2. A HISTÓRIA

Deleuze detecta em Nietzsche três pontos de vista sobre a cultura: o pré-histórico, o pós-histórico e o propriamente histórico. O pré-histórico refere-se à lei universal que impera no vasto período de adestramento do homem, lei que consiste em impor hábitos aos homens, fazê-los obedecer a leis, produzir neles uma memória do futuro (a faculdade de prometer). Nesse sentido, a cultura, à qual Nietzsche deu o nome de "eticidade dos costumes", confunde-se com uma atividade genérica e pré-histórica de adestramento, de acionamento de certo tipo de forças de conservação, de responsabilização, de dívida.

O pós-histórico, resultado da cultura, diz respeito ao indivíduo justamente liberado da eticidade dos costumes, o indivíduo autônomo e soberano, não o que obedece a leis, mas o que legisla, o irresponsável. "A eticidade dos costumes produz o homem liberto da moralidade dos costumes, o espírito das leis produz o homem liberto da lei", conclui Deleuze ao tratar da noção nietzschiana de autodestruição da justiça[37], da atividade genérica como meio de produção do indivíduo justamente não-genérico.

Haveria aqui como que uma evolução positiva, que parte de um meio em direção a um produto que descarta esse meio que o produziu. No entanto, entre a pré-história e a pós-história está a história, que equivale a uma degenerescência da cultura, da atividade genérica, do

36 Arlette Farge, "Le temps, l'évenement et l'historien", *L'inactuel*, n. 2, Paris, Calmann Lévy, 1994, p. 31.

37 *NF*, p. 158 [114].

autoadestramento. Formam-se conjuntos, "rebanhos", raças, povos, classes, Igrejas, Estados, sociedades que não querem perecer, que não se deixam derrubar em favor do pós-histórico. E ao invés do homem soberano, é o homem domesticado que se apresenta como o produto final e ideal do processo, "animal gregário, ser dócil, doentio, medíocre, o europeu de hoje"[38]. O adestramento e a seleção perdem seu sentido hierarquizante para se tornarem meios de conservação da vida empobrecida.

Assim, a história se confunde com a hegemonia de certo tipo de forças que, a partir de uma leitura específica de Nietzsche, Deleuze denomina reativas. Não se trata de um acidente na história, mas do princípio mesmo e em última do sentido da "história universal"[39]. Assim, o niilismo não constitui um acontecimento histórico, como Heidegger já o havia notado, mas o próprio elemento da história enquanto tal, o motor da história universal, o sentido da história. É a partir daí, dessa ideia da história como degenerescência da cultura, como predomínio das forças reativas, que Nietzsche teria descartado qualquer filosofia da história. Não podemos aprofundar aqui vários aspectos dessa interpretação que fomos obrigados a resumir de maneira sumária, e fatalmente superficial. Mas devemos ressaltar a importância, nesse conjunto, da tipologia das forças que a interpretação de Deleuze detecta em Nietzsche, marcando a diferença entre forças ativas e reativas, e a hegemonia respectiva em cada momento considerado.

3.2.1. Forças Ativas e Reativas

Sucintamente: uma força é considerada ativa na medida em que é plástica, dominadora e apropriadora, no sentido em que o artista "domina" e "se apropria" de sua matéria-prima – dando-lhe forma, criando sentidos, valores. Do mesmo modo que na energética é considerada nobre a energia capaz de se transformar, as forças nobres caracterizam-se pelo poder dionisíaco de transformação[40], abrindo novas direções. A força ativa como força de metamorfose. A força reativa, ao contrário, preenche as tarefas de conservação da vida, de adaptação, de utilidade, todas as funções de regulação, de reprodução. Nesse sentido pode-se dizer que a consciência é reativa, assim como o hábito, a memória, a nutrição etc.

Por um outro critério, é considerada ativa a força que vai ao limite do que ela pode, que afirma sua diferença e faz dessa diferença um objeto de gozo. É reativa a força que separa a força ativa daquilo que

38 Nietzsche, *Para Além do Bem e do Mal*, 62.
39 *NF*, p. 159 [115].
40 *NF*, p. 48 [35].

ela pode e que, ao separar-se ela mesma do que pode, nega-se a si mesma[41]. A força reativa é, por definição, reação, acomodação, adaptação: ela é, em suma, segunda, derivada.

Chegados a este ponto, e sem insistir nas demais diferenciações próprias à leitura deleuzeana que o preparam ou prolongam (tais como o aspecto quantitativo e qualitativo das forças, ou o caráter *afirmativo* e *negativo*, qualidades próprias da vontade de potência que constitui, ela, o elemento genealógico, isto é, diferencial e genético, da força), podemos já encaminhar nossa questão principal. Se a história equivale, *grosso modo*, à hegemonia das forças reativas, o verdadeiro problema acaba sendo o da descoberta das forças ativas[42]. Embora essas forças sejam dominantes e as reativas dominadas, isso constitui um princípio hierárquico e não um produto empírico, factual. O fato, aliás, é sempre dos fracos contra os fortes. Não só é um fato que os fracos triunfam, mas é a essência do fato, diz Deleuze[43]. Não se confundirá, pois, vitória (na história) e superioridade (hierárquica), já que é próprio da história que vençam o vil, o baixo, o fraco, o reativo. Fraco não designa o que perde empiricamente, factualmente, mas o escravo, aquele que está separado do que pode, o reativo. Daí também a recomendação provocativa: é preciso defender os fortes contra os fracos.

Não é o lugar de esmiuçar os demais componentes que em Deleuze presidem essa tipologia complexa. Ela nos importa apenas na medida em que coloca sob suspeita a história e o seu tempo a partir de um pensamento sobre os tipos de forças e seus devires, que é precisamente o que a história negligencia. Se o livro sobre Nietzsche desenha com vigor os traços maiores da cristalização histórica que configuraram o vencedor (por exemplo, o ressentimento, a má consciência, o ideal ascético etc.), também fornece pistas sobre as forças ativas, suas marcas e sua afirmação no tempo[44], desenvolvidas positivamente sobretudo em trabalhos ulteriores, notadamente em *Mil Platôs*. Antes de indicar algumas delas brevemente, cabe formular a questão prévia, que no entanto só faz sentido quando referida a esse conjunto exposto acima: se a história é o *tempo da negação*, da *negatividade*, da *reação*[45], qual seria o *tempo da afirmação*?

41 *NF*, p. 69 [50].

42 *NF*, pp. 46-47 [34].

43 *NF*, p. 69 [50].

44 "O devir-ativo só existe por uma e numa vontade que afirma" (*NF*, p. 195 [141]). Toda a pergunta sobre a transmutação de todos os valores passa a ser: "como substituir a negação pela afirmação?"

45 "O homem só habita o lado desolado da terra, só compreende seu devir-reativo que o atravessa e o constitui. Por isso a história é a do niilismo, negação e reação" (*NF*, p. 226 [164]).

3.3. O INTEMPESTIVO

A apologia do intempestivo responde em Deleuze a uma exigência formulada nos seguintes termos: sobrepujar a alternativa temporal--intemporal, histórico-eterno. Que se pense, antes de avaliar o alcance de uma tal ambição, na seguinte frase extraída de um ensaio já clássico de F. Alquié, e que sintetiza da maneira mais geral a postura da tradição filosófica que cabe pôr em questão: "O temporal não pode ser pensado senão em relação ao eterno, o eterno não é ele mesmo concebido senão por oposição à multiplicidade que lhe serve de matéria"[46].

Ora, a primeira determinação do Intempestivo é sua relação com o presente. Deleuze enfatiza a tarefa crítica da filosofia, contrapondo-a ao cortejo de traições de que ela é presa, e que tornam o filósofo um filósofo da religião, do Estado, "o colecionador dos valores em curso, o funcionário da história"[47]. A tarefa crítica é ao mesmo tempo *destruidora* e *criadora*, isto é, sua negatividade é a negatividade do positivo, a agressividade decorre de uma instância mais profunda, ativa e afirmativa[48]. Nada há a preservar. Nas páginas dedicadas à nova imagem do pensamento que se depreende da filosofia de Nietzsche, Deleuze insiste no fato de que enquanto a filosofia tiver por objeto o verdadeiro universal e abstrato, enquanto conceber-se como ciência pura, sem considerar as *forças* reais que fazem o pensamento, continuará guardiã da ordem estabelecida e dos valores em curso: jamais fará mal a ninguém.

Se Nietzsche renovou a imagem do pensamento, é porque lhe deu um novo objeto. Não mais o verdadeiro, porém o sentido e o valor. A partir daí, não se trata mais de estabelecer o verdadeiro e o falso, porém o nobre e o vil, o alto e o baixo, segundo a natureza das forças que se apropriam do pensamento[49]. Assim, a tolice não é um erro, pois mesmo o mais tolo pode estar repleto de verdades, mas "essas verdades são baixas, são as de uma alma baixa, pesada e de chumbo". Há toda uma topologia que deve preceder os conceitos e sua avaliação: perguntar--se a qual região pertence tal ou qual emissão de conceito, tal ou qual verdade, tal ou qual falsidade. A filosofia, assim, recebe a tarefa ética de denunciar a baixeza do pensamento.

Mas a baixeza é a baixeza de cada tempo, é a baixeza do presente. Não é em nome do eterno e de suas verdades, porém, que cabe contrapor-se ao próprio tempo: "no intempestivo há verdades mais duráveis do que as verdades históricas e eternas reunidas: as verdades do tempo por vir. Pensar ativamente é 'agir de maneira intempestiva,

46 F. Alquié, *Le désir d'éternité*, p. 95, PUF, 1990 (a primeira edição é de 1943).
47 *NF*, p. 122 [88]
48 *NF*, pp. 225-226 [163-4].
49 *NF*, pp. 119-120 [85-6].

portanto contra o tempo e por isso mesmo sobre o tempo, em favor (eu o espero) de um tempo que virá' "[50]. Numa versão que dá a distância desse intempestivo em relação a outra tradição filosófica, lemos:

> Cabe à filosofia não ser moderna a qualquer preço, muito menos intemporal, mas destacar da modernidade algo que Nietzsche designava como o *intempestivo*, que pertence à modernidade, mas também que deve ser voltada contra ela – "em favor, eu o espero, de um tempo por vir". Não é nos grandes bosques nem nas veredas que a filosofia se elabora, mas nas cidades e nas ruas, inclusive no que há de mais *factício* nelas[51].

Com o Intempestivo, Nietzsche deu à filosofia esse seu tempo próprio a partir do qual pode ela contrapor-se ao presente da cidade sem invocar o eterno.

Porém, de onde viria o Intempestivo, se não do presente mesmo que ele combate? A resposta é das mais enigmáticas, para não dizer nebulosa. Segundo Deleuze, o Intempestivo é fruto de uma *nuvem não--histórica*. É no seguinte trecho de Nietzsche que Deleuze se baseia:

> O que é não histórico assemelha-se a uma atmosfera ambiente, onde apenas pode engendrar-se a vida, para desaparecer de novo com o aniquilamento dessa atmosfera. [...] Onde há atos que o homem teria sido capaz de realizar sem ter-se envolvido antes nessa nuvem não histórica?[52]

3.3.1. Nuvem Virtual

São poucos os elementos fornecidos por Deleuze a respeito do que entende ele por nuvem não-histórica, embora essa referência volte em inúmeros textos, e em contextos os mais diversos. Tomemos um texto tardio na obra de Deleuze, em que se tematiza o "meio". Numa descrição da imagem-pulsão no cinema naturalista, por exemplo, Deleuze faz referência ao que ele chama de mundo originário, e que tem um caráter informe: "é puro fundo, ou melhor, um sem fundo feito de matérias não-formadas"[53]. O mundo originário duplica um meio real, histórico e geográfico, é imanente a ele, e não existe independente dele, mas "ruge no fundo de todos os meios", persiste sob eles e sob aquilo que se destaca desse mesmo fundo. É um princípio de mundo, mas também um fim de mundo, pântano ou depósito de lixo, mas também um meio de mundo, um *meio*...[54] Fundo, sem-fundo[55], indeterminado do qual

50 Nietzsche, *Considerações Extemporâneas*, III, 3-4, citado por Deleuze entre outros em *NF*, p. 122 [88], *DR*, p. 3 [18], *QF*, p. 107 [144]. Respeitaremos as pequenas nuances de tradução da fórmula.

51 *LS*, p. 306 [270].

52 Nietzsche, *Considerações Extemporâneas*, II, § 1.

53 *IM*, p. 174 [158].

54 *IM*, pp. 176-177 [160].

55 *DR*, p. 312 [387].

o indivíduo se destaca sem que necessariamente ele se destaque do indivíduo[56]. O meio, aqui, remete a uma reserva imaterial que duplica o mundo empírico, ou lhe é imanente, ou coextensiva, ou ainda, mais precisamente, virtual. Tangenciamos, através dessas noções, a ideia de uma nuvem não-histórica. Num de seus últimos textos, Deleuze refere-se à "névoa de imagens virtuais" que cercam cada imagem atual, e chega a citar a expressão "nuvem do virtual"[57].

Ora, não caberia justamente ao Intempestivo reconectar com essa reserva, esse meio, essa multiplicidade virtual, nuvem não-histórica, nuvem virtual, isto é, não atualizada, não empírica? Já que não podemos nos furtar a aproximações bruscas e acoplamentos inusitados (Bergson, Nietzsche, o naturalismo etc.), acrescentaremos um exemplo a mais, em que esse conjunto apenas ganha uma designação distinta. Em *O Anti-Édipo* o Intempestivo recebe o nome curioso de *esquiza*,

> cuja única causa é o desejo, quer dizer, a ruptura de causalidade que força a reescrever a história imediatamente real e produz esse movimento estranhamente polívoco em que tudo é possível [...] Resta que a esquiza não veio a existir senão por um desejo sem meta e sem causa que a traçava e a esposava. Impossível sem a ordem das causas, ela só se torna real por alguma coisa de outra ordem: Desejo, o desejo-deserto, o investimento de desejo revolucionário[58].

Insistamos nessa relação necessária que a irrupção intempestiva no Instante guarda com um plano aqui chamado de desejo, ali de meio, acolá de nuvem não-histórica, ou ainda de virtual – sempre uma *reserva*.

3.3.2. O Devir

Por fim o Intempestivo deve ser pensado à luz de sua relação com o devir. "O Intempestivo, um outro nome para a hecceidade, o devir, a inocência do devir", escreve Deleuze[59]. É verdade que nem sempre o termo devir teve em Deleuze o prestígio que se conhece. *Le bergsonisme*, por exemplo, apresentava uma recusa enfática desse termo. Considerado então apenas uma combinação de conceitos contrários (o Um e o Múltiplo) tomados no grau extremo de sua generalidade, Deleuze, na esteira de Bergson, lhe contrapunha a ideia de Duração (!): apenas ela comportaria uma multiplicidade qualitativa[60]. Já no seu estudo sobre Nietzsche, dissociado de seu sentido dialético, o devir pôde ser reapresentado precisamente como multiplicidade, diferença,

56 *DR*, pp. 197-198 [249-250].
57 "O Atual e o Virtual", p. 49.
58 *AE*, p. 454 [480].
59 *MP*, p. 363 [IV, 95].
60 *B*, pp. 39-40.

e sobretudo como objeto da afirmação do ser. Não cabe antecipar o detalhamento desse aspecto mais especulativo, que reservamos para o próximo bloco. Que nos baste aqui salientar o uso mais "pragmático" dessa noção, sobretudo tal como aparece nos livros que lhe deram um estatuto autônomo, notadamente *Mil Platôs* em seu capítulo sobre os devires. O devir é aí pensado como um *entre dois*: entre dois significa entre dois termos, entre dois pontos (por exemplo a abelha e a orquídea, o homem e o lobo, Albertina e a planta, eu e minha infância). O devir não é a operação pela qual um termo se transforma num outro, por imitação ou analogia. Conforme o princípio emprestado a Hume, toda relação é concebida como exterior aos seus termos[61]. Assim, entre um termo e outro cria-se uma zona de indiscernibilidade, de vizinhança, um *no man's land* para onde são arrastados *os dois termos*; ou melhor, para onde são emitidas as partículas que por sua vez entram numa relação determinada de movimento e de repouso.

Nesse sentido o devir pode ser concebido como uma linha, mas que "não se define nem por pontos que ela liga nem por pontos que a compõem: ao contrário, ela passa *entre os pontos*, ela só cresce pelo meio, e corre numa direção perpendicular aos pontos que distinguimos primeiro"[62]. Essa linha não pertence a um sistema pontual, e ao invés de subordinar-se ao ponto ou a uma ancoragem horizontal e vertical, libera a diagonal, a transversal. É o que tenta fazer todo artista ou filósofo, por mais que elabore um sistema pontual como uma espécie de trampolim necessário para dele escapar. De nosso ponto de vista essa referência aos pontos e às linhas ganha uma importância inesperada, na medida em que o sistema pontual, com suas coordenadas e ligações localizáveis, serve de paradigma à Memória, e por extensão à História. Veja-se o diagrama de Husserl, sobre a formação da lembrança, e o modo pelo qual mesmo a diagonal está submetida aos pontos[63]. Um sistema pontual não só alimenta a Memória, mas também um tipo de História: história-memória.

3.3.3. Um Pouco de Devir em Estado Puro

Em contrapartida, num sistema linear pululam os agenciamentos multilineares e diagonais, "que não são absolutamente o eterno, mas sim devir, um pouco de devir em estado puro, trans-histórico"[64]. O devir é uma antimemória, uma anti-história. Ele não desliza segundo os pontos de origem, coordenadas ou medidas, mas cria suas próprias

61 *ES*, p. 110.
62 *MP*, p. 358, e nota [IV, 91].
63 *MP*, p. 362n [IV, 94n].
64 *MP*, p. 363 [IV, 95].

coordenadas, sua transversal, sua errância, seus "blocos de esquecimento", sua flutuação ou embriaguez, suas derivas ou linhas de fuga. E qual é, afinal, o sujeito do devir? O próprio devir, não os termos supostamente estáveis a partir dos quais ele se dá ou que dele resultam. "O devir não produz outra coisa senão ele próprio", não tem um sujeito fora de si mesmo, é um verbo com plena consistência[65]. Ou o verbo no infinitivo: por exemplo, verdejar, indicando um acontecimento em cuja vizinhança a árvore se constitui[66]. Devir não é progredir nem regredir segundo uma série, não implica o antes e o depois, não tem termo, não é uma evolução, nada tem a ver com descendência ou filiação, mas antes com aliança, contágio, propagação, povoamento: "Opomos a epidemia à filiação, o contágio à hereditariedade, o povoamento por contágio à reprodução sexuada, à produção sexual"[67]. E a frase provocativa: o Universo não funciona por filiação. Mesmo o homem, tomado em vampirismos, em núpcias contra natureza, em bandos, em meio às epidemias, campos de batalha e catástrofes, faz aparecer devires não-humanos, os homens-lobo, lobisomens, os vampiros, metamorfoses. É que cada multiplicidade "é simbiótica, e reúne em seu devir animais, vegetais, microorganismos, partículas loucas, toda uma galáxia"[68]. Nesses devires não se trata de indivíduos novos, mas de velocidades, relações de movimento e repouso novas, e afectos correlatos, graus de potência correspondentes, o que Deleuze chamou de *hecceidades*[69].

E o que era uma questão de formas (os termos a partir dos quais dá-se um devir) torna-se de súbito questão de velocidade (relação). "Devir é, a partir das formas que se tem, do sujeito que se é, dos órgãos que se possui ou das funções que se preenche, extrair partículas, entre as quais se instauram relações de movimento e de repouso, de velocidade e de lentidão, as mais próximas do que se está em vias de devir, e pelas quais se devém"[70]. O que implica uma *involução*: a dissolução das formas, a emissão de partículas, e a consequente liberação de velocidades e lentidões diferenciais, subperceptivas, moleculares. As mudanças de velocidade não se submetem, assim, a um desenvolvimento ou evolução orientadas, segundo um princípio transcendente. Na imanência que Deleuze reivindica, mesmo a imobilidade (molar) pode dar a ver essas velocidades (moleculares), ou sua variedade e variação. Para ficar num exemplo estético retomado nos livros em

65 *MP*, pp. 291-292 [IV, 18].
66 *LS*, pp. 135-136 [115].
67 *MP*, p. 295 [IV, 22].
68 *MP*, p. 306 [IV, 34].
69 "Os afectos são devires" (*MP*, p. 314 [IV, 42]). Para todos esses aspectos que não podemos desenvolver aqui, cf. cap. "Devir-intenso, Devir-animal, Devir-imperceptível".
70 *MP*, p. 334 [IV, 64].

torno do cinema, Deleuze menciona os planos fixos em que a imobilidade revela as velocidades diferenciais aparecendo em si mesmas, por si mesmas. Godard, por exemplo, em que as formas se dissolvem para deixarem aparecer as variações minúsculas de velocidade entre os movimentos compostos[71]. Ou a dança de Fred Astaire ou dos negros, que "escutam e executam todas as notas, todos os tempos, todos os tons, todas as alturas, todas as intensidades, todos os intervalos"[72]. O plano fixo pode ser, pois, visual (como no caso da imagem-tempo no cinema), sonoro (Boulez, Cage), escritural (Hölderlin, Kleist, Nietzsche) etc. Em todos eles, libera-se uma matéria não formada, impalpável, com movimentos variáveis, velocidades extremas, lentidões beirando a catatonia, desfalecimentos bruscos, afectos em deslocamento, sem relação com uma Forma ou um Sujeito, nem com um Caráter central em evolução direcionada. Trata-se antes de um plano de transmutação e de variação de velocidades.

Já podemos insistir no que se evidencia cada vez mais a partir das observações precedentes. O devir, e a constelação conceitual em que se vê implicada, requer e produz um tempo específico. Não se trata, porém, como poderia parecer à primeira vista, do instante contraposto à permanência, da curta duração em oposição à longa, do efêmero frente ao eterno. Tem-se de um lado um tempo que só conhece velocidades e afectos (Aion), de outro um tempo que só conhece formas, substâncias e sujeitos[73] (Cronos). Ou: um tempo das multiplicidades e um tempo dos indivíduos (ainda que estes não sejam pensáveis senão em meio à multiplicidade na qual se engendram e que carregam consigo).

3.3.4. O Tempo do Meio

É um tempo sem antes nem depois, flutuante, não pulsado, Aion. E se há algum relógio cabível para uma tal multiplicidade, é um "relógio que daria toda uma variedade de velocidades"[74], que as afirmasse todas. Mesmo Proust é valorizado nesse sentido: mais do que reencontrar o tempo ou recobrar a memória, busca apreender as múltiplas velocidades coexistentes. Como "tornar-se senhor da velocidade, como suportá-la nervosamente como uma nevralgia, perceptivamente como um raio?"[75]

As velocidades sempre estão *no meio*, nem mesmo vão de um ponto a outro, de um passado a um futuro. As pessoas sonham em começar ou recomeçar do zero, e também temem onde vão chegar, ou cair. "Para onde você vai? De onde você vem? Aonde quer chegar? São questões

71 *MP*, pp. 326-327.[IV, 56].
72 *D*, p. 42.
73 *MP*, p. 320 [IV, 48].
74 *MP*, p. 332 [IV, 61].
75 *MP*, p. 333 [IV, 62].

inúteis. Fazer tábula rasa, partir ou repartir do zero, buscar um começo, ou um fundamento, implicam uma falsa concepção da viagem e do movimento (metódico, pedagógico, iniciático, simbólico...)"[76]. Sempre se busca a origem ou o desfecho de uma vida, num vício cartográfico, mas desdenha-se o meio, que é onde se atinge a maior velocidade. Esse meio é justamente onde os mais diferentes tempos comunicam e se cruzam, num turbilhão.

> É no meio que há o devir, o movimento, a velocidade, o turbilhão. O meio não é uma média, mas ao contrário um excesso. É pelo meio que as coisas crescem. Era a ideia de Virgínia Woolf. Ora, o meio não quer dizer em absoluto estar no seu tempo, ser do seu tempo, ser histórico, ao contrário. É aquilo pelo que os tempos os mais diferentes comunicam. Não é nem o histórico nem o eterno, mas o intempestivo[77].

3.3.5. O Tempo Livre

Os devires só são pensáveis em meio a uma multiplicidade, e o seu tempo é função dessa multiplicidade. Não podemos deixar de realçar esse fio condutor, de certo modo presente em germe desde o primeiro grande texto de Deleuze em que o tema aparece de forma explícita. O tempo como multiplicidade (era a formulação de *Le bergsonisme*: "o Ser, ou o Tempo, é uma multiplicidade") ou o tempo como imanente à multiplicidade.

Se *Mil Platôs* é o livro que melhor explora e desdobra essa tese, certamente isto se deve ao ponto de partida confesso que é o seu: "uma teoria das multiplicidades por elas mesmas, no ponto em que o múltiplo passa ao estado de substantivo"[78].Ao enumerar os componentes principais de sua teorização da multiplicidade em *Mil Platôs*, Deleuze menciona entre outros as singularidades, os devires, o rizoma e os "seus espaços-tempos, que são espaços e tempos *livres*"[79].

Ora, eis o que tentamos mostrar brevemente nestas páginas: o Intempestivo, tal como entendido e construído por Deleuze, só parcialmente significa quebra de linha temporal, irrupção instantânea, poder do súbito... Mais profundamente (seria preciso dizer: mais superficialmente), quando conectado à "nuvem não-histórica", às passagens *entre* as singularidades, aos devires que roça, às velocidades que libera, aos acontecimentos que suscita, ao Aion que percorre, o Intempestivo ganha uma positividade que já não pode ser considerada exclusivamente como um avesso da história e do seu tempo, ou sua mera suspensão. O Intempestivo passa a ser experimentação positiva,

76 *MP*, p. 36 [I, 37].
77 *SU*, pp. 95-96.
78 *MP*, p. 8. [I, 8].
79 *MP* [I, 8].

segundo uma temporalidade própria: tempo rizomático, tempo do devir, tempo flutuante, tempo não-pulsado, tempo indefinido do acontecimento puro: tempo livre.

3.3.6. História e Devir

Deleuze por diversas vezes explicou-se a respeito de uma diferença essencial a seus olhos entre os devires e a história.

> Não é uma oposição entre eterno e o histórico [...] O que a história capta do acontecimento é sua efetuação em estados de coisa, mas o acontecimento em seu devir escapa à história. A história não é a experimentação, ela é apenas o conjunto das condições quase negativas que possibilitam a experimentação de algo que escapa à história. Sem a história, a experimentação permaneceria indeterminada, incondicionada, mas a experimentação não é histórica [...] O devir não é história; a história designa somente o conjunto das condições, por mais recentes que sejam, das quais desvia-se a fim de "devir", isto é, para criar algo novo. É exatamente o que Nietzsche chama de o Intempestivo[80].

Essa ideia pouco óbvia retorna quando da entrevista dada por Deleuze ao filósofo e militante italiano Toni Negri, justamente em torno da diferença entre história e devir. "Qual política pode prolongar na história o esplendor do acontecimento e da subjetividade?", pergunta Negri. Deleuze responde:

> os acontecimentos não se explicam pelos estados de coisa que os suscitam ou nos quais eles tornam a cair [...] Acreditar no mundo é o que mais nos falta; nós perdemos completamente o mundo, nos desapossaram dele. Acreditar no mundo significa principalmente suscitar acontecimentos, mesmo pequenos, que escapem ao controle, ou engendrar novos espaços-tempos, mesmo de superfície ou volume reduzidos[81].

Não seria descabido ler parte importante da obra de Deleuze (sobretudo com Guattari) como essa arte fina de *detectar* e *engendrar* "novos espaços-tempo", desde um tríptico de Bacon (imenso espaço--tempo que reúne todas as coisas mas introduz entre elas as distâncias de um Saara, os séculos de um Aion[82]) até o jogo chinês *go*, passando pelos espaços-tempo do desejo, quando, através das drogas, ele investe a percepção[83]. Contudo, engendrar ou detectar novos espaços-tempos implica desatrelar-se do espaço-tempo hegemônico, e uma outra escrita da história. Deleuze e Guattari propuseram, para uma tal disciplina, o termo de Nomadologia. "Escreve-se a história, mas ela sempre foi escrita do ponto de vista dos sedentários, e em nome de um aparelho

80 *C*, p. 231 [210].
81 *C*, p. 238 [218].
82 *FB*, p. 56.
83 "Deux questions", *Recherches*, n. 39, Paris, 1979.

unitário de Estado, pelo menos possível, inclusive quando se falava dos nômades. O que falta é uma Nomadologia, o contrário de uma história"[84]. Uma tal disciplina obedeceria aos princípios do rizoma, dos quais destacamos apenas os aspectos pertinentes ao nosso tema: um rizoma não começa nem termina, ele está sempre no meio; qualquer ponto pode ser conectado com qualquer outro, e deve sê-lo, sem respeitar regras de filiação[85]; qualquer linha pode ser interrompida em qualquer ponto, enganchando-se numa outra, numa *evolução aparalela* (comunicação transversal que embaralha as filiações[86]); não se trata de decalcar, mas de construir: fazer cartografia, não o mapa[87]. *Mil Platôs* é a experimentação ao vivo desse programa.

3.3.7. Nomadologia e Antigenealogia

Ora, não é por acaso que, logo depois de expor os princípios de um rizoma, Deleuze se veja impelido a tratar da memória, e reivindicar uma "memória curta" como a mais apropriada a ele. "A memória curta compreende o esquecimento como processo." Não significa que ela apreende apenas o contíguo ou o imediato ao seu objeto, ela pode dar-se à distância e vir muito tempo depois, mas ela se dá em condições de "descontinuidade, ruptura e de multiplicidade". A memória curta e a longa não apreendem o mesmo objeto segundo modos temporais distintos, mas apreendem objetos distintos[88]. Nesse sentido, se a memória curta "esquece" os encadeamentos atuais, é porque mergulha na virtualidade pura, recobrando uma memória ontológica, Memória-mundo, onde todas as conexões rizomáticas ganham uma nova juventude (o imemorial pode vir à tona, sem que isso signifique uma memória longa).

A memória curta aparece assim como uma antimemória, uma antigenealogia, um nomadismo. "Jamais a história compreendeu o nomadismo, jamais o livro compreendeu o fora."[89] A história, o livro, o Estado, são formas de interioridade construídos segundo o tempo de captura e reconciliação de um Todo e de um Sujeito. Em contrapartida, o espaço aberto dos nômades se oferece com suas metamorfoses numa exterioridade pura, e segundo um "tempo liberado". *Mil Platôs* não cessa de trabalhar o entrelaçamento dos dois planos "*num campo perpétuo de interação*"[90], ainda que a exigência permaneça a mesma

84 *MP*, p. 34 [I, 35].
85 *MP*, p. 13 [I, 11].
86 *MP*, pp. 17-18 [I, 18].
87 *MP*, p. 20 [I, 22].
88 *MP*, *loc. cit.*
89 *MP*, p. 36 [I, 36].
90 *MP*, pp. 446-447 [V, 24].

ao longo de todo o trajeto de Deleuze, "detectar devires contra a História, vidas contra a cultura, pensamentos contra a doutrina, graças ou desgraças contra o dogma"[9191].

NOTA SOBRE A TOPOLOGIA DO TEMPO

Os Tempos da História

Krysztof Pomian distinguiu três modalidades topológicas do tempo ao longo da história: o tempo estacionário, o tempo cíclico, o tempo linear[92]. E concluiu que essa tripartição se vê atualmente subvertida pelo historiador, em função das variáveis de que dispõe:

> Se os elementos da sucessão são constantes, o tempo é estacionário; se se observam neles recorrências, trata-se dum tempo cíclico; se a sucessão é crescente ou decrescente de um modo monótono, o tempo é linear e cumulativo, ou linear e subtractivo. Resumindo, a direcção do tempo já não é definida *a priori* por uma filosofia da história, aceita conscientemente ou implícita. A direção do tempo não se postula: constata-se. Daqui uma importante conclusão que pertence ao campo da epistemologia. Na prática dos historiadores, e também dos economistas, o tempo já não é concebido como um fluir uniforme em que os fenômenos estudados estariam mergulhados, como os corpos num rio cuja corrente os arrastaria cada vez mais longe. Por outras palavras, a topologia do tempo não é pré-estabelecida: não é dada de uma vez por todas: são os processos estudados que, com o seu desenvolvimento, impõem ao tempo esta ou aquela topologia. [...A história] tem um tempo, ou melhor, tem tempos que lhe são próprios, os intrínsecos aos processos estudados pelos historiadores e os economistas, e que são marcados, não por fenômenos astronômicos ou físicos, mas pelas singularidades destes mesmos processos: pelos pontos em que mudam de direcção, onde o crescimento, a queda, a imobilidade se sucedem. Foi, pois, o próprio conteúdo da noção do tempo da história que sofreu uma transformação no decurso dos últimos cinquenta anos[93].

91 *SU*, p. 97.

92 A cronosofia cristã, por exemplo, comportava respectivamente a *aeternitas*, o *tempus*, o *aevum*, o tempo estacionário de Deus, o tempo cíclico do mundo, o tempo linear da Igreja. A dos humanistas e reformadores privilegiava o retorno que o ciclo garante, mas sem abdicar do tempo linear e irreversível, marcado pelas intervenções divinas, e do tempo estacionário como o do poder da palavra de Deus. A seguir, surge o tempo linear e cumulativo, tempo humano, cuja direção agora é dada pela intervenção dos homens, e que no limite pode absorver o próprio ciclo numa espiral (Vico). O século XIX teria assistido à hegemonia do tempo linear, cumulativo e irreversível, tanto entre historiadores como entre economistas, ainda que em certos casos o ciclo pudesse reaparecer (Marx). O século XX complexifica essa tripartição, ao sintetizar o linear e o cíclico, através da ideia de regularidade, do interesse pelas repetições, oscilações, ciclos, pelas longas durações, pela história estrutural, lenta porém progressiva, "quase imóvel" (Braudel). K. Pomian, "Ciclo", *in Enciclopédia Einaudi*, vol. 29: *Tempo/Temporalidade*, Lisboa, Imprensa Nacional / Casa da Moeda, 1993, pp. 106 e ss.

93 *Idem*, p. 155. Numa linha semelhante, em que os processos estudados pelos historiadores determinam a topologia do tempo, poderíamos evocar a ideia de Pierre Lévy, relacionando a temporalidade com as tecnologias de comunicação vigentes

Como pretender que o filósofo não fosse tentado a inventar, por sua conta, uma outra topologia do tempo, num momento em que entre os próprios historiadores o "tempo da história" fragmentou-se numa "pluralidade de tempos intrínsecos aos processos particulares"?[94]

De todo modo, a contestação filosófica desse suposto "tempo da história" não é nova. Para ficarmos num único exemplo, lembremos a acuidade com que um estudioso de Walter Benjamin definiu o desafio que enfrenta o pensamento político contemporâneo a respeito do tempo e da história. Diz Giorgio Agamben:

> A toda concepção da história está associada uma certa experiência do tempo, que lhe é inerente, que a condiciona e que se trata, precisamente, de revelar. Do mesmo modo, toda cultura é primeiramente uma certa experiência do tempo, e não há cultura nova sem transformação dessa experiência. Por isso, o primeiro objetivo de uma verdadeira revolução jamais é de "mudar o mundo", pura e simplesmente, mas também, e sobretudo, de "mudar o tempo". O pensamento político moderno, que concentrou sua atenção na história, não elaborou uma concepção de tempo correspondente. Mesmo o materialismo histórico omitiu-se, até o presente momento, de elaborar uma concepção do tempo que fosse à altura de sua concepção da história. Esta omissão, sem que ele desconfiasse, obrigou-o a recorrer a uma concepção do tempo que domina a cultura desde há séculos; de modo que coexistem nele uma concepção revolucionária da história e uma experiência tradicional do tempo. A representação vulgar do tempo, a de um *continuum* pontual e homogêneo, acabou desbotando o conceito marxista de história[95].

O comentário é percuciente. E, contudo, seria preciso perguntar, mais radicalmente, se não é precisamente a exigência moderna de atrelar o tempo à história o que impede o pensamento político de elaborar uma concepção de tempo "revolucionária", para ficar nos termos do autor. Não é em última análise uma tal solidariedade (ao menos ideal) entre tempo e história que Deleuze estaria recusando?

A História, Marcador Temporal do Poder

Quando comenta o historicismo de Hegel e de Heidegger, e sua fixação à Grécia, Deleuze sugere que eles "tomam a história como uma forma de interioridade, na qual o conceito desenvolve ou desvela necessariamente seu destino. A necessidade repousa sobre a abstração do elemento histórico tornado *circular*. Compreende-se mal então a imprevisível criação dos conceitos"[96]. E Deleuze contrapõe aí, como

em cada época. Assim, o predomínio da oralidade implicaria uma temporalidade circular, o da escrita um tempo histórico, linear, hermenêutico, e o da imagem, ou da ideografia dinâmica na informática (que é o regime contemporâneo emergente), um tempo "simultâneo", "multilinear", rizomático. *L'espace du savoir, Élements de cartographie anthropologique*, inédito, ou *As Tecnologias da Inteligência*, São Paulo, Editora 34, cap. II.

94 K. Pomian, *idem*, p. 158.

95 G. Agamben, *Enfance et histoire*, Paris, Payot, 1989, p. 114.

96 *QF*, p. 91 [125]. O grifo é meu.

já o havia feito tantas vezes, embora com outros conceitos, a geografia à história, o modo como a geografia (física, humana, mental)

> arranca a história do culto da necessidade, para fazer valer a necessidade de contingência. Ela a arranca do culto das origens, para afirmar a potência de um "meio" [...] Ela a arranca das estruturas, para traçar as linhas de fuga que passam pelo mundo grego, através do Mediterrâneo. Enfim, ela arranca a história de si mesma, para descobrir os devires, que não são a história mesmo quando nela recaem [...][97].

Vemos conjugados aqui todos os elementos que deram corpo ao presente capítulo, desde a crítica à história até o privilégio dos devires.

Assim, sob a História, marcador e maquinador temporal do Poder[98], Deleuze detecta e constrói uma outra maquínica temporal, anti-historicista, coextensiva à multiplicidade substantiva e aos processos que nela operam, para poder dar voz àqueles que "a História não leva em conta" bem como aos devires que ela ignora[99].

97 *QF*, p. 92 [125].

98 *SU*, p. 103.

99 "Todos falam em nome do povo, em nome da linguagem majoritária, mas onde está o povo? 'É o povo que falta.' Na verdade, a fronteira passa entre a História e o anti-historicismo, quer dizer, concretamente, 'aqueles que a História não leva em conta' " (*SV*, p. 127). Seria preciso fazer um estudo comparativo com temas benjami-nianos (a história sincopada como reabertura que desentoca no passado o futuro prometido, porém sufocado pela história; o tempo intensivo etc.) apesar das diferenças de perspectiva importantes. Um artigo recente sugere uma confluência no tocante ao acontecimento e seu tempo: Gérard Bensussan, "Sur quelques motifs rosenzweigiens chez Walter Benjamin", *in Présence(s) de Walter Benjamin*, J. M. Lachaud (org.), Publications du Service Culturel de l'Université Michel de Montaigne, Bordeaux 3, 1994. Para uma visão da relação entre tempo e história em Benjamin, ver o belo livro de J. M. Gagnebin, *História e Narração em W. Benjamin*, São Paulo, Perspectiva, 1994.

Parte III. O Tempo da Diferença

Que ridículo! Pois outra alternativa não havia senão entre o tempo e a eternidade. O eterno retorno, filho bastardo de um e de outra, não passava duma vesânia. Para ele apenas havia uma salvação: reencontrar o caminho desses limbos intemporais [...]

M. TOURNIER[1]

1 M. Tournier, *Sexta-Feira ou Os Limbos do Pacífico*, trad. Fernanda Botelho, São Paulo, Difel, 1985, pp. 218-219.

Quando uma constelação conceitual já parecia acomodar-se, de pronto nos vemos forçados a recuar como caranguejos, para retomar o conjunto a partir de um lugar que já se anunciava como central, porém ao modo de um ponto cego, enigmático. É o caso, com o capítulo II de *Diferença e Repetição*, único texto em que a questão do tempo é trabalhada por Deleuze de modo sistemático, num encadeamento cuja complexidade cabe agora investigar no seu detalhe. Se o fazemos apenas a esta altura, com mais de meio caminho andado, é porque pareceu-nos que estaríamos mais bem preparados para enfrentar o núcleo especulativo da questão em Deleuze já de posse de algumas das mais importantes imagens de tempo evocadas por ele, bem como de suas implicações.

1. As Três Sínteses

1.1. PRESENTE CRONOGENÉTICO, PRESENTE CRONOLÓGICO

A questão do tempo aparece, em *Diferença e Repetição*, no contexto de um trabalho sobre a repetição. Como falar em repetição sem tratar do tempo, sem pressupô-lo? Dito de outro modo, seria possível conceber uma repetição nua, material, "em si", que não se desmanchasse na sucessão dos casos? Como conceber a repetição sem que ela seja uma repetição *para um espírito*, sem que ela seja contração de casos na imaginação, portanto já uma síntese, uma diferença transvasada à repetição, um presente?[1]

Deleuze insiste no caráter passivo de uma tal contração; ela resulta, mais profundamente, de uma contemplação própria à sensibilidade vital primária, orgânica mesmo. Estamos aquém do sub-representativo, do subperceptivo, antes até da receptividade (a capacidade de ter sensações). "Somos água, terra, luz e ar contraídos, não só antes de reconhecê-los ou de representá-los, mas antes de senti-los"[2]. *O próprio eu é já uma contemplação contraente.* Contemplamos no sentido em que contraímos aquilo de que procedemos – eus contemplativos. Lá onde houver uma contemplação contraente, por mais furtiva que seja, há um eu: eus larvares, modificações, presunções, pretensões, expectativas. Esse tema está presente muito cedo, em Deleuze, já no seu estudo sobre Hume: "O hábito é a raiz constitutiva do sujeito, e o que o sujeito é em sua raiz, é a síntese do tempo", e no texto sobre

1 *DR*, pp. 96-97 [128].
2 *DR*, p. 99 [131].

Bergson, da seguinte forma: "a contração começa se fazendo por assim dizer *no* espírito, ela é como a origem do espírito, ela faz nascer a diferença"[3].

Essa é a síntese originária do tempo, a síntese do presente. Embora se trate de um presente vivo e vivido, nem por isso é ele remetido a uma consciência, ou a um Eu, ou mesmo a um organismo. O presente como o domínio do pré-representativo, do pré-perceptivo, do pré-receptivo, num domínio de eus larvares.

Sobre o que incidem as contemplações e as contrações, senão sobre o mundo e seus elementos? Mas igualmente sobre a sucessão de instantes independentes. Trata-se então de um presente vivo contraindo os instantes numa duração, numa retenção do passado, numa expectação do futuro, definindo "nossos ritmos, nossas reservas, nossos tempos de reações"[4]. A duração de um organismo depende aí do alcance de suas "almas contemplativas", daquilo que elas contraem, do tanto de instantes passados e futuros que elas encampam. "O passado e o futuro não designam instantes, distintos de um instante supostamente presente, mas as dimensões do próprio presente, na medida em que ele contrai os instantes"[5].

Mas um outro presente se delineia, onde não se contraem instantes, passados ou futuros, mas um Todo virtual (o passado inteiro em seus diversos graus de coexistência). É a concepção de presente já referida em *Le bergsonisme*: "*o presente ele mesmo é somente o nível mais contraído do passado*"[6], e reapresentada nos livros sobre cinema como as pontas de presente.

Assim, não há *um* presente, nem *o* presente como uma determinação do tempo em geral, mas o presente em função do tipo de repetição em jogo, material ou espiritual. Na repetição material são contraídos instantes sucessivos num presente vivo. Na repetição espiritual, é contraído o passado puro como uma totalidade virtual coexistente. Assim compara Deleuze as duas repetições:

> Uma está nua, a outra está vestida; uma é das partes, a outra é do Todo; uma é de sucessão, a outra é de coexistência; uma é atual, a outra é virtual; uma é horizontal, a outra é vertical. O presente é sempre diferença contraída; mas, num caso, ele contrai os instantes indiferentes e, no outro caso, ele contrai, passando ao limite, um nível diferencial do todo que é, ele próprio, de descontração ou de contração[7].

A partir deste ponto já podemos complexificar o estatuto atribuído por Deleuze ao presente. Vimos no início desse estudo como o presente

3 Respectivamente, *ES*, p. 101 e "La conception...", p. 102.
4 *DR*, p. 106 [138].
5 *DR*, p. 100 [128].
6 *B*, p. 72.
7 *DR*, p. 114 [148].

aparece por diversas vezes, ao longo dos textos do autor, como correlato a *atual* e em contraste com o *virtual*. No geral, portanto, aparece em segundo plano, tendo em vista o privilégio teórico atribuído por Deleuze ao virtual. Para ficar num exemplo recente, recorde-se o papel secundário da imagem-lembrança (o passado evocado na forma de um antigo presente) em contraposição à lembrança pura (o passado-em-si), ou aos lençóis de passado no cinema. A imagem-lembrança (ex: o *flashback*) é menos valorizada por ser demasiado presente, excessivamente atual, apenas *representação* do passado, ao passo que a lembrança pura, através dos procedimentos originais que o cinema moderno soube inventar, ganha uma potência exploratória por ser *apresentação* do passado, mas do passado puro (e não um antigo presente), do em si do passado, domínio do virtual.

Dito isto, seria o caso de perguntar se podemos colocar no mesmo plano os dois usos maiores do presente em Deleuze: por um lado, o presente enquanto *contração*, valorizado como fundação do tempo ou tempo originário (seja o *hábito* a partir de Hume ou a *ponta de presente* a partir de Bergson); por outro lado, o presente enquanto mera sucessão empírica (o *atual*). Não estaríamos diante de dois presentes distintos? Contudo, não são ambas atuais? Seriam de fato dois presentes ou apenas as duas faces do presente? Se a última hipótese é correta, a contemplação contraente, síntese passiva originária e fundação do tempo, deve ser concebida como a operação pela qual um presente empírico é possível. Numa face o presente enquanto ponto genético do tempo, *cronogênese*; na outra, um estado de coisas, uma cadeia de presentes, *cronologia*, com "relações de sucessão e de simultaneidade", "associações segundo a causalidade, a contiguidade, a semelhança e mesmo a oposição"[8].

1.1.1. Presente Cronogenético

As duas faces do presente, a cronogenética e a cronológica, corresponderiam respectivamente à contração enquanto processo de atualização e à contração já atualizada, no presente empírico. É toda a dificuldade do presente: mesmo sendo ele o domínio próprio do atual, cabe lê-lo *também* a partir de sua gênese, revirando-o no seu avesso virtual que ele atualiza e recobre, numa relação que toma, como diz Bruno Paradis, a forma de um 8 ou de um ∞, de um duplo anel. Presente cronogenético, fundação do tempo, tempo originário, por um lado, presente cronológico e empírico, por outro – e a proximidade entre ambos, sua indiscernabilidade. É nessa diferença que se joga o que Paradis chamou de estrutura dual do agora[9], que lhe retira o estatuto

8 *DR*, p. 113 [147].

9 Bruno Paradis, "Schémas du temps et philosophie transcendantale", *Philosophie*, n. 47, pp. 18-19.

de solo originário, fundamento último, como em Husserl. Em Deleuze, ao contrário, essa dualidade é intensificada, a subdivisão é infinita e a contração do presente, por mais originária que seja, jamais remete para uma subjetividade constituinte, mas relança constantemente o jogo do tempo para um meio virtual no qual a subjetividade se gesta. Embora tudo comece com a contração, trata-se já de um recomeço, visto que a contração não abole nem recobre o meio virtual que a condiciona. Nesse sentido, a própria contração é também cisão, disjunção e duplicação em relação a este meio[10].

1.2. O PASSADO E O IMEMORIAL

A memória, esse cume do abismo
BLANCHOT[11]

Podemos agora passar à segunda síntese focada por Deleuze, a síntese passiva transcendental da memória, que ele denomina fundamento do tempo, sem a qual a primeira não poderia ser pensada, sobre a qual ela repousa, e cuja natureza já tivemos ocasião de explorar, tanto nos itens referentes ao cinema como nas páginas relativas a Bergson. Resta-nos salientar alguns aspectos que se encadeiam com o desenvolvimento anterior.

O princípio é que o passado não pode ser pensado à maneira de um antigo presente. O passado é anterior ao presente, ele é a condição da própria passagem dos presentes: passado transcendental. Por esta mesma razão não é passado representado, já que ele é suposto por toda representação[12]: memória sub-representativa. A partir dessas duas coordenadas Deleuze pode contrapor uma memória concebida como síntese passiva, sub-representativa, transcendental, involuntária, à memória voluntária entendida como síntese ativa, representativa, vitória empírica sobre o esquecimento. A síntese passiva não vence o esquecimento, mas penetra no seu elemento. Não se representa o passado na forma de um antigo presente, mas mergulha no em-si do passado, que jamais foi presente – o imemorial que precede qualquer presente, que lhe serve de fundamento, de condição. É esse passado que constitui o objeto maior da faculdade da memória, onde ela encontra o seu limite, isto é, a sua potência, e que só a ela cabe atingir. O exemplo maior é o de Proust, muito embora a leitura geral de Deleuze a respeito da *Recherche* situe a memória em segundo plano[13]. É "*no*

10 Cf. cap. "Disjunção".

11 M. Blanchot, *L'entretien infini*, p. 463, Paris, Gallimard, 1969.

12 *DR*, p. 111 [144].

13 "Em que consiste a unidade de *À la recherche du temps perdu?* Sabemos ao menos que ela não consiste na memória, nem tampouco na lembrança, ainda que involun-

Esquecimento, e como imemorial, que Combray surge sob a forma de um passado que nunca esteve presente: em-si de Combray"[14]. O passado em-si não pode apresentar-se como objeto empírico de uma memória, na forma de uma lembrança, presente antigo, mas apenas como o imemorial, imemorável, o ser do passado (e não o ser passado), objeto da memória quando ela vai ao seu limite, isto é, no seu exercício transcendente (e não empírico)[15].

Todo o desafio, aqui, a partir dessas observações em que são convocados a reminiscência platônica, os paradoxos do tempo em Bergson, a memória involuntária em Proust, reside em descolar o passado de uma concepção que o decalcasse do presente, do atual, que fizesse dele a representação de um antigo presente, uma dimensão empírica do tempo[16]. Com isto, é toda a dialética entre a memória e o esquecimento que se vê alterada.

Foi Maurice Blanchot quem melhor analisou essa mudança. Num tipo de esquecimento, a memória garante um retorno enriquecido do esquecido, e o esquecimento revela ser uma mediação feliz, um poder. Mas um outro esquecimento se anuncia, em que ele já não é instrumento, meio, mediação, dialética, poder de reencontro, afirmando-se ao contrário como "profundidade sem via e sem retorno", escapando a nosso domínio, arruinando nosso poder,

> arruinando até o esquecimento como profundidade e toda esta cômoda prática da memória. O que era mediação é então experimentado como separação; o que era liame não liga nem desliga; o que ia do presente à presença evocada, devir produtivo que nos devolvia toda coisa na imagem, é o movimento estéril, vai-e-vem incessante pelo qual, descidos no esquecimento, nem mesmo esquecemos[17].

1.2.1. Memória Erótica

Ao insistir em sua ideia de passado, Deleuze evoca sua dimensão erótica. O objeto para Eros nunca é um antigo presente, termo último ou original de uma repetição, porém o objeto virtual. Sua característica maior é a "universal mobilidade, universal ubiquidade": errático, insituável, deslocado de si mesmo, irremediavelmente perdido, sem relação com qualquer presente remoto que pudesse desempenhar o

tária. [...] Não se trata de uma exposição da memória involuntária, mas do relato de um aprendizado [...] aprender é ainda relembrar; mas, por mais importante que seja o seu papel, a memória só intervém como o meio de um aprendizado que a ultrapassa tanto por seus objetivos quanto por seus princípios. A *Recherche* é voltada para o futuro e não para o passado" (*PS*, pp. 9-10 [3-4]).

14 *DR*, p. 115 [149].

15 *DR*, pp. 182-183 [232].

16 *PS*, p. 78 [62].

17 M. Blanchot, *L'entretien infini*, p. 462.

papel de polo de atração. Daí porque os conceitos de fixação, regressão, trauma, cena original, parecem a Deleuze inadequados, pois pressupõem dois tempos, um originário e outro derivado, uma identidade na origem e uma semelhança ulterior, uma repetição do mesmo, ainda que sob o modo do disfarce. É em relação ao objeto virtual ilocalizável, ele mesmo sendo o disfarce, que os presentes, tanto o atual quanto o passado, constituem duas séries coexistentes, numa repetição tal que nenhuma delas pode ser dita original ou derivada[18]. É nesse sentido que Deleuze se permite escrever, a respeito de Proust, que o herói da *Recherche*, "amando sua mãe, já repete o amor de Swann por Odette". Assim a Virgem, "aquela que nunca foi vivida, para além da amante e da mãe, coexistindo com uma e sendo contemporânea da outra". O deslocamento é que é primeiro, não o passado. Ou, se quisermos, o passado puro enquanto virtual, isto é, o imemorial, o imemorial da repetição. Como pode a roda da repetição desfazer-se da repetição material, da repetição do mesmo, sem expulsar o originário idêntico a si, isto é, sem recusar o passado empírico tomado como primeiro? É preciso que intervenha um passado puro, virtual, rumor incessante (Blanchot), para que a repetição seja virginal.

De qualquer modo, se Deleuze celebra com tanta convicção as núpcias entre Eros e Mnemósina, é porque, mesmo cabendo à primeira necessariamente penetrar no ser do passado, em contrapartida toda reminiscência acaba se revelando erótica, "quer se trate de uma cidade ou de uma mulher"[19].

1.3. REPETIR O FUTURO

Já tivemos ocasião de abordar o conceito de cesura, na esteira de Hölderlin, e verificar de que modo em Deleuze ela distribui o tempo desigualmente num antes e depois. Mas a cesura não é um corte abstrato. Ela é sempre emblemada por um acontecimento, por uma ação que a simboliza: "tirar o tempo dos eixos, despedaçar o sol, precipitar-se no vulcão, matar Deus ou o pai". Em relação à imagem dessas ações grandiosas que simbolizam a cesura, o tempo se distribui em antes, durante e depois, porém não em função de um domínio empírico (do já

18 *DR*, pp. 138-140 [179]. A psicanálise deu ao objeto virtual nomes diversos: o objeto parcial, ou bom e mau objeto de Melanie Klein, o objeto transicional de Winnicott, o objeto *a* ou ainda, de modo mais extensivo, aquilo que Lacan designou sob o nome genérico de "falo": "O falo simbólico significa tanto o modo erótico do passado puro quanto o imemorial da sexualidade" (*DR*, p. 136 [175]). Mas Deleuze não poderá manter por muito tempo essa proximidade com Lacan. O virtual, "real sem ser atual, ideal sem ser abstrato", não corresponde ao que falta.

19 *DR*, p. 115 [150].

aconteceu, está acontecendo, ainda não aconteceu). Édipo já praticou a ação, Hamlet ainda não, mas para ambos a imagem da ação faz dela sempre um "ainda não", um irrealizável, diz Deleuze. Ao distender o tempo numa ordem formal vazia, e abjurar seu conteúdo empírico, uma ação, mesmo quando já acontecida, e valendo pelo conjunto do tempo, pode continuar a ser "por vir" indefinidamente, visto ser "grande demais para mim"[20]. Em suma, não há correspondência entre a sucessão empírica do tempo, com suas dimensões determinadas, e o corte transcendental e emblemático da cesura.

Nesse sentido, podemos discriminar três casos na relação do sujeito com sua ação. Ora a ação é grande demais para mim, e então sou rejeitado para trás, para o passado em relação a ela, de modo que ela se apresenta a mim como o futuro impossível, mesmo que ela já tenha sido realizada! Ora eu coincido com a ação: é o presente da metamorfose, em que o agente iguala-se à ação, de modo tal que o herói torna-se capaz da ação. Ora um terceiro caso privilegiado por Deleuze, de todos o mais perturbador pois situado não na própria cesura, porém no extremo do tempo aberto por ela, ali onde a ação (já realizada? por realizar?) volta-se contra o agente, e o acontecimento deixa para trás o próprio eu (que era sua condição) a fim de ganhar o incondicionado. Esse futuro encarnado na *obra* ou no *produto* (sempre por vir, mesmo quando já vindo) arremessa ao longe e para trás aquilo que lhe servira de condição, seja o andaime ou o agente.

Essa figura não apresentaria maiores dificuldades caso Deleuze não a associasse tão intimamente à repetição, ao que ele chamou de repetição do futuro: "apenas o *incondicionado* no produto como retorno retorna"[21]. Não podemos deixar de presumir aí um nó conceitual insigne, que nos remete diretamente à questão do eterno retorno tal como Deleuze a interpretou em Nietzsche. Ali se enlaça a problemática da repetição e da diferença e o que ele chamou de categoria régia – a do futuro.

20 Esse tema é retomado em *DR*, pp. 377 e ss. [463 e ss.].
21 *DR*., p. 380 [466].

2. O Eterno Retorno

O eterno retorno certamente não é negação do tempo, supressão do tempo, eternidade intemporal[1].

A interpretação deleuzeana do eterno retorno deveria ser lida à luz do caráter inacabado da enunciação dessa doutrina por Nietzsche mesmo. Talvez coubesse aqui o humor fino da observação de B. Pautrat, segundo a qual a tese de Deleuze "poderia ser o pensamento do eterno retorno, caso ele pudesse escrever-se"[2].

2.1. SENTIDO DO ETERNO RETORNO

"A lição do eterno retorno é a de que não há o retorno do negativo. O eterno retorno significa que o ser é seleção."[3] Eis aí o essencial da interpretação do eterno retorno dada por Deleuze já em seu livro de 1962, *Nietzsche e a Filosofia*. A partir daí é formulada a ideia de um eterno retorno do outro, concebido como ser do devir, um do múltiplo, necessidade do acaso, em suma, retorno da diferença. O que prefigura o grande eixo ontológico e ético presente em *Diferença e Repetição*, onde se lê: "O eterno retorno afirma a diferença, afirma a dessemelhança e o díspar, o acaso, o múltiplo e o devir. São eliminadas pelo eterno retorno precisamente as instâncias que jugulam a diferença"[4].

1 Deleuze, "Sur la Volonté de puissance et l'eternel retour", "Conclusion", *in Nietzsche, Cahiers de Royaumont*, Paris, Minuit, 1967, p. 281.

2 B. Pautrat, *Versions du soleil*, Paris, Seuil, 1971, pp. 352-358, cit. por J. Rogozinski, "Défaillances (entre Nietzsche et Kant)", *Lendemains*, 53, 1989.

3 *NF*, p. 217 [158].

4 *DR*, p. 383 [470].

A que estratégia teórica obedece essa leitura do eterno retorno? No que se apóia Deleuze para uma interpretação tão singular? E, sobretudo, que implicações temporais ela acarreta? São as três questões que seria preciso examinar. Evidentemente, as duas primeiras extrapolam os limites deste estudo, e só poderão ser abordadas na medida em que se revelem incontornáveis para a inteligência da última questão.

2.1.1. Recusa da Interpretação Cíclica

A interpretação de Deleuze parte da recusa de um entendimento cíclico e mecanicista do eterno retorno. Segundo o autor, o eterno retorno, considerado por Nietzsche como sua ideia mais profunda e original, não poderia resumir-se nem subordinar-se a um pensamento do idêntico – alvo maior da crítica nietzschiana, inclusive no campo da ciência. Assim, não se pode fazer derivar a doutrina do eterno retorno da ciência mecanicista ou termodinâmica, já que aí as diferenças de quantidade se compensam gradativamente ou se anulam, e desembocam na identidade final de um indiferenciado, contrariando a direção do pensamento de Nietzsche[5].

Porém, vários outros argumentos são evocados por Deleuze para sustentar a recusa da doutrina cíclica, alguns referentes ao estado de enunciação do eterno retorno em Nietzsche, outros à incompatibilidade conceitual com o veio dominante de sua filosofia. Eis alguns desses elementos textuais e conceituais amplamente conhecidos pelos leitores de Deleuze.

Por duas vezes Zaratustra repreende aqueles que o compreendem mal quanto ao eterno retorno, e que o enunciam de uma forma demasiado simplificada. Numa primeira ocasião a fórmula recusada é dita pelo anão, ele mesmo símbolo do espírito de gravidade, caricatura de Zaratustra, traição de sua doutrina[6]: "o próprio tempo é um círculo"[7], ao que Zaratustra retruca: "Tu, espírito de peso! [...] não tornes tudo tão leve para ti". Na segunda ocasião, os animais de Zaratustra, a águia e a serpente enunciam o eterno retorno "de modo animal", como uma certeza imediata ou uma evidência natural[8], e da seguinte maneira:

> Tudo vai, tudo volta; eternamente gira a roda do ser. Tudo morre, tudo refloresce, eternamente transcorre o ano do ser.
>
> Tudo se desfaz, tudo é refeito; eternamente constrói-se a mesma casa do ser. Tudo separa-se, tudo volta a encontrar-se; eternamente fiel a si mesmo permanece o anel do ser.

5 *NF*, p. 51 [37]. Na ciência primam a identidade lógica, a igualdade matemática, o equilíbrio físico – as três formas do indiferenciado, do idêntico.

6 *N*, p. 44 [36].

7 "Da Visão e do Enigma", *Nietzsche, assim Falou Zaratustra*, trad. Mário da Silva, Rio de Janeiro, Civilização Brasileira, 1977, p. 166.

8 *N*, p. 43 [35].

> Em cada instante começa o ser; em torno de todo o "aqui" rola a bola "acolá". O meio está em toda parte. Curvo é o caminho da eternidade[9].

Ao que Zaratustra responde: "Ó farsantes e realejos [...] vós já fizeste disto modinha de realejo?" E mais adiante retorna a repreensão: "também disso quereis fazer outra vez um refrão"[10]? O refrão é o ciclo, o círculo, a repetição, caricaturas do eterno retorno[11].

O eterno retorno como ciclo repulsivo e insuportável está dramatizado na estranha visão que tem Zaratustra do pastor com uma serpente negra pendendo da boca[12], e sobre a qual se explica nos seguintes termos:

> O grande fastio pelo homem – era *ele* que me sufocava e havia rastejado para dentro de minha garganta [...] "Ai, o homem retorna eternamente! O homem pequeno retorna eternamente" [...] Eterno retorno também do menor! – esse foi meu fastio por toda a existência! Ai, nojo! Nojo! Nojo![13]

Se a serpente é o animal do eterno retorno, a serpente pesada e negra, pendente da boca do homem, simboliza o que há de insuportável e de impossível no eterno retorno entendido como uma certeza natural segundo a qual "tudo volta"[14], também o homem pequeno, e que provoca o adoecimento de Zaratustra. Quando o pastor morde e cospe longe a cabeça da serpente, transfigurando-se, Zaratustra pode deliciar-se com o seu riso superior, livrando-se do pesadelo que implica essa hipótese segundo a qual "Tudo é igual"[15].

Ora, na leitura de Deleuze o "tudo" que volta não significa todas as coisas e cada coisa na sua identidade, já que o que se vê contestado por Deleuze é precisamente a identidade da natureza daquilo que retorna[16]. Deleuze entende, pois, o "tudo" como o devir. É o devir que "volta", no sentido em que é afirmado, de que sobre ele incide a afirmação como ser. Mas estamos ainda num primeiro nível, que Deleuze designa como sendo o da doutrina física. A ele deve acrescentar-se um nível suplementar em que se opera justamente uma seleção desse "tudo" que retorna, e que se dá num duplo plano, ético e ontológico.

9 "O Convalescente", *Nietzsche, assim Falou Zaratustra*, p. 224.

10 *Nietzsche, assim Falou Zaratustra*, trad. Rubens Rodrigues Torres Filho, *in Obras Incompletas*, coleção Os Pensadores, vol. XXXII, São Paulo, Abril Cultural, 1974, p. 262. Quando possível nos valemos desta tradução. O tradutor aqui preferiu "refrão" a "modinha de realejo".

11 *NF*, p. 82 [59].

12 "Da Visão e do Enigma", *Nietzsche, assim Falou Zaratustra*, trad. Rubens Rodrigues Torres Filho, p. 252.

13 "O Convalescente", *idem*, p. 261.

14 *N*, p. 43 [35].

15 "O Convalescente", *op. cit.*

16 "A identidade no eterno retorno não designa a natureza do que retorna, mas, ao contrário, o fato de retornar para o que difere" (*NF*, p. 55 [40]).

2.1.2. Querer o Retorno

No plano do pensamento, o eterno retorno parodia o imperativo kantiano. "*O que tu quiseres, queira-o de tal modo que também queiras seu eterno retorno.*"[17] O querer é submetido à condição de uma infinitização temporal. Apenas subsiste e retorna aquilo que se dispõe a retornar sempre. Aquilo que se quer apenas uma vez, uma última vez e nunca mais, não passa de um meio-querer, de um querer fraco. Este é eliminado. Nesse sentido é o tempo (o infinito do eterno retorno) que pode fornecer a medida do querer. Querer verdadeiramente é querer infinitamente, mas querer infinitamente é querer sempre, querer para todo o sempre, querer que retorne infinitamente esse mesmo querer, querê-lo absolutamente. Somente projetado ao todo do tempo pode o querer dar prova de que atinge o seu limite, isto é, a sua potência máxima.

E é por esta via que o querer e o seu objeto (o "quê", o "aquilo") se transmutam. Assim, mesmo o mais baixo ou vil, quando objeto de um querer completo, eleva-se a uma potência desconhecida e torna-se algo distinto do que era originalmente.

> Uma preguiça que quisesse seu eterno retorno, e que cessasse de dizer: amanhã eu trabalharei – uma preguiça ou uma abjeção que quisesse seu eterno retorno: é claro que nos encontraríamos diante de formas ainda-não conhecidas, ainda-não exploradas. Não seria mais aquilo que temos o hábito de chamar uma preguiça, uma covardia[18].

Assim, o pensamento do eterno retorno opera como uma *prova*. Porém, como se vê, não se trata apenas de uma seleção eliminatória[19], mas também transmutadora. Não só elimina o que não resiste, mas transmuta *aquilo* que resiste. Mesmo a doença, a loucura ou a morte podem secretar uma dimensão desconhecida quando se tornam objeto de um querer completo, e através dele liberam uma enésima potência até então inexplorada. Daí porque a seleção mesma é criadora: a transmutação faz daquilo que é algo novo, torna leve o pesado, e libera a vontade da moral. É essa a doutrina do eterno retorno como pensamento ético, onde o infinito do querer no tempo opera a seleção daquilo que volta – e só pode voltar aquilo que tem força de voltar sempre, com o que já volta transmutado.

Mas não basta que o pensamento opere tal seleção. É preciso que o próprio ser o faça, no que Deleuze chamou de uma ontologia seletiva. Por ela não é o todo do devir que é afirmado, ou todo o devir, mas apenas

17 *NF*, p. 77 [56].
18 "Sur la volonté de puissance...", p. 285.
19 Embora seja também isto. Como o mostrou Leon Kossovitch em seu *Signos e Poderes em Nietzsche*, São Paulo, Ática, 1979: o pensamento seletivo "encurrala o escravo", "leva o escravo ao suicídio" (cap. V).

o devir-ativo. O que já pressupõe toda uma negação das forças reativas, sua destruição num niilismo completo, uma transvaloração de todos os valores, um devir-ativo do reativo, um tornar-se afirmativo do negativo etc. – todo um conjunto que não podemos desenvolver aqui. Limitemo-nos a insistir, por ora, num único ponto: sendo o ser seleção[20], o eterno retorno só faz entrar no ser aquilo que nele não pode entrar sem mudar de natureza. Se o pensamento do eterno retorno eliminou os meio-quereres, o ser enquanto afirmação do devir elimina as meias-potências no ser. A imagem que dá Deleuze dessa eliminação é sugestiva: o movimento centrífugo de uma roda giratória, que expulsa tudo o que é fraco demais para suportar o retorno. A roda do ser expele o negativo e suas figuras, a má consciência, o ressentimento, o pequeno homem. "O homem pequeno, mesquinho, reativo não voltará"[21], pois o que não tem força de assumir o eterno retorno não poderia retornar, o que nega o eterno retorno é negado por ele. Nesse sentido o eterno retorno é a prova que incide sobre a vontade de potência, através da qual pode surgir o além-do-homem, definido como "a forma superior de tudo o que é".

O ser seleciona na medida em que é ele afirmação. A "afirmação é ser, o ser é apenas a afirmação em todo o seu poder"[22]. Deleuze não cansa de salientar o privilégio dado por Nietzsche à afirmação, em contraste com a negação.

> Não basta dizer que a negação dominou nosso pensamento, nossos modos de sentir e de avaliar até este dia. Na verdade, ela é constitutiva do homem. E com o homem, é o mundo inteiro que se estraga e que se torna doente, é a vida toda que é depreciada, todo o conhecido escorrega em direção a seu próprio nada. Inversamente, a afirmação só se manifesta acima do homem, fora do homem, no sobre-humano que ela produz, no desconhecido que traz consigo. Mas o sobre-humano, o desconhecido também é o todo que rechaça o negativo. O além-do-homem como espécie é também "a espécie superior de *tudo o que é*"[23].

Como se vê, o conceito de ser em Nietzsche não é suprimido, segundo Deleuze, mas remetido à afirmação da qual ele é, a rigor, apenas uma expressão. "*O ser e o nada são apenas a expressão abstrata da afirmação e da negação como qualidades (qualia) da vontade de potência.*"[24] A originalidade de Nietzsche, porém, não estaria em conceber o ser como afirmação, o que foi feito muito antes dele, e sim em remeter a afirmação à vontade de potência[25].

20 *NF*, p. 80 [58].
21 *NF*, p. 80 [58].
22 *NF*, p. 213 [155].
23 *NF*, p. 203 [147].
24 *NF*, p. 202 [147].
25 A vontade de potência segundo Deleuze é o "querer interno" das forças, aquilo que quer na força e através dela, e sobretudo o princípio para a síntese delas (*NF*, p. 56 [41]). A exigência que Deleuze demanda de um princípio, na esteira dos

Chegados a este ponto, já podemos retomar nossa questão. Que implicações tem a interpretação de Deleuze do eterno retorno nietzschiano do ponto de vista temporal? A resposta deverá obedecer a três níveis progressivos: a) o círculo e o tempo; b) a dupla afirmação e a noção de instante/eternidade; e c) o espiralamento do círculo.

2.2. O CÍRCULO E O TEMPO

2.2.1. Anti-hegelianismo de Deleuze

Deleuze não cansa de fustigar a hipótese cíclica do eterno retorno. Já mencionamos brevemente alguns argumentos recorrentes em *Nietzsche e a Filosofia*, retomados e enriquecidos em *Diferença e Repetição*, evidenciando o alcance daquilo que está em jogo e que não se reduz à obstinação do autor com uma interpretação localizada de Nietzsche. A hipótese cíclica é tão repelida porque faz da repetição objeto da representação, compreendendo-a como identidade, com o que subsume a diferença. Se a filosofia da representação é aí visada como um todo, não resta dúvida de que alguns nomes encarnam de modo mais puro tal empreitada, entre os quais o de Hegel ocupa um lugar de relevo.

M. Hardt mostrou recentemente que o antagonismo primário de Deleuze, e isto desde seu segundo ensaio publicado aos 21 anos de idade em que é postulada a continuidade entre o cristianismo e o pensamento burguês ("Du Christ à la bourgeoisie"), teria por objeto nada menos do que o próprio hegelianismo[26]. A frase de Deleuze a respeito de Nietzsche poderia valer como um comentário de seu próprio trajeto:

pós-kantianos, é que não seja apenas condicionante dos objetos, mas também genético e produtor. No caso que nos ocupa, isso significa que a vontade de potência é o elemento de produção da diferença *entre* forças em relação (quantidade), e também de produção da diferença *de* cada uma delas (qualidade). Ambos, o elemento diferencial e o genético, constituem o que Deleuze chama de elemento genealógico. Se não é o lugar de aprofundar essa caraceterização sumária e sua lógica, já estamos ao menos em condições de retornar ao liame do eterno retorno com a vontade de potência. Diz Deleuze: "Um não pode ser dito a não ser do outro. A vontade de potência é o mundo cintilante das metamorfoses, das intensidades comunicantes, das diferenças de diferenças... A diferença é a primeira afirmação, o eterno retorno é a segunda, 'eterna afirmação do ser', ou a enésima potência do que se diz da primeira" (*DR*, p. 313 [388]). Compreende-se assim a observação de Roberto Machado que serviu de guia a alguns dos comentários precedentes, segundo a qual, em última análise, diferença e repetição remetem respectivamente aos conceitos nietzschianos de vontade de potência e eterno retorno, ainda que não necessariamente se identifiquem com eles (R. Machado, *Deleuze e a Filosofia*, p. 96)

26 M. Hardt, *op. cit.*

"Compreende-se mal o conjunto da obra de Nietzsche se não se vê 'contra quem' são dirigidos os principais conceitos. Os temas hegelianos estão presentes nessa obra como o inimigo que ela combate"[27]. Através do exemplo Deleuze, Hardt mostra ainda que o pós-estruturalismo enfrentou o desafio de evadir a fundação hegeliana ao elaborar uma concepção não dialética da negação.

Hardt comenta, a propósito, a objeção comum de que toda oposição à dialética não poderia senão reforçar ou repetir a dialética, já que "romper com" Hegel equivaleria, uma vez mais, usar o princípio central da própria dialética – a noção de "romper com"[28]. Ora, responde Hardt, a oposição dialética é restrita e parcial, pois a superação é sempre também preservação, de modo que o "romper com" dialético é necessariamente relativo, continuista ou "reformista". Em contrapartida, a oposição não dialética consistiria num ataque irrestrito e completo. É nesse sentido que Deleuze, a partir de seu livro sobre Nietzsche, pôde "esquecer" a dialética. O que não significa desqualificar a negação. Hardt nota com justeza que a afirmação em Deleuze, cuja relevância apenas fizemos assinalar no item precedente, não é, como o querem seus detratores ainda presos ao monopólio crítico atribuído à negatividade, acrítica ou anticrítica – como aliás o atesta a própria noção de ontologia seletiva. A afirmação está intimamente ligada a um antagonismo, que Hardt compara com o método filosófico escolástico: *pars destruens, pars construens*, onde o momento negativo é absoluto e não dialético, sem que se recupere a essência do inimigo, nem se preserve ou mantenha o que foi superado[29].

Essa temática só aparentemente nos afasta do nosso tema. Se a ideia do eterno retorno da diferença, eixo da interpretação deleuziana de Nietzsche, começa pela crítica da leitura identitária do eterno retorno, é talvez porque a ideia de círculo, tão criticada por Deleuze, não só não é estranha à filosofia de Hegel como também pode ter irrigado uma interpretação hegeliana de Nietzsche. De qualquer modo, *Diferença e Repetição* dá a Hegel um lugar de destaque, e menciona a "insípida monocentragem dos círculos na dialética hegeliana"[30]. Em *Lógica do Sentido* o tema é retomado: "Da mesma forma, mostrou-se recentemente até que ponto os círculos da dialética giravam em torno de um só centro, repousavam num só centro. Monocentragem", e na nota de rodapé em que se lê a citação de Louis Althusser a propósito de Hegel se revela, ironicamente, parte da inspiração de Deleuze:

27 *NF*, p. 187 [136].

28 J. Butler, *Subjects of Desire*, New York, Columbia University Press, 1987, pp. 183-184, cit. por Hardt, *op. cit.*

29 Hardt, *op. cit.*, p. 115.

30 *DR*, pp. 338-339 [417].

> Círculo de círculos, a consciência só tem um único centro que a determina: seriam precisos círculos tendo um outro centro do que ela, círculos descentrados, para que ela fosse afetada em seu centro por sua eficácia, em suma, que sua essência fosse sobredeterminada por eles...[31]

Ao comentar os sentidos de *fundar*, novamente em *Diferença e Repetição*, Deleuze indica como essa operação não consiste apenas em inaugurar e tornar possível a representação, mas torná-la infinita, e como isso recebe afinal um terceiro sentido, em que fundar "é sempre dobrar, encurvar, recurvar". Em Hegel "todos os *começos* possíveis, todos os presentes se repartem no círculo único incessante de um princípio que funda e que os compreende em seu centro assim como os distribui sobre sua circunferência"[32].

2.2.2. O Círculo de Hegel

Gérard Lébrun chega a comentar algumas dessas linhas de Deleuze, em *O Avesso da Dialética*, particularmente em dois capítulos dedicados à ideia de Círculo em Hegel e sua relação com a História e o Tempo ("O Tema do Círculo", e "O Círculo dos Círculos"). Acompanharemos parte da reflexão de Lébrun, já que ela esclarece, por contraponto, embora criticando-a parcialmente, a observação de Deleuze, o seu embate com Hegel, e assim, indiretamente, a própria ideia tão recorrente em *Nietzsche e a Filosofia* contra o eterno retorno como o retorno do mesmo. Prolongando aí a leitura sugestiva de Hardt (sobre o anti-hegelianismo de Deleuze), estaremos em melhores condições para determinar, por fim, positivamente, o círculo descentrado que assume em Deleuze tamanha importância, e o sentido temporal dessa insólita figura.

Lébrun lembra a questão colocada a Hegel por um "dissidente" (Christian Weisse), sobre se a imagem de Ciclo não seria incompatível com a noção de História[33]. Afinal, que tipo de ciclo seria este, que retorna ao começo sem crescer, sacrificando o movimento da história em favor de um "conceito lógico abstrato"? Como conciliar o progresso sem fim da dialética e o fechamento imposto pelo Sistema?

Se aos olhos do Entendimento tudo se escoa, para Hegel caberia compreender de que modo a mobilidade das coisas finitas nada nos esclarece sobre o sentido dessa "passagem" segundo o Conceito. Não basta passar de uma ontologia do Ser para uma do Devir; se o limitado deve perecer sem fim, tornando-se sempre outro, ficamos

31 *Pour Marx*, ed. Maspéro, p. 101, cit. in *LS*, p. 300n [265n].

32 *DR*, p. 350 [430-1].

33 G. Lébrun, *O Avesso da Dialética*, São Paulo, Cia. das Letras, 1988, pp. 213-214 e ss.

apenas no que Hegel chamou de *potência do tempo*. Mas a História-Mundial começa quando Zeus domina o tempo, e fixa uma meta para sua passagem, sem a qual teríamos um advir, não uma História. "Pois o 'poder do tempo' é o que relança a aparição do Outro, ao passo que a *Weltgeschichte* trabalha pela supressão de toda relação com a exterioridade."[34] Assim, um progresso indefinido, um indefinidamente-sempre-outro (o mau infinito da linha reta) não dá conta do processo do Espírito, do princípio no qual este se recolhe, do Limite que triunfa sobre o Ilimitado. Para que surja uma História é preciso que o tempo não seja nem uma forma vazia, nem uma justaposição de acúmulo, sucessiva, através da qual a limitação totalizante não poderia advir. A partir daí, diz Lébrun, "a imagem hegeliana do Círculo torna-se menos desconcertante, se contribuir para enfatizar o devir como processo de realização do *télos*"[35]. Pois no Círculo há um retorno-em-si, e não mera passagem no Outro, como é o caso do movimento infinito em linha reta, que não ruma para meta alguma. A infinidade no círculo, pois, já valorizada por Aristóteles, é precisamente a representação que convém, segundo Hegel, a uma atividade fechada, "totalmente presente a si mesma". Há aí a ideia de um mover-se que não está subordinado a uma origem ou a um termo, nem a um progresso, segundo o antes e o depois, já que reconduz do fim ao princípio num "progresso rumo a si" (Aristóteles). Lébrun assim resume esse movimento: "o ciclo desincumbe-se integralmente do que era sua tarefa: reabsorver todas as formas de alteridade", ou ainda, "*apagar as diferenças*". É a "eterna recondução do Espírito em si", que na vida orgânica não ocorre ainda, pela distância incessantemente aberta entre gênero e indivíduo, pela exterioridade em que o gênero recolhe as diferenças finitas, sem ter como as abolir. "Apenas o funcionamento do 'Espírito' neutraliza as diferenças."

A linha distingue-se do círculo na mesma medida em que as diferenças separadas da sucessão distinguem-se da totalização, bem como a progressão distingue-se do sistema, e a *Historie* da *Geschichte*. Por um lado, a passagem temporal na repetitividade dos instantes da sucessão linear, por outro o ciclo que perfaz o télos.

Lébrun nota então que se a *Geschichte* está no presente é porque "demonstra a *originariedade de uma* arché". O presente assim concebido nada tem a ver com o sucessivo ou com a passagem do tempo, e ele não é, segundo a terminologia de Aristóteles, poiético. Na mesma linha, a dialética pouco tem a ver com o "devir" ou o fluxo. A própria passagem é abstrata, e a mudança apenas "manifestação do que a existência é em si". Em suma, o tempo como anulação, supressão,

34 *Idem*, p. 217.
35 *Idem*, p. 222.

incapacidade de dominar o Outro, indica a impotência do finito, cuja sucessão e passagem *querem dizer* outra coisa ao mesmo tempo em que dizem a inanidade do que devém.

Lébrun assim descreve o efeito que o discurso dialético pode ter: "O que parecia somente poder ser afirmado como encadeamento em linha reta é recurvado e afirmado como 'retorno a si' "[36]. A História não *acaba* depreciando o devir; ela foi constituída para extirpar o falso conceito de *devir* – para proclamar nulo o mundo insuportável, e por isso inconsistente, do inacabamento, "no qual é preciso contar com o Outro, superar o Outro, tornar a encontrar o Outro, e isso indefinidamente"[37].

2.2.3. O Outro Círculo

Mas Lébrun insiste num outro modelo que a esse vem se acrescer, em Hegel, um outro Círculo, onde precisamente o processo espiritual, enquanto tal, exclui toda repetição que uma ideia excessivamente simples do Círculo poderia evocar. O próprio Círculo tal como concebido pelos antigos parece a Hegel insuficiente. Pois se no mundo grego o retorno do mesmo no movimento pode compensar por mímese a imperfeição ontológica do sublunar, para Hegel esta exterioridade é inaceitável, e cabe ao espírito abolir a cesura aí aberta. Em outras palavras, diz Lébrun, para Hegel a insuficiência da concepção grega residia em que eles "se resignavam ao tempo"[38].

O que Hegel critica, nessa vertente, é a repetição como sucessão indefinida que não pode ser para-si, e que só seria possível se fosse de uma vez por todas. E apenas o Espírito disto é capaz. Não é, pois, por repetição que ele se constitui. Lébrun põe em evidência a alteração da ideia de identidade que isso implica, já que o *mesmo* princípio pode reaparecer em estados dessemelhantes, e até mesmo produzir a Diferença. É onde é invocada por Lébrun a crítica de Deleuze dirigida a Hegel em *Diferença e Repetição.* Neste livro, diz Lébrun, mostra-se que Hegel fez da identidade "puro princípio infinito", em que ela surge "do máximo absoluto de diferença", fazendo triunfar o Mesmo, ainda que sob as figuras as mais diversas. A oposição afirmada por Hegel

36 *Idem*, p. 235. Ou ainda Paulo Arantes, na sua leitura de Hegel: "o tempo histórico, que exprime a armação lógica abstrata de um processo cumulativo, não tem como ser assimilado a uma acumulação indefinida. O Espírito, como sabemos, é o resultado de sua própria operação, isto é, o retorno que ele faz sobre si é fruto da dupla negação exigida pelo verdadeiro Infinito. É certo que seu processo concreto se apresenta sob a forma de um *desenvolvimento serial*; mas Hegel acrescenta sem demora: 'essa série não deve ser representada como uma linha reta, mas como um círculo, como um retorno a si' " (*A Ordem do Tempo*, São Paulo, Polis, p. 176).

37 G. Lébrun, p. 239.

38 *Idem*, p. 250.

entre a Identidade da repetição natural que deixa de fora as diferenças e o Mesmo do espírito que compreende a diferença e deixa de fora a repetição seria, segundo Deleuze, fútil. Pois estão, ambas, submetidas aos princípios da representação, a uma operação integradora, instância de unificação contínua – a do Sujeito. Assim o resume Lébrun:

> Como todo *sujeito* representativo, tem a incumbência de proscrever a ideia de um "sujeito" que não seja nem uma *arché* unificadora nem uma síntese nem um percurso, porém a última diferença subtraída da operação de contração que o constitui passivamente, ou seja, da repetição autêntica. Seja qual for seu rosto (consciência de si, unidade da apercepção, Espírito), o sujeito representativo sempre fornece à impressão de identidade uma caução forte o bastante (identidade do Eu, do mundo, da História, das leis da natureza etc.) para nos garantir que uma *presença unitária* jamais se interrompeu – e, desse ponto de vista, o "Sujeito" hegeliano constitui uma das estratégias mais eficazes[39].

A essa visão Lébrun não pode aderir sem opor-lhe nuances que teriam sido negligenciadas por Deleuze (a ideia de que o recomeço não parte de um ponto inicial já percorrido como Verdade, mas ao contrário, desde um circuito superior reconhece-se a abstração desse ponto de partida), mas nem por isso deixa de admitir: "Que a Identidade rege o sistema é, literalmente, incontestável"[40]. E se Lébrun discorda da figura monocentrista proposta por Deleuze para descrever essa operação (para Hegel fundar seria, como disse Deleuze, antes de mais nada "sempre dobrar, recurvar e encurvar"), não pode deixar de concordar com o veredicto deleuzeano mencionado acima, de que em Hegel "todos os *começos* possíveis, todos os presentes se repartem no círculo único incessante de um princípio que funda e que os compreende em seu centro assim como os distribui sobre sua circunferência", ainda que agregue a ressalva que merecerá uma longa explicação: "Mas sob condição de se acrescentar que o processo especulativo não pode ser integralmente figurado por um *mero círculo*"[41].

Lébrun observa então de que modo há em Hegel, necessariamente, um outro círculo, pelo qual já não se passa pelo mesmo Outro sem fim. E por mais fina que seja a demonstração detalhada desse progresso do Espírito (diferente da progressão já descartada, mas também mais complexa do que o primeiro Círculo deixava entrever), uma conclusão se impõe ao autor, inteiramente no espírito da análise de Deleuze, mesmo se divergindo nos termos. "É em virtude do mesmo imperativo, da mesma obsessão – a neutralização integral da alteridade – que a dialética deve conjurar com igual vigor a progressão indefinida e o ciclo eterno"[42].

39 *Idem*, p. 255.
40 *Idem*, p. 257.
41 *Idem*, p. 257.
42 *Idem*, p. 270.

A História se apresenta portanto como ao mesmo tempo anulação da alteridade e não-repetição. Por mais multicolorida que seja, ela apenas "comenta uma totalização". Acrescentaríamos a observação de Paulo Arantes, segundo a qual um tal retorno da História, mesmo quando emerge sob fundo de ruína e caducidade, deve ser lido num sentido positivo: "A Filosofia não é uma consolação, mais do que isso, ela é o poder de reconciliação"[43].

2.2.4. O Círculo de Bergson

Ora, na sua recusa do sistema hegeliano, desde o início Deleuze invoca Bergson. E não sem razão, como se pode ver por uma comparação da filosofia de Bergson com a de Hegel, feita por Bento Prado Jr. nos seguintes termos:

> Se as duas filosofias se põem como descrição da gênese, é a gênese que é pensada, em cada caso, de maneira diferente: num caso, o liame que une a origem ao resultado é circular; no outro não há nenhuma circularidade, mas "crescimento". Se, para Hegel, só o Todo é verdadeiro, e se esse Todo só se realiza como resultado de um processo, é porque ele se precede a si mesmo como começo: "o círculo que pressupõe o seu fim em seu começo" [Hegel]. E é por isso que o Saber é representado pelo grande círculo, que não admite, propriamente, nenhum começo. [...] Mesmo se a consciência conserva, em Bergson, o ideal da coincidência com o Absoluto, essa coincidência jamais será o cerrar final do círculo do Saber em repetição perene. É o próprio Absoluto que passa a durar, a "crescer", constantemente aberto para o imprevisível futuro. Se a figura do Absoluto é para Hegel o círculo, que sempre retorna sobre si mesmo, para Bergson a sua figura é de uma "ascensão". [...] Para Hegel, a totalização, que culmina na identidade entre o Mesmo e o Outro, consciência de si e consciência do objeto, é precedida pela própria totalidade: a verdade precede a certeza e o Ser precede a consciência explícita. Para Bergson, é o próprio Ser que se constitui paralelamente à gênese da consciência.

E o autor conclui que o negativo "foi efetivamente banido da ontologia e relativizado inteiramente", para logo em seguida aproximar essa teoria genética da inteligência, de Nietzsche e da leitura que dela faz Deleuze[44].

Reteremos desse debate a linha mestra que salta à vista, e que converge com a posição de Deleuze: se a Diferença é aceita por Hegel, é porque, mesmo ao ser levada ao infinito, ela é reabsorvida numa Identidade. Por outro lado, se a Repetição é recusada por Hegel, é porque ele dela tem uma concepção identitária – Deleuze dirá negativa, adulterada[45]. A alternativa bergsoniana, é verdade, não

43 Cit. por Arantes, *op. cit.*, p. 166.

44 B. Prado Jr., *Presença e Campo Transcendental*, pp. 191-193.

45 *DR*, pp. 346-347 [426-7], e 367-368 [451-2]. Embora a repetição se distinga da generalidade, da semelhança ou da equivalência, Deleuze mostra como ela é reduzida a esses seus "avatares" adulterados. A "representação invoca a identidade do conceito tanto para explicar a repetição quanto para compreender a diferença.

teria por que ser recusada por Deleuze, e é dela que ele parte, como vimos. Contudo, é preciso reconhecer que para Deleuze a solução virá de Nietzsche (ou *em* Nietzsche), onde a afirmação da diferença e a repetição são não apenas compatíveis, porém reciprocamente condicionadas, e isto na figura enigmática que nos caberá explicitar – a do eterno retorno da diferença, equivalente ao que Deleuze chamou de "círculo do outro".

2.2.5. Círculo, Metáfora do Mesmo?

Até agora admitimos a figura do Círculo como uma metáfora do Mesmo, associado à Identidade e ao Presente. A própria Filosofia é concebida como tal, já que sempre reencontra no final (de forma explícita ou no conceito) o que estava no início sem conceito e de forma implícita. Como o diz Deleuze,

> qualquer que seja a complexidade do esforço, quaisquer que sejam as diferenças entre os procedimentos destes ou daqueles autores –, é o caso de dizer que tudo isto é ainda simples demais e que este círculo não é na verdade suficientemente tortuoso. No caso da Filosofia, a imagem do Círculo daria testemunho, antes de tudo, de uma impotência para recomeçar verdadeiramente e também para repetir autenticamente[46].

A mesma ideia retorna com humor a propósito dos "idiotas" que não aceitam os pressupostos subjetivos ou objetivos do que significa pensar, cujo grande exemplo é o homem do subsolo de Dostoievsky "que não dispõe de compasso para traçar um círculo. Ele é o Intempestivo, nem temporal e nem eterno"[47].

No entanto, antes de abordar o Círculo do Outro é preciso acrescentar uma ressalva importante ao que foi dito anteriormente, e reconhecer que o Círculo só é uma metáfora do Mesmo quando vira uma modinha de realejo, um refrão, como dizia Zaratustra, quando não é concebido como "suficientemente tortuoso". Pois mesmo em Nietzsche assistimos a uma valorização do círculo de um outro ponto de vista, na medida em que ele abole qualquer finalidade ou finalismo, evacuando o sentido, suprimindo o ressentimento e o espírito de vingança contra a impossibilidade de retroagir no curso irreversível do tempo linear – aspectos sublinhados por diferentes intérpretes, nas mais variadas direções.

A diferença é representada *no* conceito idêntico e, assim, reduzida a uma diferença simplesmente conceitual. A repetição, ao contrário, é representada *fora* do conceito, como uma diferença sem conceito, *mas sempre sob o pressuposto de um conceito idêntico*" etc. E mais adiante: "Em suma, há sempre repetição em função daquilo que não se é e daquilo que não se tem".

46 *DR*, p. 170 [216].

47 *DR*, p. 171 [217].

Fiquemos com uma única citação, de Leon Kossovitch, em que esses vetores são lidos numa perspectiva eminentemente temporal:

O grande ano prescinde de orientação; simples escala, quantidade extensa, ele não pode se configurar como um vetor. Com efeito, a repetição suprime todo "antes", "agora", "depois" e é em virtude dessa supressão que o possível se instala todo-poderoso. Desaparece a unilateralidade do possível, o mero "depois": o "agora" e o "antes" são alçados ao mesmo nível. Tal é o sentido do tempo circular: apagar todo fato, todo "feito". [...] Suprimir o tempo linear, tornar reversível o curso: a repetição é o princípio que liberta a força do ressentimento. Com efeito, só essa supressão pode abrir possibilidades infinitas ao criar, apagando todo limite [...] A repetição instala a criação superlativa [...] A libertação do tempo é, assim, libertação face aos estados de força: pensá-la no plano temporal é projetar essa liberdade sobre o Todo[48].

2.3. ABERTURA DO CICLO DA REPETIÇÃO

O estatuto da repetição, como se pode perceber por todas as observações precedentes, é complexo e variável. O próprio círculo pode ser refrão ou libertação no interior de um mesmo pensamento, como é o caso de Nietzsche. Ora, como seria diferente em Deleuze?

Com efeito, há em Deleuze três tipos de repetição: a física, a metafísica, a ontológica, e elas correspondem respectivamente ao presente, ao passado e ao futuro. Já tivemos oportunidade de evocar as duas primeiras e suas diferenças. Para resumir o que foi dito, lembremos que a repetição física também pode ser chamada de nua, bruta, material, ao passo que a repetição metafísica é dita espiritual ou psíquica, de todo modo relativa à Memória. Assim Deleuze distingue as características entre ambas:

Uma destas é a repetição do mesmo e não tem diferença a não ser subtraída ou transvasada; a outra é repetição do Diferente e compreende a diferença. [...] Uma é negativa e por deficiência; a outra é positiva e por excesso. Uma é repetição de elementos, casos e vezes, partes extrínsecas; a outra é repetição de totalidades variáveis internas, graus e níveis. Uma é de fato, sucessiva, enquanto a outra, de direito, é coexistência. Uma é estática, a outra é dinâmica. Uma é em extensão, a outra é intensiva[49].

Qual das duas está mais próxima de uma filosofia da repetição? Poderíamos presumir, pelo que se disse até o momento, que a segunda figura está mais afinada com o projeto filosófico de Deleuze. E no entanto, por mais estranho que possa parecer, e apesar do contraste evocado entre ambos tipos de repetição, é preciso acrescentar que *ambas* habitam ainda a figura do Círculo. Sim, *também* a segunda, com

48 L. Kossovitch, *Signos e Poderes em Nietzsche*, *op. cit.*, pp. 108-109.
49 *DR*, pp. 367-368 [451].

os seus "círculos do passado coexistindo em si", o "círculo de coexistência do passado e do presente", o "círculo de todos os presentes que passam e que coexistem em relação ao objeto = x". Em outras palavras, "a metafísica põe a *physis*, a física em círculo"[50]. O que significa que a Memória imprime às Ideias (tomadas no sentido de multiplicidades positivas) um envergamento, um seu movimento, um *seu* centro, uma "cardinalização". A pergunta surge imediatamente: o que seria dessas Ideias, no sentido que lhes dá Deleuze, caso não estivessem submetidas a esse Círculo da Memória? O que seria dessa síntese fluente, dos elementos, relações diferenciais, pontos singulares que constituem as Ideias, caso fossem liberadas do Ciclo do Tempo?

Num contexto específico referente à relação entre o fundamento e o fundado, em outros termos, entre o transcendental e o empírico, e a tentação irrefreável que ameaça o primeiro de ser absorvido pelo segundo, ou de decalcá-lo, Deleuze escreve: "Ao mesmo tempo que o fundamento recai na representação do que ele funda, os círculos se põem a girar ao modo do Mesmo"[51]. Garantir os direitos do transcendental equivaleria, num certo sentido, a afastá-lo ao máximo da figura do Círculo. Se a Memória pôde ser considerada, na acepção ontológica que lhe deu Deleuze a partir de sua leitura de Bergson, um transcendental, agora é preciso reconhecer que ela ainda é demasiado curvada, circular, e será necessário invocar outra instância, ainda mais transcendental, isto é, ainda mais pura, mais vazia, e portanto mais liberada da forma circular que antes a continha.

Ao invés do Círculo, Deleuze invoca a Linha reta. Esta já não está submetida a uma Forma (a Forma do Círculo), pois ela mesma é a Forma. Já pode "abjurar" inteiramente todo conteúdo empírico e livrar-se de qualquer subordinação ao movimento desses conteúdos que antes a encurvavam. O Tempo liberado do Movimento é, portanto, um tempo que se soltou do Presente e do Passado enquanto centros de um Círculo, e que pode então ganhar uma relação nova com o Futuro. Essa reversão passa por Kant, com quem o Tempo sai do eixo do Movimento, fazendo ecoar a fórmula de Hamlet: "*The time is out of joint*"[52].

Só então, no extremo da Linha Reta, poderá reaparecer um outro Círculo, Círculo do Outro, tortuoso o suficiente para não mais servir de metáfora do Mesmo.

50 *DR*, p. 374 [459].
51 *DR, ibidem.*
52 "Sur quatre formules..."

3. Interregno

3.1. BREVE HISTÓRIA DO TEMPO

> *Assim acaba a história do tempo: cabe-lhe desfazer seu círculo físico ou natural, bem centrado demais, e formar uma linha reta, mas que, levada pelo seu próprio comprimento, torna a formar um círculo eternamente descentrado*[1].

Antes de prosseguir nesta "breve história do tempo" deleuziana, permitimo-nos retomá-la "desde o início", isto é, a partir de um ponto que só foi plenamente formulado no interregno filosófico feito por Deleuze em meio ao seu curso em torno do cinema, ministrado em 1983-1984, em Paris-VIII, Saint-Denis[2]. Com todos os cuidados que impõe a utilização de um material inédito, não poderíamos ignorar alguns elementos significativos colhidos naquele ensinamento oral, sobretudo quando ressoam com ideias já esboçadas em *Nietzsche e a Filosofia*, *Diferença e Repetição* ou no artigo "Sur quatre formules..."

Seria preciso, como nos relatos ordinários, dividir essa fictícia "história do tempo" deleuziana em três períodos redondos. No início era um tempo *selvagem*. Seguiu-se uma *domesticação* do tempo. Sobreveio por fim uma *liberação* do tempo. Esses tempos não constituem momentos sucessivos numa linha única do tempo, mas três linhas temporais embaralhadas, concomitantes em cada uma de suas figuras, a serem "afirmadas" por uma quarta, o *espiralamento descentrado* do tempo, como se verá no último capítulo desse bloco.

1 *DR*, p. 151 [193].

2 Há gravação disponível. A transcrição e sua disponibilização via Internet é parte do projeto de Pinhas, cf: http://www.imaginet.fr/deleuze/

3.1.1. O Tempo Selvagem e sua Domesticação

O primeiro momento, chamado de *tempo selvagem*[3], não é uma hipótese mítica que responderia a uma reflexão sobre as origens, mas o tempo *do próprio mito* no sentido preciso que lhe deu Vernant: o mito como narração da distância que separa o que é primeiro do ponto de vista do tempo e o que é primeiro do ponto de vista do poder, ou seja, no intervalo que vai da *origem à soberania*[4]. Deleuze, inspirado em Vernant, refere-se a essa distância como um tempo do terror, do sem-fundo, tempo desordenado da luta dos deuses, extraordinariamente agitado. O mito nos daria assim um *tempo não-domesticado*, de onde emergem a cada vez deuses abomináveis (como em Hesíodo) até que a soberania de um modelo monárquico apazigue e torne dócil o próprio tempo. Entre a *origem das coisas* (Caos) e a *ordem do soberano* (Zeus) está o tempo anárquico de Kronos (e não o tempo mensurado de Cronos), o tempo crônico e não cronológico: todavia não colocado em ordem por um deus, por um Zeus[5].

Ora, sob influências diversas o modelo mítico desmorona em favor da Filosofia. Na "história do tempo" de Deleuze, com o surgimento da filosofia a domesticação do tempo ganha um novo sentido. Pois com ela, os dois termos antes afastados no mito – a origem das

3 O termo presta-se a equívocos, pois não se trata do tempo positivo e marcado *dos* selvagens, mas do tempo *não-domesticado* e *não-regrado*, tempo bruto, anterior a qualquer categorização.

4 "Nessas teogonias orientais, como nas da Grécia às quais elas puderam fornecer modelos, os temas de Gênese ficam integradas numa vasta epopeia tal que faz se enfrentarem, para a dominação do mundo, as gerações sucessivas dos deuses e diversas potências sagradas. O estabelecimento do poder soberano e a fundação da ordem aparecem como os dois aspectos inseparáveis do mesmo drama divino [...]"; "[...] a função do mito é estabelecer uma distinção e como uma distância entre o que é primeiro do ponto de vista temporal e o que é primeiro do ponto de vista do poder [...] descrevendo, através da série de gerações divinas, os avatares da soberania até o momento em que uma supremacia, esta definitiva, põe um termo à elaboração dramática da *dynasteia*" (J. P. Vernant, *As Origens do Pensamento Grego*, São Paulo, Difel, 1986, pp. 73-84).

5 Eis a versão de Tournier para o tema do tempo selvagem e sua domesticação, na ilha de Robinson Crusoé: "O que me surge repentinamente como evidência imperiosa é a necessidade de lutar contra o tempo, isto é: de aprisionar o tempo. Na medida em que vivo dia a dia, abandono-me, o tempo desliza-me por entre os dedos, perco meu tempo, perco-me. No fundo, todo problema nesta ilha poderia traduzir-se em termos de tempo, e não foi por acaso, partindo do mais baixo, comecei por viver aqui como se vivesse fora do tempo. Restaurando meu calendário, recuperei a posse de mim próprio. Urge fazer cada vez mais. Desta primeira colheita de trigo e cevada, nada deve usar-se no presente. Toda ela será energia voltada para o futuro". E mais adiante: "Quando ouvia, de dia ou de noite, o ruído regular das gotas caindo na bacia, sentia-se orgulhoso por o tempo já não deslizar, apesar de tudo, para um escuro abismo e, pelo contrário, encontrar-se regularizado, dominado, em suma: ele também domesticado, como toda a ilha iria ficar, pouco a pouco, graças à força de alma de um só homem" (M. Tournier, Sexta-Feira ou Os Limbos do Pacífico, pp. 53-54, 58-59).

coisas e a ordenação soberana –, através da filosofia se aproximam e até coincidem. O mundo então passa a ser *feito* e *ordenado* num único gesto. A *distância* temporal que o mito guardava entre o surgimento e a ordenação é abolida e uma identidade inédita aparece entre a gênese e a ordem, a origem e a dominação.

Mas a substituição do antigo par origem/soberania pelo novo par modelo/cópia, proposto pela filosofia, não significa que a domesticação do "tempo selvagem" esteja dada. Ao contrário, é preciso uma operação complexa de submetimento e coação desse tempo, paralelamente à ordenação do movimento. É o que descreve, por exemplo, o *Timeu* de Platão. Tudo começa pelo demiurgo, que forja a matéria do mundo à imagem e semelhança do modelo eterno contemplado. Na feitura do mundo entram dois ingredientes, o Mesmo e o Outro. Mas nada aí é pacífico, "[...] a natureza do Outro era rebelde à mistura; para uni-la harmonicamente ao Mesmo ele [o demiurgo] usou do constrangimento" (35a). O Outro (o Tempo, dirá Deleuze!) em parte escapa à mistura, é preciso sempre recomeçar a operação a fim de acuá-lo. Tem início um processo de divisão, através do qual parte dele ao menos se incorpora. É toda uma estratégia, segundo uma série de progressões e proporções geométricas, algarismos-chave cujos intervalos são preenchidos por termos médios etc. Uma vez obtidos estes, o demiurgo *ordena* o movimento do mundo em função deles. Isto é, faz o movimento do mundo passar pelas posições privilegiadas marcadas pelos algarismos sagrados ou termos médios, bem como obriga as mudanças qualitativas a passarem por estados determinados.

Assim, é num mesmo golpe que o movimento no mundo torna-se *circular* (assemelhando-se ao modelo eterno), e o tempo se vê acuado, *domesticado*, saindo de seu abismo para tornar-se sensato, ajuizado. Nesse sentido, Platão estaria narrando um *encurvamento do tempo*, sua colocação em círculo, sua tutelagem. O Tempo passa a ser, na filosofia antiga, uma espécie de Porta Giratória[6].

A essa altura poderíamos nos perguntar se não desembocamos, com essa afirmação por demais peremptória, numa generalização abusiva em relação ao estatuto do tempo na Antiguidade. Ao dizer que o tempo *na filosofia antiga* se torna uma espécie de Porta giratória, não teria Deleuze operado uma fusão entre Platão e Aristóteles? Se é certo que o *Timeu* descreve um "encurvamento" do tempo pelo movimento, não seria preciso lembrar que Aristóteles justamente recusa identificar o tempo com o movimento? Afinal, é precisamente sobre este ponto que incide sua crítica a Platão: tempo não é movimento, já que a) a mudança ou o movimento de cada coisa está *em* cada coisa que se move, mas o tempo está em toda parte e com todas as coisas (Física

6 "Sur quatre formules...", e *in CC*, p. 40 [36].

IV, 218 b, 10-13); b) a mudança pode ser mais rápida ou lenta sem que o tempo também o seja, já que é através do tempo que se mede essa rapidez ou lentidão (*idem*, pp. 14-18).

No entanto, do ponto de vista em que se coloca Deleuze essa diferença entre Platão e Aristóteles é irrelevante, pois em ambos os casos o tempo é pensado *em relação* ao movimento, ao qual ele se identifica, num caso, que ele mede, no outro. Importa a Deleuze sobretudo a relação de *subordinação* do tempo ao seu conteúdo, que a tradição não questionou e que a filosofia moderna se encarregará de reverter.

3.1.2. O Número e o Tempo

Isso não impede que o Eterno, ao qual, segundo Deleuze, remete o número, possa ser lido diferentemente conforme se pense em Platão ou Aristóteles. De fato, no primeiro, o número que regula o movimento dos corpos celestes é eterno na medida em que ele é o mesmo que governa a estrutura do mundo das ideias, no *noûs* centrado no Uno. A esse respeito, usaríamos a versão explicativa do *Timeu* sugerida por R. Brague: O demiurgo "teve a ideia de fazer uma imagem móvel do conteúdo noético-numérico do Vivente. Ele deu pois ao conjunto dos corpos celestes uma repartição ordenada. Ao fazê-lo, ele fabrica uma imagem desse conteúdo. Ainda que esse conteúdo permaneça no lugar, o céu que é sua imagem avança seguindo o número que exprime esse conteúdo, esse número mesmo que nós chamamos de tempo." Ao acentuar o caráter cosmológico dessa versão, na contracorrente do psicologismo atribuído à fórmula "o tempo, imagem móvel da eternidade", o intérprete assim resume o sentido da frase platônica: "O tempo é o movimento ordenado do céu, que manifesta a estrutura numérica da alma do mundo"[7].

Já em Aristóteles, o número do movimento refere-se a uma "estrutura de articulação anteroposterior", que determina o anterior e o posterior no movimento, numa "ordenação *do* movimento"[8]. Como o diz J. M. Dubois, em sua síntese: o tempo, "sem ser movimento, é algo do movimento. O quê do movimento? O que é atualmente numerado pelo espírito, isto é o anterior-posterior enquanto discernido a partir do instante presente". Assim, o tempo "acrescenta ao movimento uma certa

7 Cf. R. Brague, *Du temps chez Platon et Aristote*, Paris, PUF, 1982, pp. 69-71; para um comentário mais detido sobre o método de divisão matemático referido no *Timeu*, bem como da escala melódica à qual aspira e do sentido cosmológico desta narrativa, cf. A. E. Taylor, *A Commentary on Plato's Timaeus*, London, Oxford University Press, 1928, pp. 106 e ss.

8 Respectivamente, Brague, *op. cit.*, pp. 141-142, e John F. Callahan, "Aristotle: Time, the Number of Motion", *Four Views of Time in Ancient Philosophy*, Cambridge, Harvard University Press, 1948.

determinação inteligível". Mas se o instante mede o tempo segundo sua estrutura, o tempo mede o movimento segundo sua extensão[9]. Que ademais o tempo seja uma espécie de círculo, entende-se quando se considera o quanto o movimento circular uniforme do móvel mais perfeito (o da primeira esfera) é o que mais se assemelha ao primeiro motor ele mesmo, na imitação de sua eternidade[10].

Como se pode depreender desses poucos comentários, a frase de Deleuze, que citamos a seguir, apenas retoma um vetor consensualmente salientado pelos intérpretes, embora o arraste, posteriormente, numa direção inteiramente própria:

> Enquanto o tempo permanece em seus gonzos, está subordinado ao movimento extensivo: ele é sua medida, intervalo ou número. Sublinhou-se com frequência esse caráter da filosofia antiga: a subordinação do tempo ao movimento circular do mundo como Porta Giratória. É a porta cilíndrica, o labirinto aberto à origem eterna[11].

3.1.3. Anomalias do Tempo

Contudo, o movimento circular instituído como imagem semelhante ao modelo, por mais ordenado que seja, não deixa de apresentar anomalias, aberrações de movimento. Assim, a cada aberração do movimento, da cópia disciplinada, corresponderá um *flash* sobre um *tempo não-domesticado*, o tempo selvagem acuado que volta e ameaça submergir tudo. Quanto mais próximos estamos da terra, mais o movimento circular apresenta aberrações (Aristóteles), mais essas aberrações desprendem um tempo não-domesticado, e mais elas nos livram *a* um tempo não-domesticado. Assim, a ameaça do tempo selvagem persiste e é coextensiva ao mundo, não pode ser "superada", embora possa ser "compensada".

Exemplo desse duplo movimento encontramos em Anaximandro, que oscila entre os dois polos, o da aberração e da ordenação: "Os seres pagam uns aos outros a pena e a reparação de sua injustiça, segundo a ordem do tempo"[12]. A existência, vista por Anaximandro como criminosa e faltosa, deve ser expiada pela luta recíproca da pluralidade dos entes, pelo sofrimento, corrupção e destruição constantes, pela morte. Cabe ao tempo redimir os seres desse crime titânico da existência, dessa *hybris*, dessa falta, embora ela não seja ainda culpada, responsável, cristã. *O tempo é a justiça imanente da Terra*. A função do tempo consistiria em operar sobre esse crime a justiça mútua, e por

9 J. M. Dubois, *Le temps et l'instant selon Aristote*, Paris, Desclée de Brouwer, 1967, p. 297, 302, 362 respectivamente.

10 *Idem*, p. 289.

11 "Les quatre formules...", e *CC*, p. 40 [36].

12 *NF*, p. 22 [16]. Ao recompor os elementos significativos dessa narrativa de Deleuze, apoiamo-nos, sempre que possível, em referências publicadas.

ela a redenção do existente[13]. Nesse tempo da expiação recíproca está sempre em jogo um *excesso* e sua *compensação*, pela via da restauração de um equilíbrio rompido pela desmesura. Perpétua compensação cósmica em que é preciso sem descanso conjurar a desmedida do existir, e que cabe à inengendrada terra operar, restaurando um movimento circular antes interrompido.

Uma lógica semelhante rege o destino do herói trágico, aquele cuja desmedida (não mais a de existir, mas de infringir as leis dos deuses) rompe o círculo perfeito do tempo e exige uma compensação restauradora. O oráculo, na sua fala oblíqua, nunca compreendida quando enunciada, anuncia a ruptura do círculo domado do tempo, empurrando o herói para dentro de um tempo desregrado, seja Tirésias nas tragédias de Sófocles, seja a feiticeira de *Macbeth*, em Shakespeare. Alvejados pela aberração cometida pelos homens, os deuses restauram o equilíbrio. Mas é como se já não pudesse haver reparação do crime e da desmedida, restabelecimento do equilíbrio, e sucedem-se estados cada vez mais distantes do equilíbrio. Édipo já erra como Caim, e a partir de um certo momento os gregos não creem mais no jogo da reparação tal como ainda sucedia em Anaximandro. Tucídides já é o historiador do tempo puro, de um tempo *liberado do movimento circular das compensações*. Diz Deleuze: era preciso colmatar as aberrações de movimento, mas o tempo selvagem ameaçava derrubar tudo. O jogo do restabelecimento do equilíbrio terminou, e o regime de tempo que se anuncia distancia-se mais e mais de uma sensatez.

3.1.4. A Liberação do Tempo

Quando a aberração escapa do círculo do movimento e ganha autonomia, o tempo se liberta do movimento. Estamos então às portas do shakespereano Kant de Deleuze. *The time is out of joint!*, exclama Hamlet, o Príncipe do Norte. O tempo sai dos gonzos. A tradução filosófica dessa reversão essencial para a moderna consciência do tempo estaria em Kant, para quem pela primeira vez o tempo pode ser pensado independente do movimento, ganhando a linha reta. É o tempo tornado homogêneo, uniforme, sem posições privilegiadas, tempo do instante qualquer, tempo abstrato, abstraído do movimento ao qual

13 O que Nietzsche criticava em Anaximandro era a depreciação da existência, que a expõe a um julgamento, necessariamente moral, a partir do qual o vir-a-ser é considerado já uma maldição, e a pluralidade uma contradição a ser consumida. Como o disse Schopenhauer, que Nietzsche aproximou de Anaximandro: "O verdadeiro critério para o julgamento de cada homem é ser ele propriamente um ser que não deveria existir, mas se penitencia de sua existência pelo sofrimento multiforme e pela morte... Penitenciamo-nos de nosso nascimento, em primeiro lugar, pelo viver e, em segundo lugar, pelo morrer".

antes estava subordinado e que ele media. É um tempo que deixa de ser medida (abstrata) de um movimento orgânico (concreto) para tornar-se ele mesmo concreto. É a emergência da realidade concreta do tempo, justamente no momento em que ele se torna o mais abstrato (Marx), isto é, o mais abstraído de qualquer conteúdo ou movimento. É o tempo que envolve o mais profundo mistério, pois de algum modo representa a revanche absoluta do tempo selvagem, mas numa forma purificada. Como se reencontrássemos aqui o Outro de Platão em estado puro. É um novo e terrível labirinto, é a mais louca das linhas, que não mede nada, que já nem "rima", como diz Hölderlin.

Ao não mais curvar-se ao movimento que ele antes media, no mesmo gesto se emancipa da eternidade que servia de modelo a esse mesmo movimento. É toda a relação do tempo com a eternidade, característica da Antiguidade, que se vê aí colocada em xeque. Não há qualquer contrassenso em ora dizer que o tempo se livra de seu atrelamento ao movimento, ora dizer que ele se livra de sua subordinação à eternidade, já que o movimento circular do mundo leva a marca da perfeição do Eterno[14]. O tempo então já não mede um movimento originário (o dos astros) ou derivado (meteorológico, ou terrestre). Conviria dizer que ele se emancipa precisamente dessa solidariedade tradicionalmente aceita entre o Alto e o Baixo. Um tempo que já não é o tempo do Céu nem o da Terra, mas o da Cidade, da cotidianidade. No cotidiano assim desenrolado não se medita mais aquilo que paira acima dele (o Eterno), mas a produção do Novo a partir do dia qualquer, do instante qualquer.

3.1.5. Antiepílogo

O tempo emancipado é o tempo emancipado de qualquer forma extrínseca a ele, que não mais obedece a uma forma (ou ordem) transcendente, ou à marca dessa eternidade no movimento do mundo. O tempo já não está subordinado a uma forma que o determine, já que ele mesmo é doravante a forma do determinável.

É neste momento que nos defrontamos com o maior mistério, já assinalado: que o mais formal engendre o mais informal, que o mais igual se abra para o mais desigual, que o mais reto libere a mais

14 É preciso ter em mente a relatividade deste esquema, visto que o postulado de um tempo exclusivamente circular na Antiguidade (e portanto derivado da física) é contestável, como o sugeriu V. Goldschmidt em seu *Le système stoïcien et l'idée de temps*, Paris, Vrin, 1953, pp. 49-51, e como o mostrou Alliez com o exemplo da "crematística" em Aristóteles, em *Tempos Capitais*, ao prolongar com fôlego a ideia de *aberrações* evocada por Deleuze. Foi Bento Prado Jr., em resenha sobre o livro de Alliez: "Filósofo Desembaraça as Intrigas do Tempo", in *Folha de S. Paulo*, Caderno Letras, 7.10.1991, quem fez a ponte entre o eixo do trabalho de Alliez e a observação de Godschmidt referida acima.

estranha curvatura. É o enigma desse tempo desencurvado (por Kant) e seu anunciado espiralamento descentrado (por Nietzsche no Eterno Retorno) que obseda a obra de Deleuze até os seus últimos escritos.

Não há como escapar de um antiepílogo: nesse ponto extremo em que será dito afinal o tempo da modernidade, as diversas figuras temporais espalhadas ao longo da obra de Deleuze se contraem numa nova e necessária hibridação, fazendo ver a matriz especulativa que ali estava em germe, desde o início, rodeando o Outro, conjurado ou envergado, e que constituirá por fim uma figura impossível, o Círculo do Outro, o Tempo como Diferença. Não é curioso, em todo caso, que o *Timeu* já mencionasse, além do círculo do Mesmo, um círculo do Outro ou do Diferente?[15]

3.2. O KANT DE ALICE

Antes de avançar em direção a esse antiepílogo, convém retomar com mais vagar alguns aspectos referentes à reversão kantiana tão valorizada por Deleuze no curso dessa narrativa, e que ele exprimiu com as fórmulas poéticas já referidas de Hamlet, *The time is out of joint!*, e de Rimbaud, *Je est un autre*.

3.2.1. Tempo e Causalidade

Ao explorar a seu modo um polo recusado por Kant na Segunda Analogia da Experiência, Deleuze dá voz ao que parece ser um fantasma a rondar o edifício kantiano neste ponto de sua construção: a saber, um tempo que não fosse subsumido à causalidade. Em poucas palavras, o problema que enfrenta Kant é o seguinte: o próprio tempo, em que tudo muda mas que ele mesmo não muda, não tem como determinar a ordem da mudança, ou fundar a necessidade da sucessão. É preciso então que o tempo seja esquematizado; os fenômenos que nele (se) sucedem devem ser submetidos a uma regra, que não é outra senão a lei da causalidade, de modo que todas as mudanças aconteçam conforme "o princípio da ligação da causa e efeito"[16].

Ora, para Kant, a ligação entre duas percepções no tempo é feita pela faculdade sintética da imaginação. Mas ela pode ligar dois estados de vários modos, ora fazendo com que um estado preceda o outro, ora vice-versa. Como determinar qual é a relação objetiva entre os dois fenômenos, se não se os submete ao conceito puro do entendimento,

15 Para um comentário do sentido cosmológico de um tal círculo no *Timeu* (36c), referindo-o à eclíptica e suas irregularidades, cf. Taylor, *op. cit.*, pp. 148-149.

16 Kant, *Crítica da Razão Pura*, trad. Manuela Pinto dos Santos e A. F. Morujão, Lisboa, Calouste Gulbenkian, p. 217.

ao conceito da relação de causa e efeito, "em que a causa determina o efeito no tempo, como sua consequência"? A própria experiência, e portanto o conhecimento empírico, só são possíveis porque submetemos a sucessão dos fenômenos à lei da causalidade[17].

Entretanto, embora a apreensão dos fenômenos no espírito seja sempre sucessiva, como ter certeza de que essa sucessão das representações corresponde à sucessão nos próprios fenômenos? Como pode a *sucessão das representações*, que é aleatória, subjetiva, mera associação privada e contingente, composta de conteúdos de consciência, levar à *representação da sucessão*, necessária nas suas conexões, ou seja, objetiva, constituindo um conhecimento empírico? Ou então, como diferenciar por um lado a sucessão subjetiva da apreensão, e por outro a sucessão objetiva dos fenômenos, para que não se tenha apenas "um jogo de representações, que não se referiria a qualquer objeto"?[18] É o risco de um tal jogo arbitrário de representações, insubordinado à métrica do movimento, que deve ser evitado e conjurado.

Os exemplos de Kant são triviais. Apreendemos uma casa segundo a ordem temporal de nossa percepção, isto é, sucessivamente (primeiro um lado, depois outro etc.), porém a casa como fenômeno não é sucessiva, ela é coexistente. Mas eis um barco impelido por uma corrente: percebemos o mesmo a montante do rio, antes de o percebermos a jusante.

> A ordem da sequência das percepções na apreensão é pois aqui determinada, e a ela está sujeita a apreensão. No exemplo anterior de uma casa, as minhas percepções poderiam, na apreensão, começar pelo cimo e terminar no solo; mas também começar por baixo e terminar em cima e do mesmo modo apreender à direita e à esquerda o diverso da intuição empírica. Na série destas percepções não havia nenhuma ordem determinada, que impusesse, necessariamente, por onde devia começar a apreensão, para ligar empiricamente o diverso[19].

Há portanto um tempo subjetivo, em que as representações entendidas como conteúdos mentais se ordenam segundo uma sucessão não necessária, e, por outro lado, um tempo objetivo, quando nós sintetizamos essas representações, reproduzindo-as na imaginação de acordo com uma regra, numa sucessão necessária, conforme a lei da causalidade.

A regra encadeadora de uma sucessão objetiva remete o condicionado para sua condição: "no que precede se encontra a condição pela qual se segue sempre (isto é, necessariamente) o acontecimento"[20]. É o princípio de razão suficiente, como fundamento da experiência possível.

Há quem sustente que Kant jamais conseguiu deduzir a submissão necessária do tempo à causalidade, nem produzir o conceito de

17 *Idem*, p. 218.
18 *Idem*, p. 221.
19 *Idem*, p. 220.
20 *Idem*, p. 225.

causalidade como uma determinação de tempo. Se o tempo constitui a forma imutável da mudança, "nem por isso pode ele garantir uma ordem de mudança que seja necessária"[21]. Com essa observação, Martin talvez expresse uma das suspeitas que organizam a torção deleuziana.

Na esteira desse comentário, já podemos nos acercar do "fantasma" que se insinuava em Kant, e lançar a pergunta mais perturbadora: O que seria de um *tempo livre da causalidade*?[22] Seria sequer pensável um tempo não submetido a esse princípio, a essa regra e a sua unidade? Em outros termos, talvez mais conformes com o que foi exposto anteriormente a respeito do movimento: Como pensar um *tempo liberado das conexões orgânicas que o disciplinavam*? Ou, retomando a terminologia dos antigos que expúnhamos acima: De que maneira figurar-se um *tempo subtraído ao número como medida do movimento*? Variações todas de uma mesma pergunta: *Como conceber um tempo devolvido a si mesmo*?

Será que a necessidade tão imperiosa do esquematismo não deixaria entrever, como seu avesso, precisamente a ameaça de um tal tempo não-esquematizado, não-direcionado, puro campo de vetores sem orientações determinadas? Não assistiríamos aí à emergência de um tempo multiplamente vetorizado, tempo flutuante, não-pulsado, e que Deleuze teria concebido como um a-fundamento?

É como se Deleuze tivesse se aventurado a examinar o avesso de Kant, no outro lado do espelho, como Alice no País das Maravilhas[23]. Com isso teria deixado aflorar a suspeita de outros tempos virtuais a assediar o edifício kantiano, explorando-os por sua própria conta. Martin tem razão então ao afirmar: "Liberar o tempo de sua submissão ao esquema sensório-motor, de sua dependência ao movimento racional

21 J.-C. Martin, *Variations*, pp. 78-79.

22 Uma tal pergunta já está presente em Bergson, como o mostrou Franklin Leopoldo e Silva em *Bergson, Intuição e Discurso Filosófico*, São Paulo, Loyola, 1994. O autor salienta como para Bergson era inaceitável o ponto de vista de Kant segundo o qual "sucessão é sempre o critério empírico da causalidade" (p. 168), sugerindo que, para uma experiência direta da duração "seria preciso pelo menos conceber a possibilidade de um tempo diferente da sucessão determinada, um tempo que não fosse meramente destinado a servir de suporte à lei de causalidade determinista" (p. 171). Sem querer diminuir a importânia dessa trilha bergsoniana para Deleuze, é preciso reconhecer, não obstante, como se pode ver na crítica de Bergson às teorias tradicionais do tempo, desde Aristóteles até Hegel, tal como o reconstrói o capítulo II do estudo do autor, que a perspectiva deleuziana não coincide com vários aspectos deste recorte (por exemplo, o estatuto do tempo vazio e homogêneo, da simultaneidade, ou o privilégio da *sucessão* qualitativa ou da duração *psicológica*). Talvez a diferença fundamental esteja no tratamento dado por Deleuze à tradição, vendo nela, mais do que a endosmose entre tempo e espaço (embora isto possa estar presente indiretamente na referência a um tempo subordinado ao movimento, contraposto a um tempo devolvido a si mesmo), distintos regimes ou "condutas" temporais.

23 A expressão foi sugestão de Monique David-Ménard.

que a causalidade regra, parece-nos ser o sentido mesmo de um projeto que trata da constituição de uma imagem-tempo direta"[24]. Os livros em torno do cinema mostram o que ocorre quando o tempo deixa de ter por função regular o vir-a-ser, livrando-nos um devir não-dialético[25], com outros tipos de encadeamento, de corte, de saltos, de imagens e, por conseguinte, de imagens de tempo.

Por um instante Kant teria vislumbrado a ameaça de um jogo imanente sem regras, para em seguida opor-lhe seu chão crítico.

3.2.2. Eu É um Outro

Outros jogos insinuam-se em Kant, igualmente perturbadores. Por exemplo, o que se conhece como paradoxo do sentido interno, e que Deleuze traduziu com a fórmula de Rimbaud, "Eu é um outro". Trata-se ainda da *linha* do tempo, porém já não desfazendo o círculo do tempo, e sim a coincidência *circular* do sujeito consigo mesmo.

O paradoxo do sentido interno, em Kant, consiste no seguinte: o espírito intui-se a si próprio não tal como é, mas tal como aparece a si mesmo, e segundo a maneira pela qual é afetado interiormente. O sujeito só conhece a si próprio como fenômeno[26]. É numa nota de rodapé que o mestre de Königsberg expõe a observação que interessará a Deleuze:

> O "eu penso" exprime o ato de determinar a minha existência. A existência é pois, assim, já dada, mas não ainda a maneira pela qual devo determiná-la, isto é, pôr em mim o diverso que lhe pertence. Para tal requer-se uma intuição de si mesmo, que tem por fundamento uma forma dada *a priori*, isto é, o tempo, que é sensível e pertence à receptividade do determinável[27].

O alcance dessa ideia é precisado no texto "Sur quatre formules..." Se para Descartes o *eu penso* determina instantaneamente a existência indeterminada *eu sou* enquanto uma substância pensante (eu sou *uma coisa que pensa*), Kant lhe objeta que a *determinação* não poderia incidir sobre o *indeterminado* se não se diz de que maneira ele é "*determinável*". E a resposta de Kant é inequívoca: apenas sob a forma do tempo pode a existência indeterminada ser determinada. O tempo é a *forma da determinabilidade*.

Se esse paradoxo interessa tanto a Deleuze isto se deve, entre outras razões, ao fato de que confluem aqui dois temas caros a ele: a *falência da identidade do eu* e a *emergência independente do tempo*. De fato,

24 J.-C. Martin, *op. cit.*, p. 81.

25 A expressão "lógica não-dialética do devir" é de F. Zourabichvili, in *Deleuze, une philosophie de l'événement*, Paris, PUF, 1994.

26 Kant, *Crítica da Razão Pura*, § 24, p. 157.

27 *Idem*, § 25, p. 159n.

a iniciativa kantiana teria o mérito de "introduzir a forma do tempo no pensamento", provocando "uma espécie de desequilíbrio, de fissura ou de rachadura, uma alienação de direito". É que o pensamento seria, a partir daí, indissociável desse tempo que fende o sujeito, desse limite interno que o torna Outro de si mesmo.

É toda a relação do pensamento com o impensável que aí está colocada. É o que Deleuze menciona em *Diferença e Repetição*: "o que existe para ser pensado é do mesmo modo o impensável ou o não--pensado, isto é, o *fato* perpétuo que 'nós não pensamos ainda' (segundo a pura forma do tempo)"[28]. Ideia que recebeu uma explicitação mais mediada quando Deleuze a relacionou com a própria ideia de limite:

> O tempo tornou-se o limite do pensamento e o pensamento não cessa de ocupar-se com seu próprio limite. É por dentro que o pensamento está limitado. Não há mais uma substância extensa que limita desde fora a substância pensante, mas a forma do pensamento está inteiramente atravessada, como que rachada feito um prato, pela linha do tempo. Ela faz do tempo o limite interior do próprio pensamento, a saber, o impensável do pensamento. A partir de Kant, a filosofia se dará por tarefa pensar o que não é pensável, ao invés de pensar o que é exterior ao pensamento. O verdadeiro limite atravessa e trabalha o pensamento por dentro[29].

Quando a Linha substitui o Círculo, quando o tempo linear quebra a circularidade do tempo, é a noção mesma de limite que se altera. Pois o tempo circular que antes englobava e continha o mundo (ou o pensamento), e o *limitava*, agora atravessa o mundo (ou o pensamento) e o faz fugir, arrastando o sujeito a uma outra aventura dos limites, a uma *passagem ao limite*.

A mesma lógica vale quando se pensa, ao invés da Linha, na Forma. Para Kant o tempo é forma da intuição. Mas Deleuze nota que a ideia do tempo concebido como forma não equivale a um molde (fixo) que se aplicaria a uma matéria (a diversidade sensível), numa relação extrínseca correspondente a uma formatação, a uma *modelagem*. Trata-se, ao invés disso, de uma *modulação*. Reencontramos a ideia de Simondon: a modulação como molde em variação infinita, a modulação como sendo a própria variação. No caso que aqui nos ocupa, isto é, o do sujeito dividido pela forma do tempo em eu ativo da espontaneidade (*Je*) e eu passivo da receptividade (*Moi*), o tempo é, conforme a terminologia de Kant, autoafecção: "o tempo é essa relação formal segundo a qual o espírito se afecta a si mesmo [...] O tempo poderá ser definido como o Afecto de si por si". Deleuze faz emergir da definição do tempo como forma e autoafecção essa figura subjetiva da modulação, da oscilação, da variação e da vertigem[30].

28 *DR*, p. 188 [239]. A vizinhança com Heidegger será retomada adiante.
29 Aula de 28.3.1978, disponível na Internet.
30 "Sur quatre formules...", p. 45.

3.2.3. Sartre e Rimbaud

É verdade que Deleuze não foi o primeiro a usar a fórmula poética de Rimbaud para ilustrar a divisão do sujeito. Roberto Machado lembra que *Je est un autre* já aparecia em Sartre, em *La transcendance de l'ego*[31]. A utilização que faz Sartre dessa expressão é pontual: visa mostrar como a espontaneidade das consciências não emana do Eu, mas "vai em direção ao Eu". A tese mais geral de Sartre é que o Eu transcendental como instância unificadora é dispensável, já que a consciência se unifica ela mesma no tempo, segundo o ensinamento de Husserl: "o fluxo de consciência constitui sua própria unidade[32]. O que Sartre assim expressa: "a concepção fenomenológica da consciência torna o papel unificador e individualizante do Eu totalmente inútil. É a consciência, ao contrário, que torna possível a unidade e a personalidade de meu Eu". A seguir Sartre analisa o prejuízo que adviria ao caráter absoluto da consciência caso se mantivesse nela a hipótese de um Eu transcendental, ao invés de supô-lo como um objeto para a consciência[33], foco ideal e virtual de unidade. De qualquer modo, na duplicidade do Ego reafirmada por Sartre (enquanto unidade das ações, é *Je*; enquanto unidade dos Estados e das qualidades, é *Moi*), nessa síntese irracional de atividade e passividade[34], não há traço da temática sublinhada por Deleuze, a saber o tempo como responsável pela fissura do sujeito. Muito pelo contrário, ali a unidade da consciência já estava garantida pelo seu fluxo no tempo.

Mas Deleuze reencontrou numa outra formulação de Sartre o eco de uma questão onde Kant, num "momento furtivo", teria ido mais longe que o próprio Sartre. Trata-se de um ponto já mencionado em capítulo anterior: Sartre não teria se desembaraçado o suficiente da forma do eu ao preservar a consciência como totalidade sintética e individual. Deleuze reivindica, pois, contra Sartre, a consigna que este defendera em seu ensaio *La transcendance de l'ego*, qual seja a de purificar o campo do transcendental de toda estrutura egológica. É o que Deleuze fez ao trabalhar o campo transcendental impessoal e pré-individual, como já tivemos ocasião de mostrar. No entanto, uma via suplementar parece oferecer-se para o projeto maior de Deleuze, e que é mais sugerido do que propriamente explorado, tanto em *Diferença e Repetição* quanto no texto "Les quatre formules...": descobrir

31 R. Machado, *Deleuze e a Filosofia*, p. 105.

32 Husserl, *Leçons sur la conscience interne du temps*, § 39.

33 Sartre, *La transcendance de l'ego*, Vrin, 1988, pp. 25-26, onde também está mencionado, em nota de rodapé (n. 26), de Mlle. Le Bon, um artigo de Derrida de *Études philosophiques*, de 1963, onde o dito de Rimbaud é retomado na sua discussão com Husserl.

34 *Idem*, pp. 63 e 65.

no seio do Eu penso, "princípio mais geral da representação"[35], o tempo como fissura, a força do tempo gerando a diferença, e isto no interior do próprio sujeito e do pensamento. Mas como a subjetividade poderia ser assaltada pela força diferenciadora do tempo?

Todo o enfoque parte, como já o mencionamos, do tempo como *forma do determinável*. Retomemos com vagar a passagem em que esta relação está o mais explicitada. Enquanto o *Moi* é passivo, receptivo, e experimenta as mudanças no tempo, e não cessa de mudar, o *Je* é ativo, e opera constantemente a síntese do tempo, distribuindo a cada momento o presente, passado e futuro. Na segunda versão de "Les quatre formules..." essa explicitação é abreviada, e o acento recai sobre um parágrafo em que é tematizada a diferença com Rimbaud. Deleuze mostra que, contrariamente a Rimbaud, em Kant o *Je* não é um conceito, assim como o *Moi* não é objeto, numa relação conceito–objeto de tipo aristotélica, em que o primeiro seria uma forma em ato e o segundo uma matéria em potência. O *Je* não é uma forma, porém a representação que acompanha todo conceito, ao passo que o *Moi* não é um objeto, mas aquilo a que todos os objetos se reportam "como à variação contínua de seus próprios estados sucessivos, e à modulação infinita de seus graus no instante"[36].Ora, podemos presumir, a partir da referência à modulação, termo emprestado a Simondon, o que aí está em jogo: também na relação entre tempo e sujeito deveria ser recusado, conforme o ensinamento de Simondon, o esquema hilemórfico que vigora na tradição ocidental como matriz para pensar a individuação. Não estão frente a frente uma forma pura (do tempo) extrínseca à matéria bruta passiva (multiplicidade sensível), mas antes um sistema completo de atualização de energia potencial, num estado de dissimetria por assim dizer "constitutiva", que dá margem a transformações: para que a matéria seja modelada em seu devir, tal como a argila pressionada no molde, ela deve ser realidade deformável, ou seja, realidade contendo em si todas as formas, indefinidamente[37]. É na esteira dessa variação intrínseca que se pode pensar a ideia de modulação infinita mencionada no texto sobre Kant. Não são duas instâncias que se determinam uma à outra, extrinsicamente, mas o tempo, no interior do sujeito, distinguindo o *Je* e o *Moi*, fazendo-os variar, defasando-os nessas duas instâncias, o que se chamará de autoafecção. A forma do determinável, o tempo mesmo (ou o sujeito) como defasagem, diferenciação, mas também separação que reúne[38].

35 *DR*, p. 228 [180].

36 *CC*, p. 44 [39-40].

37 Gilbert Simondon, *L'individu et sa génèse physico-biologique*, p. 33.

38 Foi Heidegger quem destacou em Kant a subjetividade como autoafecção. Mas nele o tempo é concebido não como o que fende o sujeito, mas como idêntico a ele: "O tempo e o 'eu penso' não são doravante inconciliáveis, já não se opõem

3.2.4. Retorno a si e Dissonância

Ora, essa temática da cisão pode parecer trivial, do ponto de vista da filosofia pós-kantiana. Ao tratar da relação entre egoidade e temporalidade em seu estudo sobre Hegel, por exemplo, Paulo Arantes comenta:

> o tempo é essa atividade negativa ideal de diferenciar-se em que se alternam cisão e soldamento e cujo fundamento lógico deve ser buscado inicialmente no princípio da diferenciação do Uno consigo mesmo [...] Na origem da relação íntima entre o tempo e o Si puro, de que nos fala Hegel, está portanto esse "movimento de cindir-se"; ele é, ao mesmo tempo, desdobramento e apagamento da separação entre conteúdos distintos, isto é, uma "diferença que não é diferença"[39].

Em seguida, ao reconhecer a dívida de Hegel para com a questão da autoafecção do sentido interno em Kant, insiste em como essa *Spaltung* em Hegel se subordina a uma determinação mais elevada, pela qual o sujeito se diferencia do tempo: "Para reencontrar-se, para restituir sua unidade, o eu deve, por conseguinte, subtrair-se à dispersão exterior e regrada do tempo", e como o diz Hegel: "o eu não é a persistência indeterminada e a duração sem consistência; só se torna o que é graças à concentração e ao retorno a si [...] Em oposição a essa progressão (de um Agora a outro), o Si aparece como sendo o *ente-junto-de-si-mesmo*"[40].

Como se pode ver, estamos aí nas antípodas da exigência que Deleuze prescreve a uma filosofia da diferença. A restituição da unidade, o retorno a si, o *ente-junto-a-si-mesmo*, tudo isso vai de encontro com o programa exposto na Introdução de *Diferença e Repetição*: "O primado da identidade, seja qual for a maneira pela qual esta é concebida, define o mundo da representação. Mas o pensamento moderno nasce da falência da representação, assim como da perda das identidades, e da descoberta de todas as forças que agem sob a representação do idêntico"[41]. Não se deveria considerar o tempo como uma dessas inúmeras forças que, segundo Deleuze – e, como se viu acima, diferentemente das distintas concepções apenas evocadas –, põe em xeque a identidade no seio do próprio sujeito?

por uma diferença de natureza, porém são idênticos. Kant, graças ao radicalismo com o qual, na instauração do fundamento da metafísica, interpretou, pela primeira vez, o tempo e o eu penso separadamente, uniu-os precisamente por isso em sua identidade essencial – sem que contudo tenha explicitamente concebido essa identidade" (*Kant et le problème de la métaphysique*, Paris, Gallimard, 1981, p. 246). Cf. também *Interprétation phénomenologique de la "Critique de la Raison Pure" de Kant*, Paris, Gallimard, p. 159.

39 Paulo Arantes, *A Ordem do Tempo*, p. 125.

40 Cit. por Arantes, *op. cit.*, p. 128, extraído de Hegel, *Preleções sobre a História da Filosofia*.

41 *DR*, p. 2 [16].

Ao abordar o exercício divergente das faculdades na terceira *Crítica*, salientando como cada uma evolui *livremente* (e não regida por uma delas, como na primeira *Crítica*), Deleuze ressalta aí a discordância que faz acordo e acorde (*accord*), onde elas entram em relação naquilo que têm de mais estrangeiro, produzindo estranhas combinações como "fontes do tempo"[42]. Deleuze não aprofunda a questão temporal nesse contexto específico, mas ao menos deixa indicado a que ponto, no seio do próprio kantismo, é possível reencontrar distintos jogos de diferenças, sendo que a cada um deles (entre o *Je* e o *Moi*, entre as distintas faculdades, mesmo entre a Lei e ela mesma) corresponderá um tipo de tempo. Não parece abusivo presumir, a partir daí, que a emancipação do tempo é um passo da "história do tempo" que só se completa efetivamente com a emancipação da *dissonância*: "A emancipação da dissonância, o acordo/acorde discordante, é a grande descoberta da *Crítica do Juízo*, a última reversão kantiana"[43]. A emancipação do tempo deve ser colocada sob a luz da emancipação da diferença, e este conjunto anuncia precisamente o tempo como Círculo da Diferença, como Círculo do Outro.

42 *CC*, p. 49 [44].
43 *CC*, p. 49 [44].

4. O Círculo do Outro

Já estamos em condições de voltar à problemática do Círculo melhor armados. Entre o Círculo, o Número, a Lei e o Mesmo, a relação é mais do que de mera ressonância. O Tempo vergado em Círculo pelo demiurgo platônico, o Tempo como Número do Movimento segundo Aristóteles, o Tempo submetido à Lei da causalidade com Kant, o Tempo retornado ao Mesmo, nos Círculos concêntricos de Hegel, como foi visto anteriormente... Eis o horizonte contra o qual Deleuze se inscreve, ainda que nem sempre este se explicite. E quando, de dentro dessas referências, há uma aposta clara no rompimento deste Círculo do Mesmo, por exemplo, nas suas diversas referências a Kant e o modo pelo qual, por seu intermédio, o Círculo se desenrolaria numa nova Reta, Deleuze não se satisfaz em celebrá-lo, e faz ressurgir, no final dessa mesma Reta, o Círculo sob uma forma renovada, numa nova juventude, um outro Círculo, um Círculo do Outro.

4.1. O CICLO E AS FORÇAS

Reencontramos nesse ponto extremo o cerne da leitura deleuzeana de Nietzsche, relativa ao eterno retorno, em consonância com a exigência que teria sido expressa por este da seguinte maneira: "O caos universal, que exclui toda atividade de caráter finalista, não é contraditório com a ideia de ciclo; pois esta ideia é apenas uma necessidade irracional"[1]. É onde Deleuze diz:

1 *NF*, p. 33 [23]. Segundo a referência utilizada por Deleuze, a citação é: *VP*, II, 326. Na tradução completa de Rubens Rodrigues Torres Filho: "O 'caos do todo'

frequentemente o caos e o ciclo, o devir e o eterno retorno foram combinados, mas como se pusessem em jogo dois termos opostos. Assim, para Platão, o devir é ele próprio um devir ilimitado, um devir louco, um devir híbrico e culpado que, para ser colocado em círculo, precisa sofrer a ação de um demiurgo que o envergue pela força, que lhe imponha o limite ou o modelo da ideia; o devir ou o caos são repelidos para o lado de uma causalidade mecânica obscura e o ciclo é referido a uma espécie de finalidade que se impõe de fora; o caos não subsiste no ciclo, o ciclo exprime a submissão forçada do devir a uma lei que não é sua [...] Só Heráclito pressentiu que o caos e o ciclo em nada se opunham[2].

Nietzsche referiu-se à novidade luminosa ("relâmpago divino") que Heráclito teria introduzido nesta "noite mística em que estava envolto o problema do vir-a-ser, de Anaximandro", ao sugerir que o devir não deveria ser "julgado" (culpado, expiado, condenado, retificado a partir de uma lei extrínseca), já que ele é inocente, tem sua própria lei, sua "justiça imanente"[3]. É todo o problema da existência que aí está implicado. Ao invés do sofrimento acusar a vida, e esta precisar expiar seu crime, sua desmedida, e dela redimir-se, cabe fazer do devir uma afirmação, o mundo como o *inocente* "jogo do Aion". *O ciclo afirma o caos, não o enverga nem o corrige.* O que Nietzsche teria expresso da seguinte forma: "Não houve inicialmente um caos, depois pouco a pouco um movimento regular e circular de todas as formas; tudo isso, ao contrário, é eterno, subtraído ao devir; se algum dia houve um caos das forças era porque o caos era eterno e reapareceu em todos os ciclos. O *movimento circular* não deveio, ele é a lei original, do mesmo modo que a massa de força é a lei original sem exceção, sem infração possível. Todo devir se passa no interior do ciclo e da massa de força"[4]. Se nesse texto o movimento circular é entendido por Deleuze como ciclo, e a massa de força como caos, isto só pode ser compreendido à luz do que viemos expondo acima – a saber, o ciclo não como a lei extrínseca que redime um devir suposto negativo ou criminoso, vindo vergá-lo, mas como afirmação imanente de um devir inocente. O ciclo como afirmação significa que à pergunta "qual é o ser do devir?" Heráclito,

como exclusão de toda atividade finalista *não* está em contradição com o pensamento do curso circular: este último é justamente uma *necessidade irracional*!" (Nietzsche, *Obras Incompletas*, coleção Os Pensadores, p. 397, § 21).

2 *NF*, p. 33 [24].

3 Nietzsche, *A Filosofia na Época Trágica dos Gregos*, *in* Nietzsche, *Obras Incompletas*, coleção Os Pensadores, pp. 43-45.

4 *NF*, p. 33 [24]. A citação de Nietzsche tem a seguinte versão de Rubens Rodrigues Torres Filho: "*Não* houve primeiro um caos e depois gradativamente um movimento mais harmonioso e enfim um firme movimento circular de todas as forças; em vez disso, tudo é eterno, nada veio a ser: se houve um caos de forças, também o caos era eterno e retorna em cada anel. O *curso circular* não é nada que *veio a ser*, é uma lei originária, assim como a *quantidade da força* é lei originária, sem exceção nem transgressão. Todo vir-a-ser está no interior do curso circular e da quantidade de força" (*in* Nietzsche, *Obras Incompletas*, coleção Os Pensadores, p. 397, § 20).

e Nietzsche na sua esteira, teriam respondido: "Tornar a vir é o ser do que devém. Tornar a vir é o ser do próprio devir, o ser que se afirma no devir. O eterno retorno como lei do devir, como justiça e como ser"[5].

Não pretendemos repassar no detalhe essa interpretação que Deleuze lança desde as primeiras páginas de *Nietzsche e a Filosofia* de modo tão categórico e soberano. Basta-nos assinalar a importância de que se reveste, de um ponto de vista especulativo, e em especial para a questão do tempo, essa imanência entre o caos e o ciclo, quando este último não mais corresponde à figura do equilíbrio que de fora viria impor-se ao desordenado, salvando-o. O caos e o ciclo só são pensados como excludentes aos olhos de um mecanicismo ou de um criacionismo, de todo modo de um finalismo que Nietzsche recusou.

Num fragmento de 1881, Nietzsche relaciona essa questão do ciclo (e seu oposto, a sucessão linear) à problemática do tempo. Ao atribuir a representação do tempo à sucessão dos fatos, e expor a hipótese de que, se não tivéssemos causas e efeitos, não acreditaríamos no tempo, Nietzsche observa:

> ◎ A periferia exterior de uma roda está, assim como a interior, sempre em movimento, e ainda que mais lenta, comparada com a interior mais rápida, *não está imóvel*. [...] No devir absoluto a força não pode jamais ser imóvel, nem *jamais* ser não força. [...] Um *continuum* de força é sem "*sucessão*" bem como sem "*justaposição*" [...] Mas sem sucessão nem justaposição não haveria *para nós* nem devir nem pluralidade – e nós *poderíamos* somente afirmar que esse contínuo seria um, imóvel, imutável, não devir, portanto desprovido de tempo e de espaço. Mas isto não é justamente senão o *oposto* humano[6]

Retenhamos daí algumas poucas linhas gerais que ressoam com o que viemos desenvolvendo a partir de Deleuze: o ciclo não pode ser pensado como imobilidade contraposta às forças móveis que ele afirma. No entanto, nem a sucessão (ou a lei de causa-efeito que a rege, cuja necessidade é pragmática[7]), nem a simultaneidade convêm a essa imanência recíproca. E que desconcerto provocaria no homem essa impossibilidade de aplicar os modos do tempo, levando-o a crer numa ausência de tempo, alheio a ele. Ora, não será precisamente nesse impasse que se insinua uma figura temporal inusitada, que Deleuze teria explorado no curso de *Diferença e Repetição*?

5 *NF*, p. 28 [20].

6 Nietzsche, *Fragments posthumes, Printemps-automne 1881*, 11[281], *Oeuvres Philosophiques Complètes*, V, Gallimard, p. 415.

7 "A ciência deverá estabelecer cada vez mais a *sucessão* das coisas no seu curso, de modo que os processos se tornem para nós *praticáveis* (por ex., tais como o são na máquina). A *compreensão* do que é causa, do que é efeito, nem por isso está assegurada, mas um *poder de ação sobre a natureza* pode-se assim adquirir" (*idem*, 11 [255] p. 405).

4.2. O CÍRCULO DESCENTRADO

Ao liberar-se de seu conteúdo bem como de sua "figura circular muito simples"[8], o tempo saído fora dos eixos, forma pura e vazia, desfaz o Círculo do Mesmo, descartando o "refrão" do eterno retorno. Mas essa Linha Reta abre-se para um outro círculo – Círculo do Outro, o da terceira repetição, a ontológica, a do futuro. O que mudou de um Círculo a outro, de uma repetição a outra, de um tempo a outro? Ora, o mais essencial: o seu centro.

Na primeira repetição, o centro é o presente, no sentido em que ele constitui uma contração, que é um hábito, uma contemplação, uma diferença subtraída ou transvasada à repetição, síntese originária do tempo, o presente vivo, único que existe, e do qual o passado e o futuro são apenas dimensões[9]. Que no organismo o futuro equivalha à necessidade e o passado à hereditariedade, com diversos níveis superpostos de expectativas e retenções no hábito, ou que isto se prolongue até a contemplação de inspiração neoplatônica, onde "só existimos contemplando, isto é, contraindo aquilo de que procedemos"[10], a lógica permanece a mesma: o presente é o eixo em torno do qual gira o tempo ou do qual os tempos são dimensões, já que ele é "o estado mais contraído de instantes ou de elementos sucessivos, independentes uns dos outros"[11].

Na segunda repetição, o centro é o passado e o tempo se organiza em círculos em torno dele. Veja-se a reminiscência platônica, centrada em torno do em-si da Ideia "que organiza em círculo a ordem dos presentes"[12]. De maneira distinta, demasiadamente representacional,

8 *DR*, pp. 119-120 [155].

9 "O tempo só se constitui na síntese originária que incide sobre a repetição dos instantes. Esta síntese contrai uns nos outros os instantes sucessivos independentes. Ela constitui, desse modo, o presente vivido, o presente vivo; e é neste presente que o tempo se desenrola. É a ele que pertence o passado e o futuro: o passado, na medida em que os instantes precedentes são retidos na contração; o futuro, porque a expectativa é antecipação nesta mesma contração. O passado e o futuro não designam instantes, distintos de um instante supostamente presente, mas as dimensões do próprio presente, na medida em que ele contrai os instantes" (*DR*, p. 97 [128]).

10 *DR*, pp. 103-108 [133-140].

11 *DR*, p. 112 [146].

12 *DR*, p. 119 [154]. Ou ainda, num outro sentido: "sob que forma a reminiscência introduz o tempo? Mesmo para a alma, trata-se de um tempo físico, de um tempo da *Physis*, periódico ou circular, subordinado aos acontecimentos que se passam nele ou aos movimentos que ele mede, aos avatares que o escandem. Sem dúvida, este tempo encontra seu fundamento num em-si, isto é, no passado puro da Ideia, que organiza em círculo a ordem dos presentes, segundo suas semelhanças decrescentes e crescentes com o ideal, mas que do mesmo modo, faz com que a alma saia do círculo que ela soube conservar para si mesma ou com que redescubra o país do em-si. Acontece também que a Ideia é como o fundamento a partir de que os presentes sucessivos se organizam no círculo do tempo"... (*DR*, p. 119 [154]).

a compulsão à repetição freudiana, em que os "conceitos de fixação e de regressão, como também o de trauma, de cena original [...] se conformaria[m], em direito, ao modelo de uma repetição material, bruta e nua, como repetição do mesmo"[13].

A repetição do passado, embora apareça de modo distinto em Bergson, não contradiz essa matriz mais geral. Pois nela, como Deleuze a entende, o presente designa a contração de um passado, ou seja, do gigantesco cone invertido da Memória num certo nível seu de contração e distensão. O presente se inscreve aí como uma dimensão do passado, desse Todo virtual que ele repete num certo grau e, portanto, em torno do qual ele "gira", por assim dizer[14].

Como já dissemos, a problemática da repetição, seja ela fundada no presente ou no passado, tem por pano de fundo a questão da representação. Em que condições uma repetição ressalta os princípios da representação (identidade, semelhança), em que condições ela os subverte? É nessa perspectiva que se deve ler a "progressão" entre as três sínteses temporais expostas por Deleuze. O que preside o movimento entre elas e a passagem de uma à outra é o afastamento progressivo em relação à representação e seus princípios. Qual repetição é mais distante da identidade, da semelhança, de uma representação, de uma reflexão? Ou, em outros termos, qual tempo pode ser alçado à sua completa incondicionalidade, sem precisar ser calcado sobre nenhum outro? Num primeiro momento, pareceria que é o presente. Não há dúvida de que o presente, enquanto síntese passiva, goza de um privilégio: ele é originário, é ele que funda o tempo, o tempo nunca sai do presente, na retenção e expectativa ele contrai o passado e o futuro que são apenas, nesse sentido, dimensões suas. No entanto ele mesmo passa no interior de um outro tempo, em favor de um passado, ele é intratemporal, de modo que ele remete necessariamente a um passado que o funda: "O fundamento do tempo é a Memória"[15]. A síntese passiva da memória, por sua vez, tem o mérito de revelar um em-si do tempo, Memória ontológica. No entanto, ela ainda está atrelada ao que ela funda: o presente. Eis o texto em que Deleuze sublinha a insuficiência da memória:

> Já era este todo o equívoco da segunda síntese do tempo, toda a ambiguidade de Mnemósina, pois esta, do alto de seu passado puro, ultrapassa e domina o mundo da representação: ela é fundamento em si, númeno, Ideia. Mas ela é ainda relativa à representação que ela funda. Ela exalta os princípios da representação, a saber, a identidade, da qual ela faz a característica do modelo imemorial, e a semelhança, da qual ela faz a característica da imagem presente: o Mesmo e o Semelhante. Ela é irredutível ao presente, superior à representação; e, todavia, ela apenas torna circular ou infinita a representação dos presentes (mesmo em Leibniz ou em Hegel é ainda Mnemósina que

13 *DR*, p. 137 [175].
14 *DR*, p. 113 [147].
15 *DR*, p. 109 [142].

funda o desdobramento da representação no infinito). A insuficiência do fundamento é ser relativo ao que funda, assumir as características daquilo que funda e se provar através delas. É mesmo neste sentido que ele é circular: ele introduz o movimento na alma, mais do que o tempo no pensamento. Da mesma maneira que o fundamento é, por assim dizer, "dobrado", devendo precipitar-nos num além, a segunda síntese do tempo se ultrapassa em direção a uma terceira síntese, que denuncia a ilusão do em-si como ainda sendo um correlato da representação[16].

Como se vê nesse trecho capital, o incondicionado do tempo constitui o horizonte absoluto a partir do qual o tempo pode livrar-se dos princípios da Re-presentação, isto é, de seu atrelamento àquilo ao que deve assemelhar-se: o Presente. Insistamos: o eixo do tempo nas duas primeiras sínteses é o Presente, e, por conseguinte, o movimento ao seu redor, o movimento presente, que põe em círculo o tempo, mesmo que esse Presente esteja situado no Passado. É essa a forma que jugula o tempo. Liberar o tempo do Presente, do seu Movimento, devolver-lhe o caráter incondicionado, não condicionado à organicidade e encadeamento desse movimento, eis o desafio especulativo que impele a uma terceira síntese. Daí a necessidade das duas operações, paralelamente: descolar desse presente o Acontecimento que o excede, tal como o percorremos na Parte II deste estudo, e pensá-lo na dimensão do Futuro que igualmente o extrapola, como se verá a seguir.

16 *DR*, p. 119 [155].

5. O Futuro

"Não há nada de novo sob o sol"
mas, acima do sol, existe o novo[1].

5.1. A QUESTÃO DO FUTURO

Eis como Deleuze expõe o programa de uma filosofia da repetição: fazer da repetição a categoria do futuro. Isto significa: fazer do futuro o incondicionado. O futuro como objeto da repetição. Já era esta a ideia perturbadora presente em *Nietzsche e a Filosofia*: Zaratustra não faz senão anunciar o "além-do-homem", para o qual, porém, ele mesmo ainda não está maduro[2]. O produto que extrapola o produtor, ultrapassando-o, excedendo-o, arrastando-o, apontando-lhe a direção. Esse futuro não está condicionado à imbricação das causas ou ao encadeamento dos instantes do presente e do passado.

Deleuze invoca, porém, um outro ponto de partida: a "relação sintética do instante consigo mesmo, como presente, passado e futuro", determinando "absolutamente sua relação com todos os outros instantes"[3]. O instante como o que volta, como o retorno, mas este retorno é para afirmar a cada retorno um outro presente, um outro

1 Citado por H. Atlan, *Entre o Cristal e a Fumaça*, Rio de Janeiro, Zahar, p. 144.

2 "Pai do além-do-homem, mas pai cujos produtos estão maduros antes de que ele esteja maduro para seus produtos" (*NF*, p. 220 [160]). O texto de Nietzsche é: Z II, "A Hora mais Silenciosa": "Ó Zaratustra, teus frutos estão maduros mas ainda não estás maduro para teus frutos".

3 *NF*, p. 221 [160].

passado, um outro futuro. Assim ele o expressa, de modo ainda enigmático: "Retornar não é a paixão de um instante empurrado pelos outros, e sim a atividade do instante, o qual determina os outros ao determinar a si mesmo a partir daquilo que afirma"[4]. Parafraseando a fenomenologia, diríamos: a afirmação é sempre afirmação *de* alguma coisa. Porém conviria acrescentar que o objeto da afirmação, ao fazer irrupção por intermédio dela, arrasta o afirmador em sua direção – o futuro. Antes de aprofundar esta sequência, retenhamos por ora estas duas ideias: o instante que se determina a partir daquilo que ele afirma (o futuro), o produto que ultrapassa as condições de sua produção.

Já podemos explicitar a terceira síntese do tempo, a do futuro, que afirma "o caráter incondicionado do produto em relação a sua condição e a independência da obra em relação a seu autor ou ator"[5] – que não hesitaríamos em chamar de sacrificial. A ação ou a obra rejeitando o que a engendrou, tanto o passado que lhe serviu de condição como o presente do agente que os empreendeu, isto é, o eu, nos seus estratos temporais: "o acontecimento e a ação têm uma coerência secreta que exclui a do eu, voltando-se contra o eu que se lhe tornou igual, projetando-o em mil pedaços, como se o gerador do novo mundo fosse arrebatado e dissipado pelo fragmento daquilo que ele faz nascer no múltiplo: aquilo a que o eu é igualado é o desigual em si"[6]. O desigual em si designa, pois, o novo, o "absolutamente novo"[7], a Diferença pura à qual se "iguala" o eu quando entra em sua órbita e nela se desfaz.

Igualar-se ao desigual em si, eis a ética que daí se depreende, e cuja fórmula pode ser enunciada, nos termos de uma filosofia da repetição, como "repetir o futuro". Não estamos longe da perspectiva que Michel Foucault defendeu em seus últimos livros, quando insistia em *penser autrement*, pensar de outra forma, desprender-se de si, em suma, diferir de si. Deleuze destacou esse aspecto no seu estudo sobre Foucault, ao mostrar de que modo a proposta "dilacerante" do "separar-se de si mesmo" implicava para o pensamento uma reduplicação do Outro: "Não é uma reprodução do Mesmo, é uma repetição do Diferente"[8]. Este Outro, o Diferente que se "repete", é a dimensão do futuro[9].

5.1.1. Fazer Retornar o Porvir

Fazer retornar o porvir e não fazer retornar a condição ou o agente, tal é a força centrífuga do eterno retorno. Eis a ideia do eterno retorno

4 *NF*, p. 221 [161-2].
5 *DR*, p. 125 [160].
6 *DR*, p. 121 [157].
7 *DR*, pp. 121-122 [158].
8 *F*, p. 105 [105].
9 *F*, p. 127 [127].

como seleção, que deixa subsistir apenas o novo. "O eterno retorno só afeta o novo"[10]. O eterno retorno não incide, pois, sobre o conjunto do tempo: não é tudo que volta. Não volta a condição, não volta o agente, não volta o fundamento, não volta a fundação, não volta Mnemósina, não volta o Hábito: "servir-se da repetição do hábito e da repetição da memória, mas delas servir-se como estágios e deixá-las pelo caminho; com uma das mãos, lutar contra o Hábito; com a outra, lutar contra Mnemósina"[11].

Ou seja, não permitir que a repetição se deixe centrar e se envergue em torno dos eixos do Hábito e da Memória. Reencontramos a recusa de pensar a repetição como círculo: "recusar os ciclos simples demais, tanto aquele submetido a um presente habitual (ciclo costumeiro) quanto aquele que organiza um passado puro (ciclo memorial ou imemorial)"[12], círculo das reminiscências. Nessa repetição do porvir emerge um círculo outro, círculo do outro, em que o eixo é precisamente o outro, esse outro que jamais pode ser centro pois precisamente é sempre outro, círculo descentrado por excelência[13].

A repetição do futuro significa que o futuro não repete seus andaimes: ele os rejeita, apresentando-se como o incondicionado, e desfazendo com isso a unidade daquele que o pensava engendrar. Nessa ideia singular de futuro intervém uma espécie de inversão da flecha do tempo, o futuro "determinando" o presente. Em páginas esclarecedoras, Henri Atlan referiu-se a essa questão no âmbito das ciências contemporâneas, mencionando a ideia de Costa de Beauregard segundo a qual a irreversibilidade do tempo resultaria mais da estrutura da mente humana, e de nossa necessidade biológica de adaptação, de ação, de previsão, para a qual requer-se um tempo orientado onde o futuro sucede o passado e o presente[14]. Assim, a irreversibilidade do tempo não passaria de um princípio da ação. Deleuze também o diz, num texto sobre o bom senso e a necessidade que tem ele de uma direção do tempo:

> Esta direção é facilmente determinada como a que vai do mais diferenciado ao menos diferenciado, da parte das coisas à parte do fogo. Segundo ela, orientamos a flecha do tempo, uma vez que o mais diferenciado aparece necessariamente como passado, na medida em que ele define a origem de um sistema individual e o menos diferenciado como futuro e como fim. Esta ordem do tempo, do passado ao futuro, é

10 *DR*, p. 122 [158].
11 *DR*, p. 125 [161].
12 *DR*, p. 126 [162].
13 Talvez a imagem mais adequada de um "círculo descentrado" esteja entre os neoplatônicos, tal como Deleuze a descreve: "A metáfora do círculo cujo centro está em toda parte e a circunferência em parte alguma convém ao próprio mundo" (*SE*, p. 160).
14 H. Atlan, *O Cristal e a Fumaça*, p. 135. Dispensável lembrar o eco nietzschiano e bergsoniano dessa observação.

pois instaurada com relação ao presente, isto é, com relação a uma fase determinada do tempo escolhida no sistema individual considerado. O bom senso se dá assim a condição sob a qual ele preenche sua função, que é essencialmente a de prever: é claro que a previsão seria impossível na outra direção, se fôssemos do menos diferenciado ao mais diferenciado, por exemplo, se temperaturas primeiramente indiscerníveis fossem se diferenciando. Eis por que o bom senso pôde se reencontrar tão profundamente na termodinâmica[15].

Que a lógica da auto-organização tenha contrariado esse esquema é o que não podemos abordar aqui. Deixemos apenas assinalada a ideia de que, nas ciências mencionadas por Atlan, o aleatório exterior a um sistema aberto pode ser fator de auto-organização, de modo que, considerando esse exterior como o futuro, segundo a ótica de Simondon, a flecha do tempo parece reverter-se. As causas dos fenômenos já não parecem encontrar-se no passado, mas no futuro[16]. Ideia similar está exposta por Deleuze num de seus primeiros textos, a propósito da indeterminação, da imprevisibilidade, da contingência e da liberdade, que em Bergson

significam sempre uma independência em relação às causas: é nesse sentido que Bergson honra o élan vital de muitas contingências. O que ele quer dizer é que a coisa vem de certo modo *antes* das suas causas, que justamente é preciso começar pela própria coisa porque as causas vêm depois[17].

Dito isto sobre a precedência do futuro, por que razão falar em "repetição" do futuro se é ele o "absolutamente novo"? Não seria o "absolutamente novo" precisamente aquilo que subverte a noção de uma "repetição", devendo ser pensado como uma criação *ex-nihilo*? Tendo em vista o horizonte deleuziano que foi exposto, essa questão perde o sentido. Pois a repetição, para Deleuze, tem um estatuto ontológico preciso. A repetição é equivalente ao ser, e o ser equivale à afirmação. Para dizê-lo de outra maneira: o ser é o ser do devir; voltar é o ser do que devém[18], de modo que a própria diferença é impensável sem a repetição que a afirma. A repetição do presente ou a do passado são insuficientes, na medida em que na primeira se "transvasa" à repetição uma diferença, como vimos com a contração, e na segunda a repetição "compreende" a diferença como variante, como é o caso na memória. É apenas na terceira repetição que a repetição *torna-se* a diferença em si mesma[19], que a repetição *se iguala à diferença*, isto é, se iguala ao *desigual*. Por isso "a repetição régia é a do

15 *LS*, p. 93 [78].
16 Atlan, *op. cit.*
17 "La conception ...", p. 111.
18 *NF*, pp. 53-54 [39].
19 *DR*, p. 126 [162].

futuro"[20] – apenas nela a repetição afirma plenamente a diferença e o ser iguala-se ao devir.

5.1.2. O Instante e o Futuro

Temos aqui uma dinâmica que responde à exigência reafirmada diversas vezes por Deleuze: não separar ser e devir, ciclo e caos, um e múltiplo, repetição e diferença, mas fazer sempre o primeiro termo incidir sobre o segundo. O círculo que tem por eixo o outro, o retorno que tem por objeto a diferença, o instante que afirma o futuro – não podemos nos furtar à ideia de que aí cruzam-se da maneira mais radical o pensamento ontológico de Deleuze e sua filosofia do tempo. Nesse conjunto fica evidente também a que ponto dois polos temporais ganham destaque: o instante (que afirma) e o futuro (que é afirmado). A interface entre eles é o Intempestivo, que Deleuze tomou emprestado a Nietzsche e não cessou de retrabalhar ao longo de sua obra. Toda a suspeita manifestada em relação à História deve ser lida neste horizonte: ela não sabe aliar o instante e o futuro (o Retorno e a Diferença), apenas o presente e o passado (o Mesmo e o Semelhante) no interior de um círculo de mesmidade.

O instante não deve ser concebido, nesse contexto, como lâmina sem espessura a separar um passado de um futuro, mas de modo sintético, afirmativo, produtivo. O instante, diz Deleuze, determina a si mesmo a partir daquilo que ele afirma, e ele afirma no seu retorno o presente, o passado e o futuro. "É a relação sintética do instante consigo mesmo como presente, passado e futuro que funda sua relação com outros instantes. O eterno retorno é pois a resposta para o problema da *passagem*"[21]. Passar significa retornar afirmando o que passa. Que o instante passe não significa que ele é empurrado pelos demais, mas "o próprio retornar constitui o ser enquanto é afirmado do devir e daquilo que passa"[22]. Eis o princípio que norteia toda essa leitura de Deleuze: "o eterno retorno deve ser pensado como uma síntese: síntese do tempo e de suas dimensões, síntese do diverso e de sua reprodução, síntese do devir e do ser afirmado do devir, síntese da dupla afirmação"[23].

5.2. O SENTIDO DO FUTURO NUM TEMPO SEM SENTIDO

Seria o caso de perguntar, agora, que sentido pode ter esse futuro do qual fala Deleuze num tempo que revelou ser sem sentido, isto é, sem direção. Por um lado o futuro está numa relação intrínseca com

20 *DR*, p. 125 [161].
21 *NF*, p. 59 [39].
22 *NF*, p. 55 [40].
23 *NF*, p. 55 [40].

o instante (o Intempestivo), e sob o signo do "absolutamente novo". Por outro lado, como vimos, ele é inseparável do eterno retorno, em que as determinações e figuras temporais usuais (antes/depois, passado/presente/futuro, estacionário/cíclico/linear) de alguma maneira foram abolidas no interior desse círculo descentrado, esvaziado de qualquer vetor predominante, de qualquer flecha do tempo. Como se coadunam as duas perspectivas? O que pode representar um tal porvir num tempo sem direção? Que sentido pode ter o futuro quando ele não coincide com um segmento de reta, nem com a sombra evanescente de uma circunferência?

É preciso reconhecer que as indicações de Deleuze a respeito são escassas. Recuemos brevemente ao seu primeiro estudo sobre Bergson, onde a duração é definida como *aquilo que difere de si*. Indivisível e simples como uma substância, a duração se identifica com o virtual ou o subjetivo, com o vital no seu processo de diferenciação interna. Ora, essa diferenciação não corresponde em nada a uma determinação exterior (e nisso difere da dialética) mas antes à *indeterminação*. Nas formas vivas o indeterminado, o imprevisível não é acidental, mas essencial[24]: a diferenciação é, afinal, criação, novidade. "Cada linha de atualização corresponde a um nível virtual; mas a cada vez, ela deve inventar a figura dessa correspondência, criar os meios para o desenvolvimento do que só estava envolvido, para a distinção do que estava confuso."[25] Não há menção alguma, explicitamente, ao futuro. Se futuro há, ele mais parece um desenvolvimento daquilo que antes encontrava-se envolvido na coexistência do todo. Diríamos que, se a categoria do futuro pode aqui desaparecer, é porque, mais profundamente, o Todo ele mesmo foi arrastado em direção ao futuro *como* diferenciação, isto é: o Todo virtual existe *para* as suas atualizações, e como diz Deleuze, ainda que num contexto conceitual distinto (e referido à comparação entre Bergson e Freud), "a memória [como] uma função do futuro"[26].

Seria preciso dizer, quase, que o futuro não está "na frente", mas em qualquer lugar, numa espécie de imanência que, no entanto, arrasta para ele, a cada instante, o Todo virtual. Significa dizer que não pode haver aqui uma teleologia, ou uma direção, um afunilamento do tempo. Veja-se o exemplo recorrente da revolução, numa formulação mais tardia. "Diz-se que as revoluções têm um mau futuro. Mas não param de misturar duas coisas, o futuro das revoluções na história e o devir revolucionário das pessoas."[27] Que pode significar esse desprezo pelo futuro da revolução, ou pelo futuro *tout court*, se por outro lado há uma

24 "La conception...", p. 92.
25 *B*, p. 111.
26 "La conception ...", p. 101.
27 *C*, p. 211.

insistência evidente num porvir, com a citação recorrente da frase de Nietzsche: "agir contra o tempo, e assim sobre o tempo, em favor (eu espero) de um tempo por vir"?

É assim que Deleuze o explica:

> Agir contra o passado, e assim sobre o presente, em favor (eu espero) de um porvir – mas o porvir não é um futuro da história, mesmo utópico, é o infinito Agora, o *Nûn* que Platão já distinguia de todo presente, o Intensivo ou o Intempestivo, não um instante, mas um devir. Não é ainda o que Foucault chamava de *Atual*? Mas como o conceito receberia agora o nome de atual, enquanto Nietzsche o chamava de inatual? É que, para Foucault, o que conta é a diferença do presente e do atual. O novo, o interessante, é o atual. O atual não é o que somos, mas antes o que nos tornamos, o que estamos nos tornando, isto é, o Outro, nosso devir-outro. O presente, ao contrário, é o que somos e, por isso mesmo, o que já deixamos de ser. Devemos distinguir não somente a parte do passado e a do presente, mas, mais profundamente, a do presente e a do atual. Não que o atual seja a prefiguração, mesmo utópica, de um porvir de nossa história, mas ele é o agora de nosso devir[28].

Passado, presente, agora, instante, atual, devir, porvir, futuro, inatual, intempestivo, novo, o outro... agora do devir (?), presente como aquilo que já deixamos de ser (ora, não é isto o passado?), atual como aquilo que estamos em vias de devir (ora, não é isto o futuro?), um agora que não é instante, para não falar do Temporalmente-eterno (!), atribuído a Péguy, ou da Eternidade do devir (!), atribuída a Nietzsche...[29] É impossível compreender essas noções e inflexões se não as situamos umas em relação às outras, num sistema de ressonâncias e deslocamentos mútuos, de encaixes e exclusões que deveriam evidenciar, ao menos, a que ponto Deleuze embaralhou as cartas para, distribuindo--as de um modo inusitado, favorecer um outro jogo temporal e dar a pensar o futuro numa acepção inteiramente desvinculada de um qualquer presente por vir.

5.3. O FUTURO E O PENSAMENTO

Se há em Deleuze, como em Heidegger, um privilégio do futuro, ele não é deduzido de uma problemática da Finitude, mas da Obra. Pois o futuro não é, para o homem, uma antecipação de seu próprio fim, de sua própria morte, a possibilidade extrema de seu ser, nada que se aparente a um ser-para-a-morte, já que não é a partir da ipseidade que ele pode ser pensado[30]. E se na elaboração desse futuro por Deleuze

28 *QF*, p. 107 [144-5].
29 *QF*, p. 108 [146].
30 Sobre a relação do futuro com a morte, cf. o livro de Françoise Dastur, *Heidegger et la question du temps*, Paris, 1990, p. 68: "Compreendendo-se ele mesmo a partir de sua possibilidade mais alta, isto é, a morte, o *Dasein* é sob o modo do

o Aberto é uma referência igualmente importante, ela aí remete ao Fora, mais do que ao Ser. É sob o signo da Exterioridade, pois, que o pensamento pode ganhar uma determinação de futuro. Pelo menos é nesse sentido que Deleuze entende o que Foucault chamara, na esteira de Blanchot, de "o pensamento do Fora"[31].

É a obra que é o absolutamente novo, sempre por-vir no interior do devir, não a "novidade".

> O que se estabelece no novo não é precisamente o novo, pois o próprio do novo, isto é, a diferença, é provocar no pensamento forças que não são as da recognição, nem hoje, nem amanhã, potências de um modelo totalmente distinto, numa *terra incógnita* nunca reconhecida, nem reconhecível[32].

É sob o signo dessa *terra incógnita* que deve pôr-se a obra: potência de desfazer o Círculo do Mesmo, colocando-se como um centro gravitacional sempre outro, que refaz, no extremo da Linha Reta, um

futuro, ele é *zukünftig*". Ou: "O futuro no sentido próprio, não é um agora que *ainda não* se tornou real, mas a vinda do *Dasein* ao seu poder-ser mais próprio, o que advém na antecipação da morte". Mas há também, no final da obra de Heidegger, o porvir concebido como um presente de doação: "O *porvir* não será pois pensado como a vinda a *si* do *Dasein*, mas como a vinda do ser *ao* homem. [...] o porvir corretamente pensado é o presente (*Gegen-wart*), pois sob esse termo ele compreende não o que é dado no agora momentâneo, mas o que espera (*wartet*) de encontro a nós (*entgegen*) que nos exponhamos ou nos fechemos a ele [...]. O que Heidegger nomeava em 1946 o caráter escatológico do ser (*HW*, trad. [fr.] p. 267) não remete em absoluto à dimensão do futuro, mas unicamente ao presente compreendido nesse sentido, isto é, à exigência daquilo que vem a nós e ao que respondemos deixando vir a nós o que não é simplesmente o "passado", mas o "ter-sido" (*idem*, p. 116).

Não obstante essa diferença crucial há, evidentemente, vários cruzamentos temáticos entre Heidegger e Deleuze, como o papel do instante, a suspeita em relação ao presente de Cronos, a Abertura, o possível, o Acontecimento etc. Mas, como a presente análise deve evidenciar, o horizonte filosófico é tão diverso que as ressonâncias, afinal, não devem ser consideradas mais do que terminológicas. Não há em Deleuze uma contraposição originário/derivado, autêntico/inautêntico, próprio/impróprio, e sobretudo o tempo não é remetido à diferença ontológica ser/ente. Deleuze está mais perto, sem dúvida, de Simondon, para quem a ontogênese é primeira. Como o diz Eric Alliez, ao salientar como para Deleuze a ontogênese condiciona "sem volta a questão do ser. [...] sua questão não mais poderá se colocar em termos do ser *do* ente individuado; ela deverá se transportar para o ente em fase de individuação segundo a perspectiva de um fluxo proto-ôntico a partir da qual, e somente assim, a permanência ôntica individuada (ek-sistentes e entes) pode ser momentaneamente conquistada. Correlativamente, uma vez que o ser-no-mundo só será atingido *na* individuação sem princípio do *ser-do-mundo*, o processo de individuação não mais se deixará apreender segundo a estrutura de ipseidade de um *Dasein* falsamente originário que envolve o mundo" (*A Assinatura do Mundo*, Rio de Janeiro, Editora 34, 1994, p. 77 [54]).

31 Para a noção de fora, permitimo-nos remeter a estudo anterior, P. Pelbart, *Da Clausura do Fora ao Fora da Clausura: Loucura e Desrazão*, São Paulo, Brasiliense, 1989.

32 *DR*, p. 177 [225].

outro círculo, um Círculo do Outro (círculo esotérico[33]). A obra não pode, portanto, repousar sobre a fundação do tempo (o presente) ou sobre o fundamento do tempo (o passado), mas os ultrapassa "em direção a um sem-fundo, a-fundamento universal que gira em si mesmo e só faz retornar o por-vir"[34]. O a-fundamento não é um mero abismo ou retorno ao Nada – mas, a partir do "tempo fora dos eixos", irrupção do Fora. Como se articulam então o futuro e o Fora?

5.3.1. Topologia do Pensamento

A associação do futuro com a exterioridade não é uma invenção de Deleuze. Antes dele Simondon já fazia corresponder uma topologia e uma cronologia, conforme tivemos ocasião de mostrar. Segundo essa ótica, o interior seria condensação de passado, o exterior equivaleria ao futuro, e na membrana polarizada teríamos o presente do vivente onde se afrontam interior/exterior, passado/futuro. Deleuze reconhece essa contribuição de Simondon para pensar os seres vivos[35], mas extrai daí algo mais: uma *topologia do pensamento*:

> Pensar é se alojar no estrato no presente que serve de limite: o que é que posso ver e o que posso dizer hoje? [...] Pensar o passado contra o presente, resistir ao presente, não para um retorno, mas "em favor, espero, de um tempo que virá" (Nietzsche), isto é, tornando o passado ativo e presente fora, para que surja enfim algo novo, para que pensar, sempre, suceda ao pensamento. O pensamento pensa sua própria história (passado), mas para se libertar do que ele pensa (presente) e poder, enfim, "pensar de outra forma"(futuro). É o que Blanchot chamava "a paixão do fora", uma força que só tende em direção ao fora porque o próprio fora tornou-se a "intimidade", a "intrusão"[36].

Nessa síntese sobre Foucault, Deleuze retoma uma ideia já esboçada em seu estudo sobre Nietzsche, a saber, que pensar não é o exercício natural de uma faculdade, que pensar depende das forças que nos forçam a pensar, e que enquanto formos presa das forças reativas, "é preciso confessar que não pensamos ainda"[37]. Deleuze não oculta a vizinhança do tema com Heidegger, e chega a citá-lo: "O homem sabe pensar, na medida em que tem a possibilidade disto, mas este possível não nos garante ainda que sejamos capazes disto". E completa com a frase mencionada acima, e que retomamos nesse contexto: "o que existe para ser pensado é do mesmo modo o impensável ou o não-pensado,

33 *DR*, pp. 122-123 [159].
34 *DR*, p. 123 [159].
35 *F*, p. 126 [126].
36 *F*, p. 127 [127].
37 *NF*, p. 123 [88]. É uma fórmula retomada por Deleuze em diversas ocasiões, em *DR* e *LS*, até o final de sua obra. Por exemplo, *IT*, p. 204 [190], 218 [202-3], onde ela é relacionada também com Blanchot e Artaud.

isto é, o fato perpétuo que 'nós não pensamos ainda' (segundo a pura forma do tempo)"[38].

Digamos de pronto, antes de voltar a essa fórmula, que se em *Nietzsche e a Filosofia* essa vizinhança com Heidegger é assumida e remetida a uma origem comum[39], em *Diferença e Repetição* a vizinhança é desfeita numa nota de rodapé inequívoca: Heidegger ainda estaria preso aos pressupostos subjetivos de uma imagem do pensamento (dogmática), ao admitir uma homologia entre o pensamento e o que está para ser pensado, substituindo as metáforas da violência pelas do dom. "É que ele [Heidegger] guarda o primado do Mesmo, apesar de supor que este reúne e compreende a diferença como tal."[40] A violência, e não o dom, é primeira, insiste Deleuze. Significa que o pensamento está numa relação necessária com as forças que o *forçam* a pensar, e que vêm de fora, e cuja tipologia depende de uma topologia[41].

Não giramos em círculo, apenas insistimos em percorrer o circuito em que o futuro advém sob o signo do fora e das forças que o povoam[42]. Dizíamos que em Deleuze o pensamento, o fora, as forças ativas e o futuro são indissociáveis. Uma topologia transcendental, uma tipologia das forças, uma cronologia correlativa a essa topologia, uma doutrina das faculdades. Já podemos, a partir daí, focar nosso interesse na relação específica do pensamento com o futuro.

5.3.2. O Impensado

O pensamento, diz Deleuze, não se dá *no* presente, ele se dá sempre *contra* o presente. Mas não à maneira de Heidegger, que

38 *DR*, p. 188 [239]. A citação de Heidegger foi retirada de *Qu'appelle-t-on penser?*, Paris, PUF, p. 21.

39 "Quando Heidegger anuncia que não pensamos ainda, uma origem desse tema está em Nietzsche" (*NF*, p. 123 [89]).

40 *DR*, p. 188n [239n].

41 *NF*, p. 125 [90]. Nessa tipologia específica que Deleuze aí desenvolve, ainda não relacionada, neste momento, com Simondon ou Blanchot, encontra-se a curiosa frase: "Os lugares do pensamento são as zonas tropicais, frequentadas pelo homem tropical" (*idem*, p. 126 [91]).

42 É verdade que o pensamento está submetido também a um outro circuito, o das faculdades díspares entre as quais reina um acordo discordante. A sensibilidade, a memória, o pensamento, cada uma delas, ao mesmo tempo em que está referida a um tempo específico (respectivamente o presente, o passado, o futuro) vai ao limite do que pode, elevando-se num exercício transcendente, a uma enésima potência relativa a seu objeto próprio (assim a sensibilidade e o ser do sensível, que é também o insensível do ponto de vista empírico, a memória e o ser do passado, que é também o imemorial do ponto de vista empírico, e assim por diante, o pensamento e o impensável, mas também a imaginação e o inimaginável ou o fantasma, a vitalidade e o monstro, a sociabilidade e a anarquia, a linguagem e outras tantas faculdades, a serem descobertas), e onde cada faculdade "sai dos eixos" com sua violência própria, comunicando-a à seguinte. Uma tal doutrina das

contesta a tradição de um pensamento como apresentação do presente, e portanto como representação, em favor de um pensamento devolvido ao seu elemento próprio, na esfera do ser do ente[43]. Para Deleuze não basta que o pensamento deserte o modo presente (e o estado de coisas que lhe corresponde – embora esta exigência se coloque inteiramente) se continuar preso aos pressupostos amigáveis em que se reconhece (entre o Semelhante e o Mesmo, ou até entre os contrários compactuados). Daí por que o pensamento não pode ter por objeto os deuses, mesmo ocultos ("formas para a recognição"), visto ser assaltado por demônios, "potências do salto, do intervalo, do intensivo ou do instante, e que só preenchem a diferença com o diferente"[44]. Maneira de dizer que o pensamento é intempestivo, e nada deve a uma serenidade aurática.

Deleuze repete Heidegger, "nós não pensamos ainda". E acrescenta, entre parênteses: "(segundo a pura forma do tempo)". Não pensamos ainda segundo a pura forma do tempo, segundo a linha do tempo que atravessa e fende o pensamento, segundo a variação infinita que ele produz no pensamento, segundo o limite interior a ele que o faz oscilar na vertigem de um ilimitado. Não fazemos ainda com que o pensamento atinja o seu limite, e isto não no sentido em que ele se resignasse à sua limitação, mas em que ele se sentisse impelido a passar ao limite, a ir à exaustão, a pensar o impensável, *a pensar a força do tempo.*

Poderíamos, já de posse da reversibilidade entre topologia e cronologia referidas, acrescentar: o pensamento não atingiu suficientemente o exterior que o rasga e o atravessa, que o constitui, que o impele, que o aspira e que o faz girar em torno do que difere: o pensamento não difere de si o suficiente, não pensa ainda o bastante "de outra forma", isto é, segundo o informal, não afirma suficientemente o futuro, ou o emergente, ou o urgente, não é suficientemente intempestivo. Talvez se entenda melhor, à luz dessa sequência sobre o desafio do pensamento,

faculdades implica uma experimentação. Para um acompanhamento detalhado desta problemática, cf. Machado, *Deleuze e a Filosofia*, pp. 146 e ss.

43 "O que o pensamento, na medida em que é perceber, percebe, é o *presente* na sua *presença*. Nesta o pensamento encontra a medida de seu próprio ser, de seu 'perceber'. O pensamento é assim esta *apresentação* do *presente*, que nos livra a coisa presente em sua presença e que a situa assim diante de nós, a fim de que nos postemos diante dela e que, no interior dela mesma, possamos sustentar essa postura. Na medida em que ela é esta *apresentação*, o pensamento aporta a coisa presente integrando-a na relação que ela tem a nós, ela a reporta a nós. A *apresentação* é pois *re-presentação*. [...] Este presente, que domina na presença, é um caráter do tempo. Mas o seu ser não se deixará jamais apreender pelo conceito tradicional de tempo. A não-ocultação, que domina o ser aparecido como presença, permanece contudo impensado, como impensado é o ser, que aí domina igualmente, do presente e do tempo" (M. Heidegger, "Que veut dire 'penser'?", *Essais et conférences*, Paris, Gallimard, pp. 167-169).

44 *DR*, p. 188 [239].

a frase enigmática inspirada em Hölderlin, Kant e Nietzsche: "A forma do tempo só existe para a revelação do informal no eterno retorno. A extrema formalidade só existe para um informal excessivo"[45].

5.3.3. A Virada do Futuro

A cada passo que avançamos as questões parecem multiplicar-se. Como *conquistar* uma tal dimensão de futuro, sem que isso signifique almejar o futuro sob a mera forma de um presente por vir, nesse habitual anseio de "chegar ao futuro", abolindo precisamente a *dimensão* de futuro?

Um "comentário" de Deleuze sobre Heidegger e Jarry[46], em que a questão do tempo é abordada diretamente, pode ajudar a esclarecer essa inflexão, muito embora trate das máquinas, justamente ali onde a dimensão de futuro mais parece neutralizada.

É fato que a ciência trata o tempo como uma variável independente. Contudo, isto não significa apenas a hegemonia e dominação de um modo presente, como a interpretação heideggeriana deixaria supor. Através da técnica e no seio deste presente, assiste-se à exploração de outros tempos, pois as próprias máquinas, como vimos, são "máquinas de explorar o tempo"[47], ou de maquinar o tempo. É justamente o que permite a derrubada *patafísica* do tempo (a patafísica, segundo Jarry, visaria ir tão além – ou aquém – da metafísica quanto esta foi além da física).

Ora, no que consistiria essa Virada patafísica do tempo? Deleuze responde: "a sucessão das três estases, passado, presente, futuro, dá lugar à *copresença ou simultaneidade* das três estases, ser do passado, ser do presente, ser do futuro". Em outros termos, cabe à máquina transformar a sucessão em simultaneidade. Mas essa operação pela qual tudo se torna simultâneo seria irrelevante se não implicasse uma outra reversão, dessa mesma simultaneidade em Poder-ser, em "possibilidade de ser enquanto Porvir". Há aqui um movimento que lembra as três metamorfoses do espírito mencionadas por Nietzsche: camelo, leão e criança. As três metamorfoses do tempo seriam: em sucessão, em simultaneidade, em virtualidade. Do *tu deves* da passagem do tempo (sucessão), ao *eu quero* aquilo que foi (simultaneidade), para desembocar, por fim, na *inocência do devir* (a virtualidade, o poder-ser: o futuro)[48]. Deleuze salienta que Jarry falará cada vez menos em Patafísica ou mesmo em Ser, para falar mais e mais no Possível.

45 *DR*, p. 122 [159].

46 "Un précurseur méconnu de Heidegger, Alfred Jarry", *CC*, pp. 115 e ss. [104 e ss.].

47 *CC*, p. 119 [108].

48 Será preciso lembrar a que ponto a "inocência do devir" está intimamente ligada à criação? Veja-se as belas páginas sobre os personagens de Orson Welles à luz

Nesse sentido tudo caminha para a grande reversão, que, nesse texto sobre Heidegger e Jarry, Deleuze ainda define da seguinte maneira: o “ser do tempo inteiro se converte em Poder-ser, em possibilidade de ser enquanto Porvir”. No contexto em que isto é mencionado, com a referência a Bergson, isto deveria ser lido não como uma qualquer inversão da flecha do tempo, mas como uma restituição do virtual[49]. É nele que se inscreve o futuro: não no topo de um curso do tempo, mas “no meio”.

5.3.4. Dimensão da Potência

No cerne da relação do pensamento com o futuro, está a ideia da genitalidade. Trata-se para Deleuze de devolver o pensamento àquilo que o engendra ou pode engendrar (as forças, sua violência), ao seu fora, à sua exterioridade. E o exterior absoluto é o futuro. Mas o futuro só tem alguma chance de engendrar pensamento caso esteja desobstruído das figuras do Mesmo que o submetem, das Formas que assume (sejam elas circulares, punctiformes, retilíneas, espiraladas etc.). A pura forma do tempo é precisamente um tempo não submetido a uma forma, a uma imagem – o tempo sem imagem como condição para o pensamento sem imagem: tempo liso. Se todavia for preciso servir-se da alguma imagem, será ela a mais vazia – a planície, a estepe, o espaço nômade.

Esse tempo liso, liberado do traçado do movimento, de suas marcações, curvas, pulsações, grades, relevos, é o tempo em que o futuro nasce em qualquer ponto, “no meio”, como a grama no descampado. Aliás, a grama como a metáfora mais pobre para designar o mais eminente, o mais imanente: o que brota em meio a um devir, o *futuro iminente*[50]. Nem cimo inacessível, nem o inalcançável sempre a um palmo do nariz, mas a grama que se pisa... Com que dificuldade, e também estranheza, Deleuze retraça a Claire Parnet o seu “trajeto”, esclarecendo de que modo o que conta num caminho ou numa linha é o meio, não o início nem o fim.

> O maçante nas questões e respostas, nas entrevistas, é que na maioria das vezes trata-se de fazer um balanço: o passado e o presente, o presente e o futuro [...] No devir, não há passado nem futuro, nem mesmo presente, não há história. [...] É isto, um

de Nietzsche, “peritos em metamorfoses da vida, opõem o devir à História. Incomensuráveis a qualquer julgamento, têm a inocência do devir. E sem dúvida o devir é sempre inocente, mesmo no crime [...] só o bom [... coloca-se] sempre a serviço do que renasce na vida, do que metamorfoseia e do que cria [...] estranha bondade que leva o vivente à criação”, e toda a sequência sobre a relação disto com o tempo libertado (*IT*, pp. 185-186 [173]).

49 *CC*, p. 120 [108].

50 “La conception...”, p. 108.

rizoma, ou a erva daninha. [...] Ela cresce entre. Ela é o próprio caminho. [...] A estepe, a grama e os nômades são a mesma coisa. Os nômades não têm passado nem futuro, eles só têm devires[51].

Por isso é que, a cada vez que tentamos falar do futuro, desembocamos na tematização do devir, deste "meio" em que ele brota, no qual se dilui ou ao qual parece identificar-se. Quando o futuro é pensado à luz da virtualidade pura, ele *deixa de ser um segmento do tempo, reabsorvendo-se como dimensão da potência.*

ADENDO SOBRE A TURMALINA

Algumas observações ou prolongamentos na esteira do que foi exposto acima parecem impor-se, longas demais para serem relegadas a uma nota de rodapé, demasiado curtas frente à amplitude das questões que por sua vez levantam e que, por falta de meios, não podem aqui senão ser sugeridas. Trata-se da possibilidade de ler esse tempo não regrado, gravitando em torno do que Deleuze chamou de Desigual em si, *como o Desigual em si.* Significa um tempo recolocado sob o signo da violência do sensível, e que assim tornaria a mergulhar numa empiria, no intensivo da matéria fluente, da receptividade que o kantismo sempre foi tentado a subsumir a uma espontaneidade. É o que faz Deleuze dizer:

Com sua turmalina, Novalis está mais próximo das condições do sensível do que Kant com o espaço e o tempo. A razão do sensível, a condição daquilo que aparece não é o espaço e o tempo, mas o Desigual em si, a *disparação* tal como é ela compreendida e determinada na diferença de intensidade, na intensidade como diferença[52].

O Desigual em si responde mais à exigência de um empirismo transcendental do que o espaço e o tempo da Estética transcendental. Ou melhor, vislumbra-se a necessidade de uma Estética "material", uma Estética "das matérias"[53], e por conseguinte um tempo que lhe seja adequado, um tempo não uniforme e não homogêneo, tempo não esquematizado pelo conceito, não submetido às categorias do entendimento, não "representado", não colocado em série, não ligado, não

51 *D*, pp. 37-38.

52 *DR*, p. 287 [357].

53 *K*, p. 83 [64]. No texto "Les quatre formules..." isto está expresso assim: "Não é mais a estética da *Crítica da Razão Pura*, que considerava o sensível como qualidade reportável a um objeto no espaço e no tempo; não é uma lógica do sensível, nem mesmo um novo logos que seria o tempo. É uma estética do Belo e do Sublime, onde o sensível vale por si mesmo e se desdobra num pathos para além de qualquer lógica, que apreenderá o tempo no seu jorramento, até a origem de seu fio e de sua vertigem" (*CC*, p. 48 [43]).

centrado no presente, não encurvado etc. Mas não basta formulá-lo sob o modo privativo, ainda que seja todo o esquematismo que se vê aqui contestado: "o esquematismo é sempre o ato de uma imaginação que já não é livre, que se acha determinada a agir conformemente a um conceito do entendimento"[54].

Contraposto ao esquematismo, Deleuze aborda, por exemplo, os processos dinâmicos espaço-temporais pelos quais uma Ideia (no sentido específico que lhe dá o autor) se atualiza, processos aos quais dá o nome de dramas: eles dramatizam a Ideia[55]. A dramatização é tanto espacial quanto temporal, de modo que há diversos tempos de diferenciação da Ideia. Ora, ao perguntar-se se essas determinações espaço-temporais não seriam o que Kant chamava de esquemas, Deleuze nota:

> O esquema é uma regra de determinação e de construção do espaço, mas ele é pensado e acionado em relação ao conceito como possibilidade lógica... Ele faz com que as correlações espaço-temporais correspondam às correlações lógicas do conceito[56].

Após ressaltar as insuficiências do esquema (sua incapacidade de dar conta da potência de divisão e especificação do conceito, potência esta com a qual, entretanto, o esquema necessariamente lida), Deleuze lhe contrapõe o dinamismo, que "compreende, então, sua própria potência de determinar o espaço e o tempo, pois ele encarna imediatamente as relações diferenciais, as singularidades e as progressividades imanentes à Ideia"[57]. A dramatização é remetida à singularidade que compõe a Ideia (e não à lei, como no esquema), e por conseguinte a um tempo que corresponde a essa potência singular, imanente a ela, tempo-potência ou tempo-singular, e por conseguinte tempo necessariamente plural. A filosofia recolheria o espaço-tempo no seu momento genético, ao invés de se dar por objeto espaços-tempos qualificados. É o que torna tão perturbadora uma filosofia do tempo em Deleuze.

UM TEMPO MUITO GORDO

Se no entanto coubesse levar essa perturbação ao extremo, arriscaríamos ainda uma última pergunta. Caso o tempo fosse concebido sob o signo de uma pluralidade intensiva, não assistiríamos, a rigor, a

54 *K*, p. 71 [56].
55 *DR*, pp. 279 e ss. [347 e ss.]. A Ideia deve ser concebida como uma multiplicidade substantiva. Ela "não pode ser determinada senão com as questões quem? como? quanto? onde e quando? em qual caso? – todas formas que dela traçam verdadeiras coordenadas espaço-temporais" ("Méthode de dramatisation", *op. cit.*, p. 92).
56 *DR*, p. 281 [350].
57 *DR*, p. 282 [350].

uma implosão da própria *ideia* de tempo? Em outros termos, não teria Deleuze feito com a questão do tempo o mesmo que fez Kafka com seu pai, quando, ao ampliar-lhe a "foto" e dilatar Édipo até o absurdo, edipianizando o universo, projetando-o sobre os nomes da história, judeus, tchecos, alemães, Praga, cidade-campo, faz surgir paradoxalmente toda uma "*agitação molecular onde se desenvolve um outro combate*"[58]? Operação perversa que consistiria em inflar a fim de implodir. Quiça é nesse sentido que se possa ler a autonomia do tempo, concomitante precisamente com seu esvaziamento: uma condição para que ele possa implodir nas relações de lentidão e de velocidade que o preenchiam, com suas anomalias e aberrações. Assim, dessa vez não caberia a ele ser envergado pelo movimento que ele mede ou contém, e sim afirmar essas velocidades e lentidões na sua heterogeneidade e variação infinita, sem "numerá-las".

58 *KL*, p. 18 [16-7], capítulo intitulado "Um Édipo Muito Gordo"

Tempo e Invenção

E se o pensamento procura, é menos à maneira de um homem que disporia de um método, que à maneira de um cão que pula desordenadamente... Não há por que envaidecer-se por uma tal imagem do pensamento, que comporta muitos sofrimentos sem glória e que indica quanto o pensar tornou-se cada vez mais difícil: a imanência[1].

Já podemos resumir algumas das aquisições de nosso percurso tortuoso. Primeiramente, Deleuze recusou, juntamente com uma Imagem do pensamento dita dogmática, uma Imagem do tempo que ele chamou, por conveniência, de circular. Não se trata de um tempo cíclico, tal como se atribui aos antigos de maneira apressada, mas antes de uma estrutura profunda, pela qual o tempo reconcilia-se consigo mesmo, onde começo e fim rimam, como dizia Hölderlin. O que caracteriza essa figura é sua monocentragem em torno do presente, de seu movimento encadeado e orientado, bem como uma totalização pressuposta desde o início. O Círculo, metáfora do Mesmo.

É o tempo da Representação. A essa imagem representacional do tempo, que o subsume ao Mesmo nas suas várias figuras afinal sempre conciliatórias e redentoras, Deleuze contrapôs inicialmente um tempo tornado autônomo, liberado do movimento, um tempo desgarrado do Presente e do Passado enquanto *centros* do tempo. Mérito de Kant, ter retirado o tempo dos eixos, ter subtraído o tempo da forma do círculo, ter feito do próprio tempo forma. Mas se é certo que este tempo é sem centro e encontra-se purificado de toda forma prévia, continua

1 *QF*, p. 55 [74].

ele demasiado preso à forma do sujeito, ao "bom sentido" da flecha do tempo, e submetido à lei da causalidade que lhe determina a direção. Um tempo saído dos gonzos deveria livrar-se, igualmente, desse triplo jugo, sem o que não é ele ainda suficientemente autônomo, incondicionado, imanente, positivo... Apenas devolvido a si mesmo pode o tempo conquistar-se como variação.

Assim, contra um tempo como Círculo Deleuze desdobra, na esteira de Bergson, o tempo como Multiplicidade. É aí que ele ganha uma espessura ontológica inesperada, obedecendo a uma lógica que desafia frontalmente as monocentragens recusadas. É a Massa de tempo, gigantesco folheado ontológico, plano das coexistências virtuais, onde o tempo não "passa", mas conserva-se como virtualidade disponível em todos os seus pontos para atualizações diversas e segundo as mais insólitas conexões. Memória-mundo (com suas jazidas, lençóis de tempo, pontos brilhantes), Massa modulável (para reconexões entre pontos distantes, multiplicações e estiramentos), Simultaneidade fluente, Campo pré-pessoal do qual o próprio sujeito constitui uma dobra, uma inflexão, uma lentificação, uma concreção.

Nesse sentido, tão importante quanto a distinção entre o transcendental e o empírico, que possibilita a liberação do tempo em relação ao movimento, é a distinção entre o virtual e o atual, que disponibiliza um tempo não-direcionado, não-encadeado, não-empírico, não-subjetivo (mas tampouco objetivo). É nesse plano transcendental e virtual, impessoal e incorporal, é nessa superfície impassível e nesse tempo aiônico que pode vir alojar-se o Acontecimento, na sua suficiência, na sua "eternidade", na sua juventude sempre renovada, na sua plasticidade desatrelada dos estados de coisa que sobrevoa e dos quais emana como um vapor. O Acontecimento emerge nesse tempo amorfo, obedece à sua lógica não-dialética, habita essa virtualidade que não para de sobrevir – a pura reserva.

Retomemos agora a oposição postulada no início, entre o rizoma e o círculo. Que em Deleuze o rizoma temporal (onde sobrevém o Acontecimento) se contrapõe à circularidade do tempo (onde se efetua a História) parece-nos incontestável. E, no entanto, é preciso que intervenha um outro círculo, Círculo do Outro, todavia mais tortuoso, remexendo a multiplicidade virtual em todos os seus pontos, e fazendo retornar não o Mesmo, porém a Diferença, a fim de que o tempo conquiste sua potência última, e afirme suficientemente o devir, o múltiplo, o acaso, a contingência. Só o eterno retorno seletivo, afetando o novo, igualando-se ao Desigual em si, só o Tempo como Diferença pode levar a Variação ao seu grau de vertigem próprio.

O signo mais exemplar dessa exigência é também a tarefa maior da própria filosofia: inaugurar com o Futuro, descontínuo e disruptivo, uma relação de excesso, a exemplo da Obra ou do Além-do-homem, para o qual nem Zaratustra está maduro, e que no entanto ele anuncia. A evidência se impõe: Deleuze invoca um ser-para-a-Obra, não um ser-para-a-Morte.

Contudo, nem por isso o futuro passa a ser figurado como um presente situado adiante de nós, num segmento do tempo que virá; Deleuze o concebe antes como iminência no seio do devir, como a diferença emergente, como a atualidade imanente, como a urgência extemporânea que cabe ao Intempestivo desentocar, sempre e em toda parte, do seio do próprio presente. Isto vale para a filosofia ou para a arte, para a política ou para a clínica, enfim, para o pensamento e a vida. O futuro aparece como o incondicionado que o instante afirma.

Imagens de Tempo, Imagens de Pensamento

Talvez já estejamos em condições de ampliar o lugar dessa teorização do tempo no interior da obra de Deleuze, com o que sua *função* e seu *sentido*, e por conseguinte também o sentido deste estudo, se explicitariam inteiramente. O pequeno e último desvio aqui proposto pode ainda jogar, sobre o trajeto percorrido, uma outra luz.

Em vários de seus livros, Deleuze mostra como a criação de conceitos pressupõe um *plano de imanência* pré-filosófico sobre o qual os conceitos são construídos. Deleuze esclarece que a instauração de um tal plano implica, como já o mencionamos em outro contexto, "uma espécie de experimentação tateante, e seu traçado recorre a meios pouco confessáveis, pouco racionais e razoáveis. São meios da ordem do sonho, dos processos patológicos, das experiências esotéricas, da embriaguez ou do excesso"[2]. E ao insistir na diferença entre os conceitos e o plano, Deleuze compara este último à respiração onde banham os conceitos, um deserto que eles povoam, um horizonte absoluto, em suma, a *imagem* que se dá o pensamento do que "significa pensar, fazer uso do pensamento, se orientar no pensamento"[3], operando a seleção daquilo que ele reivindica como seu, de direito. É toda uma pesquisa, à qual *Diferença e Repetição* já havia dedicado um capítulo extenso em torno dos postulados de uma Imagem do pensamento dita dogmática, ortodoxa ou moral, que cabe à Filosofia explicitar, criticar, demolir.

Ora, uma tal imagem do pensamento, ou um tal plano de imanência, é inseparável de um certo conceito de tempo que o preenche. Seria preciso dizer: *as teorias do tempo refletem, no plano do conceito, o plano de imanência que o suporta.* Assim, por exemplo, a Ideia de Platão como *forma de anterioridade* (a verdade pressuposta como já

2 *QF*, p. 44 [58].
3 *QF*, p. 40 [52-3].

estando lá, imagem virtual de um já pensado redobrando todo conceito), as ideias inatas de Descartes como *instantaneidade* do conceito (entre a ideia e a alma que a forma enquanto sujeito, toda distância temporal é anulada), e em Kant o tempo como *forma da interioridade*, isto é, o tempo como interior ao cogito, forjando não um outro sujeito, mas antes "o sujeito que se torna um outro...", variação[4].

Temos assim, em poucas linhas de *O Que É a Filosofia?*, uma nova história do tempo – anterioridade, instantaneidade, interioridade, ou melhor, reminiscência, inatidade, *a priori*, três formas de tempo... O tempo posto no conceito, o tempo expulso do *cogito*, o tempo reintroduzido no sujeito, mas como fissura ou variação. Não se trata de uma periodização a mais: todos os elementos aí mencionados já estão presentes em escritos anteriores de Deleuze. Ocorre que no contexto em que aqui são retomados, parecem indicar que a ideia de tempo de cada filósofo é índice do plano de imanência que ele erigiu, ou sobre o qual ele se instalou. Por exemplo, ao plano de imanência clássico (o pensamento como vontade de verdade) teria correspondido a reminiscência platônica, à qual substitui-se em algum momento o inatismo cartesiano, ou o *a priori* kantiano. Mas o plano de imanência moderno (o pensamento como criação[5]) pede uma outra forma de tempo, a determinar.

Não seria o caso de supor que uma filosofia da diferença visa preencher esse plano de imanência moderno, onde o pensamento é criação, e não vontade de verdade?

O que reivindica um tal pensamento, antes de tudo? Deleuze responde: o movimento do infinito:

> O movimento tomou tudo, e não há lugar para um sujeito e um objeto [...]. O que está em movimento, é o próprio horizonte: o horizonte relativo se distancia quando o sujeito avança, mas o horizonte absoluto, nós estamos nele sempre e já, no plano da imanência[6].

Esse plano da imanência, Deleuze o detecta e o erige sobretudo em Espinosa, Nietzsche e Bergson, os três filósofos que melhor souberam evitar as ilusões que repertoriaram: a transcendência, os universais, o eterno[7].

A partir da dupla caracterização da imagem moderna do pensamento, por um lado como *movimento infinito* (não atribuível a um sujeito), por outro lado como *criação* (ao invés da vontade de verdade[8])

4 *QF*, p. 35 [46].
5 *QF*, p. 55 [73].
6 *QF*, p. 40 [54].
7 *QF*, pp. 51-52 [68-9].
8 "Pensamento é criação, não vontade de verdade" (*QF*, p. 55 [73]).

– já podemos retomar a questão feita acima: qual conceito de tempo corresponde a essa imagem do pensamento, e qual conceito de tempo deve ser, a partir daí, criticado e recusado?

A invenção

Já se disse que a tarefa da filosofia é inventar as condições da invenção[9]. Se é uma fórmula possível entre outras tantas, ao menos tem ela a vantagem de ser inteiramente apropriada para a imagem do pensamento como criação, e não mais como vontade da verdade. Neste caso, o que está em jogo na teorização do tempo deleuziana, apesar de suas inúmeras obscuridades, se esclareceria plenamente: pensar um tempo consentâneo à invenção. Se há aí uma fidelidade profunda ao projeto bergsoniano, ela só pode ser levada a bom termo quando, com Nietzsche, o tempo for alçado à sua potência última, ao fazer retornar... a diferença. Assistimos, com Deleuze, a esta saga entrecortada e ziguezagueante, através da qual, para dizê-lo da maneira mais simples e *narrativa*, o tempo se desprendeu das figuras excessivamente reconciliatórias que o subsumiam, esvaziando-se o suficiente para poder, por fim "liberto", liberar múltiplas imagens de tempo e assim conquistar-se como variação.

O pensamento de Deleuze não cessou de explorar tais imagens de tempo, como se elas expressassem não só a variação *do tempo*, mas *do próprio pensamento*. E, de fato, mais e mais o tempo aparecerá ao pensamento como sua matéria mais íntima, como a força que o força a ir ao seu limite, como o seu Fora inapelável. O tempo à luz do Fora, e o sujeito como uma sua dobra defasada. É o gesto que Deleuze atribuiu com amizade a Foucault, muito embora deva ser considerado como a aposta extrema de seu próprio pensamento: "Durante muito tempo, Foucault pensou o fora como uma última espacialidade mais profunda que o tempo; foram suas últimas obras que lhe permitiram uma possibilidade de colocar o tempo no fora e de pensar o fora como tempo, sob a condição da dobra"[10]. É apenas aí que as tantas imagens de tempo inassimiláveis, colhidas ao longo desse estudo, podem ganhar seu verdadeiro alcance: elas correspondem a outros tantos Acontecimentos novos e Subjetivações por vir.

9 "Não só ela deve inventar, mas ela inventa o solo comum às invenções por vir. Ela tem por função inventar as condições da invenção. Isto é verdade para Aristóteles, Descartes, Leibniz... até Bergson" (M. Serres, *Éclaircissements*, 1992, p. 129).

10 *F*, p. 115 [115].

Bibliografia

Dos livros sobre Deleuze interessou-nos especialmente:

MACHADO, R. *Deleuze e a Filosofia.* Rio de Janeiro, Graal, 1990.

BUYDENS, M. *Saara et l'Esthétique de Gilles Deleuze.* Paris, Vrin, 1990.

MARTIN, J.-C. *Variations.* Paris, Payot, 1993.

ZOURABICHVILI, F. *Deleuze – Une philosophie de l'évenement.* Paris, PUF, 1994.

ALLIEZ, E. *La signature du monde.* Paris, Cerf, 1993 (*A Assinatura do Mundo*, Rio de Janeiro, Editora 34, 1995).

HARDT, M. *Gilles Deleuze, An Apprenticeship in Philosophy.* Minneapolis, University of Minnesota Press, 1993. (*Gilles Deleuze – Um Aprendizado em Filosofia*, Rio de Janeiro, Editora 34, 1996).

Registre-se ainda as seguintes publicações mais recentes:

BOUNDAS, C. e OLKOWSKI, D. (ed.). *Gilles Deleuze and the Theater of Philosophy.* Nova York, Londres, Routledge, 1994.

PHILOSOPHIE (especial Deleuze), n. 47, Paris, set. 1995.

ALLIEZ, E. *Deleuze – Filosofia Virtual.* Editora 34, São Paulo, 1996.

PATTON, P. (ed.). *Deleuze: A Critical Reader.* Cambridge, Massachusetts, Blackwell Publishers, 1996.

PELBART, P. e ROLNIK, S. (org.). *Cadernos de Subjetividade* (especial Deleuze). Núcleo de Estudos e Pesquisas da Subjetividade do Programa de Estudos Pós-Graduados em Psicologia Clínica da PUC-SP, São Paulo, jun. 1996.

GOODCHILD, P. *Deleuze & Guattari – An Introduction to the Politics of Desire.* London, SAGE Publications, 1996.

BADIOU, A. *Deleuze, "La clameur de l'être".* Paris, Hachette, 1997. (*Deleuze – O Clamor do Ser*, Rio de Janeiro, Zahar, 1997).

RODOWICK, D. N. *Gilles Deleuze's Time Machine.* Durham, Duke University Press, 1997.

PEARSON, K. A. (ed.). *Deleuze and Philosophy.* Nova York, Londres, Routledge, 1997.

ALLIEZ, E. (org.). *Gilles Deleuze, une vie philosophique.* Paris, Les empêcheurs de penser en rond, 1998.

Para uma bibliografia exaustiva *de* e *sobre* Deleuze remetemos a R. Machado, *Deleuze e a Filosofia* (até 1990), com os complementos de L. B. L. Orlandi publicados em E. Allliez, *Deleuze - Filosofia Virtual* (até 1996, e apenas *de* Deleuze). Veja-se também Paul Patton (ed.), *Deleuze: A Critical Reader*, *op. cit.*, bibliografia organizada por Timothy S. Murphy.

O site na Internet com a transcrição das aulas de Deleuze é: http://www.imaginet.fr/deleuze/

FILOSOFIA NA ESTUDOS

Homo Ludens
Johan Huizinga (E004)
Gramatologia
Jacques Derrida (E016)
Filosofia da Nova Música
T. W. Adorno (E026)
Filosofia do Estilo
Gilles Geston Granger (E029)
Lógica do Sentido
Gilles Deleuze (E035)
O Lugar de Todos os Lugares
Evaldo Coutinho (E055)
História da Loucura
Michel Foucault (E061)
Teoria Crítica I
Max Horkheimer (E077)
A Artisticidade do Ser
Evaldo Coutinho (E097)
Dilthey: Um Conceito de Vida e uma Pedagogia
Maria Nazaré de C. P. Amaral (E102)
Tempo e Religião
Walter I. Rehfeld (E106)
Kósmos Noetós
Ivo Assad Ibri (E130)
História e Narração em Walter Benjamin
Jeanne Marie Gagnebin (E142)
Cabala: Novas Perspectivas
Moshe Idel (E154)
O Tempo Não Reconciliado
Peter Pál Pelbart (E160)
Jesus
David Flusser (E176)
Avicena: A Viagem da Alma
Rosalie Helena de S. Pereira (E179)
Nas Sendas do Judaísmo
Walter I. Rehfeld (E198)
Cabala e Contra-História: Gershom Scholem
David Biale (E202)
Nietzsche e a Justiça
Eduardo Rezende Melo (E205)
Ética contra Estética
Amelia Valcárcel (E210)
O Umbral da Sombra
Nuccio Ordine (E218)
Ensaios Filosóficos
Walter I. Rehfeld (E246)
Filosofia do Judaísmo em Abraham Joshua Heschel
Glória Hazan (E250)
A Escritura e a Diferença
Jacques Derrida (E271)
Mística e Razão: Dialética no Pensamento Judaico. De Speculis Heschel
Alexandre Leone (E289)
A Simulação da Morte
Lúcio Vaz (E293)
Judeus Heterodoxos: Messianismo, Romantismo, Utopia
Michael Löwy (E298)
Estética da Contradição
João Ricardo Carneiro Moderno (E313)
Pessoa Humana e Singularidade em Edith Stein
Francesco Alfieri (E328)
Ética, Responsabilidade e Juízo em Hannah Arendt
Bethanis Assy (E334)
Arqueologia da Política
Paulo Butti de Lima (E338)

Este livro foi impresso na cidade de São Paulo,
nas oficinas da MarkPress Brasil, em dezembro de 2015,
para a Editora Perspectiva.